KB109978

북한 핵위협 대비책

(북한 핵·미사일의 실체와 대비책)

장준익 지음

서문당

머리말

고대 병서의 「유비무환(有備無患) 망전필위(忘戰必危)」란 명구(名句)가 어느 때보다도 다가온다. 오늘의 우리를 두고 경종을 울리는 듯하다.

1971년 3월 미 제7사단이 한국에서 일방적으로 철수하는 것을 목격하고 또 5년 내에 나머지 미 제2사단마저 철수를 통보받은 박정희 대통령은, 우리 스스로 나라를 지킬 수밖에 없게 되는 날을 대비하여 핵개발을 결심했다.

1977년 1월 카터 미 대통령으로부터 미 제2사단과 한국에 배치된 전술핵무기마저 철수하겠다는 통보를 받고, 박 대통령은 이 위기에 대비하기 위해 두 번째 핵개발을 지시함으로써, 1978년 제11차 SCM(한미안보연례협의회)에서 '한미연합사 창설'과 한국에 '핵우산을 제공'한다는 한·미 공동성명을 최초로 이끌어내어 북한의 침공을 억제하기 위한 대비책을 강구했다.

이때부터 한미연합사와 미국의 핵우산 제공은 북한의 침공을 억제하는 강력한 대비책으로 지금까지 작동하고 있다. 박정희 대통령의 유비무환의 국가수호 사상이 오늘의 대한민국을 있게 한 것이다.

박 대통령이 돌아가신 후 10년이 지난 무렵인 1990년 초 북한은 2~3발의 핵무기를 보유하기 시작했다. 이렇게 북한은 핵국이 되어 가는데, 북(北核)에 대한 우리의 대비책은 보이지 않고 오히려 한국에 있었던 전술핵무기는 모두 철수되고 남북비핵화선언을 하는 나이브한 북핵 대비의 모습을 보고 저자는 1994년도에 「북한 핵·미사일 전쟁」이라는 책자를 출간하여 북핵 대비책(pp.401-404)을 제시, 경종을 울린 바 있으나 주목받지 못했다.

그리고 2002년도 북한은 우라늄 핵무기 개발계획을 진행시키고 있음을 시인했고, 2005년도에는 '핵보유선언'을 했다. 이때 북한은 약 13발의 핵무기(플루토늄 핵무기 11발, 고농축우라늄 핵무기 2발)를 보유하고 있을 것으로 추정됨에도 한국정부는 아무런 대비책도 내놓지 않았다.

뿐만 아니라 2005년 제37차 SCM에서 한국측 대표가 '한국에 핵우산을 제공한다'는 대북 억제책을 공동선언문에서 삭제하자고 요청했다가 거부당하는 어처구니없는 부끄러운 일도 있었다. 또 한미연합사를 해체하고 전시작전통제권을 한국이 환수하겠다고 제안했고 2012년도에 이양하기로 합의 서명까지 했다.

당시 북한 핵 보유에 대한 강도 높은 대비책이 요청되는 시기에 오히려 이에 역행하는 정부의 정책을 보고, 저자는 서울시청 앞에서 전시작전통제권 환수반대 집회(2006.9.2)에서 연사로 나가 전시작전통제권 환수의 시기가 아님을 역설했던 기억이 난다. 그리고 「북핵을 알아야 우리가 산다」라는 책자를 발간(2006.4)하여 북한의 우라늄 핵무기 개발에 대한 경종을 울리고 또 한 번의 북핵 대비책(pp.220-229)을 제시하였으나 묵묵부답이었다.

그리고 2009년 5월 북한의 제2차 핵실험이 있었고, 2010년 3월에 우리 해군의 천안함이 북한에 의해 격침당하는 사태가 발생함에 따라, 2010년 6월 한·미 정상회담에서 전시작전통제권 환수시기를 2015년 12월로 연기하는 대비책을 강구했으나, 2010년 10월 북한이 연평도에 무차별 포격을 가해왔을 때 우리는 변변한 대응을 못했다. 그리고 1개월 후인 2010년 11월 미국의 헤커(Siegfried S. Hecker) 박사가 방북하여 영변 핵단지에 우라늄 농축기 2,000대(원심분리기)가 설치되어 가동 중인 것을 확인함으로써 북한은 플루토늄뿐만 아니라 우라늄 핵무기까지 개발하고 있음이 확인되었다. 이처럼 북한의 핵무력이 날로 강화되고 있는데 대한 강력한 대비책 주문을 위해, 2011년 3월 3일 '애국단체 총연합회'의 심포지엄에서 본 저자는, 우리는 북한의 핵 도발을 억제하기 위해 '핵개발을 할 수밖에 없다'고 강력히 주장하여 큰 호응을 얻었으나 그 때뿐이었다.

2013년 2월 12일 북한의 3차 핵실험까지 있었으나 특별한 대비책을 보지 못하고 있다. 그래도 현재 정부에서 추진 중인 Kill Chain과 KAMD 구축에 따르는 첨단무기(스텔스 항공기, PAC-3 등)의 도입과 전시작전통제권 재연기가 합의된 것은 그나마 다행스럽다.

그러나 북한의 핵 보유량과 핵 위력의 증강, 특히 ICBM의 개발로 미 본토까지 위협함에 따라 야기될 수 있는 미국 핵우산의 불안정에 대한 대비와 '서울 핵 불바다, 청와대 핵 위협'에 대한 핵 대비책으로는 불충분하다.

그러므로 우리로서는 어떤 경우에도 국가의 존립과 국민의 생존을 보장할 수 있는 북핵 대비책 마련이 시급하다.

오늘을 사는 우리가 해결해야 할 문제이기에 쇠퇴하는 기억력과 졸필을 무릅쓰고 노병의 마지막 경종이라도 울리고 싶어, 이 글을 썼다.

자손만대 이어질 대한민국을 이끌어갈 정치, 군사, 경제, 학계, 인론계, 종교계 지도자들께서 「有備無患, 忘戰必危」의 명구를 되새겨, 북핵은 우리의 생존을 위협하는 절대무기이므로 이를 반드시 포기 또는 억제시킬 수 있는 북핵 대비책 마련에 선도적 역할을 해주길 바라마지 않는다.

   그리고 본 책자 구성에 있어서 맨 마지막 장에 서술할 결론을 맨 앞 장(제1장)에 서술하였다. 이는 저자 나름대로의 북핵에 대한 위기의식을 조금이라도 빨리 독자들과 나누어갖기 위한 궁여지책이었음을 양해해 주기 바란다.

   본 책자 발간에 많은 지도와 성원을 해 준 서문당 최석노 사장님께 감사드리고, 어려운 자료 수집과 원고 정리에 마지막까지 수고해 준 낭쥬리 여사에 감사한다. 특히 박 대통령 핵개발 역사와 미사일 개발에 직접 참여하신 바 있는 김 박사님, 박 박사님의 귀중한 증언과 핵물리학에 관해 많은 지도를 해 주신 이 박사님께 감사를 드린다. 또 어려운 가운데 본인을 직접 도와준 안사람과 많은 가족들에게도 감사를 보낸다. 또한 미국에서 각종 자료를 제공해 준 사랑스런 장세정과 예쁜 장진아가 이 글을 쓰는데 큰 힘이 되어 주었다.

2014년 12월 31일
태릉과 죽전에서 저자

목 차

제1장 북한 핵(核)에 대한 대비책은 있는가

우리에게는 핵무기가 없다. 핵개발계획도 없다.

핵무기는 20KT 한 발이면 100만 명의 인원에게 피해를 입힐 대량파괴무기다. 북한은 이런 핵무기 20여 발과 이를 운반할 탄도미사일 1,000여 기를 배치하고 우리의 생존을 줄곧 위협하고 있다.

그러함에도 우리 국민은 북한이 우리에게는 핵을 쏘지 않을 것으로 믿고 있는지 태연하다. 태연하다기보다는 오히려 불감증에 가깝다.

북한의 핵무기 보유고는 날이 갈수록 늘어나고 핵무기와 생화학무기를 운반할 수 있는 탄도미사일의 수량 역시 늘어나고 그 성능은 더 정교해지고 사정거리도 자꾸만 늘어나, 이제는 미 본토까지 닿을 수 있다.

북한은 이러한 핵·미사일 전력을 가지고 '핵타격으로 서울뿐 아니라 워싱턴까지 불바다로 만들겠다'[1]고 미국과 우리를 직접적으로 핵 위협하는데도 우리는 무감각하게 지나고 있다.

북한이 핵무기를 개발한 지 20년이 경과했으나 핵을 가지고 남침전쟁은 없었지 않느냐고 반문한다. 맞는 말이다. 이렇게 전쟁이 오랜 기간 억제되어 온 것은 다름 아닌 한국군과 주한미군의 한미연합전력과 미국의 핵우산이 '전쟁억제의 강력한 벽'을 치고 있었기 때문이라는 아주 중요한 사실이다.

북한도 이 전쟁억제의 벽을 허물고 한반도를 적화통일하겠다고 안간힘을 쓰고 있다. '미군 물러가라', '핵우산 철거하라'[2]고 줄기차게 공개

---

1) 2013.3.5 북한 인민군 최고사령부 대변인 성명에서, (연합뉴스, 2013.3.6)
2) 제4차 1단계 6자회담(2005.7.26)에서 '핵우산 철거'를 공식 요구했다.

적으로 요구하고 있다.

우리의 생존을 지켜주고 있는 전쟁억제력의 강력한 벽을 아는지 모르는지 아무런 대비책도 없이 북한의 요구에 동조하는 친북세력의 목소리가 한국 내에서 점차 크게 울려 퍼지고 있다. 이 소리는 우리 국민의 생존을 북한에 맡기자는 것이 아니고 무엇이겠는가. 정말 걱정스럽다.

나라의 안위를 걱정하는 국민이라면 잠이 잘 오겠는가. 홍수가 오기 전에, 둑이 무너지기 전에, 벽이 허물어지기 전에 대비책을 수립해야 한다. 먹구름이 다가오는데 아무런 대비책 없이 보고만 있을 것인가? 핵전쟁은 '사후약방문(死後藥方文)' 격이 아니다. 국가의 존립과 국민의 생존이 없어지는 것이다. 이런 북한의 핵을 우리 후손에게 물려줄 것인가?

미국은 전쟁억제의 강력한 벽을 우리를 위해 언제까지나 제공해 줄 것인가? 강력한 벽이 있을 때 우리 스스로 북한 핵에 대한 대비책을 수립해야 한다. 벽이 무너진 다음에는 대비책을 수립할 시간적 여유가 없다. 지금이 적기다. 지금부터 준비해야 한다.

북한 핵에 대비할 우리의 대비책에는 여러 가지 옵션이 있을 수 있다. 대비책 선택의 핵심은 한반도에서 북한 핵전쟁 억제로 우리 국가 존립과 국민의 생존을 보장할 수 있는 최선의 대비책이 되어야 한다.

옛 병법에도 「지피기기(知彼知己) 백전불퇴(百戰不退), 유비무환(有備無患) 망전필위(忘戰必危)」라 하지 않았던가. 북한의 전략 그리고 관련된 사항들을 충분히 검토한 후 최선의 대비책을 마련해 보아야 한다.

제1절 대비책 마련을 위한 검토 사항

최선의 대비책 선택을 위해서 먼저 북한의 핵과 탄도미사일을 비롯한 몇 가지 제한적인 비대칭전력에 대한 검토가 필요하고 또 박정희 전 대통령의 핵개발 시도 및 핵후발국들의 핵개발 배경 등을 검토해서 우리의 대비책 마련에 도움을 얻고자 한다.

1. 북한의 핵전력에 대한 검토

2013년 말 현재 북한에서 핵물질(플루토늄과 농축우라늄)을 생산할 수 있는 핵시설은 가동 중인 3개 시설과 공사 중인 2개 시설, 총 5개 시설이 있다.

가동 중인 시설은 평북 영변 핵단지 내에 있는 5MWe흑연감속로와 고농축우라늄(HEU)시설(P_2형) 그리고 북한 내 어느 비밀장소에 있는 고농축우라늄(HEU)시설(P_1형)이다.

이들 시설에서 2013년 말까지 생산 획득한 핵물질은 플루토늄 50kg과 HEU 275kg이다. 이들 핵물질을 20KT 핵무기로 제조 시는 총 23발을 만들 수 있는 분량이다.

<표 1-1> 2013년 말 현재 북한의 핵 재고량

구분	제조시설	현 재고량	20KT 핵무기	20KT 1발 제조시
Pu	5MWe원자로	50kg	10발	5kg 기준
HEU	P2형 / P1형	275kg	13발	20kg 기준
계	Pu 및 U 핵무기		23발	·

※ 상세 내용은 제4장 참조

그리고 현재 공사 중인 2개 시설은 모두 영변 핵단지 내 있는 시설로, 1개 시설은 35MWe실험용경수로이고 또 하나는 고농축우라늄시설을 확장하고 있는 시설이다.

35MWe실험용경수로는 2014년 7월 현재, 시운전단계에 있으므로 늦어도 2016년경에는 가동될 것으로 전망된다. 이 경수로가 가동되면 연간 30~40kg의 무기급 플루토늄 생산이 가능할 것이고, 이를 20KT 핵무기로 제조 시는 5~6발 제조가 가능할 것이라고 FAS(미국 과학자연맹) '찰스 퍼커슨(Charles D. Ferguson)' 회장이 발표한 바 있다.[3]

또 하나 공사 중인 시설은 고농축우라늄시설을 확장하는 시설로 2014년 현재, 시설 내부에 원심분리기를 설치 중에 있으며, 시설의 규모는 가동 중에 있는 고농축우라늄시설의 2배라고 알려져 있다. 상세한 원심분리기의 형과 대수가 확인되지 않아 생산능력 판단을 할 수 없으나 시설규모가 가동 중인 시설(원심분리기 P2형 2,000대로 연간 HEU 40kg 생산)의 배가 되므로 HEU 생산량도 약 배는 될 것으로 추산되나 이곳에서는 생산량 판단을 유보한다.

현재 공사 중인 시설 1개소(35MWe실험용경수로)에서 2017년부터 플루토늄을 생산할 것으로 판단되고, 현재 가동 중인 3개 시설에서도 핵물질

_____
3) 세계일보, 2014.7.8

을 계속 생산할 것으로 판단되므로, 이들 4개 시설에서 생산되는 핵물질의 양은 매년 증가될 것이다.

이 증가되는 핵물질의 양이 2017년과 2020년에는 얼마나 증가될 것인가를 계산해 보면 엄청나게 증가됨을 알 수 있다.

<표 1-2> 미래 북한의 Pu 및 HEU 핵무기 총 재고량

구분	Pu	HEU	계 (20KT 핵무기)
2013년 말	50kg (10발)	275kg (13발)	23발
2017년 말	117kg (23발)	475kg (24발)	47발
2020년 말	246kg (49발)	625kg (31발)	80발

※ 상세 내용은 제4장 참조

도표에서 보는 바와 같이 2013년 말에 북한의 핵 보유고가 23발인데, 2017년 말에는 47발로 배로 증가되고, 2020년 말에는 80발로 2013년 말 현 재고량의 3배 내지 4배로 증가된다. 공사 중인 고농축우라늄시설 (현 시설규모의 2배)에서 생산되는 HEU까지 포함하면 20KT 핵무기 100발 이상(2020년 말)을 생산할 수 있을 것으로 추정된다.

이처럼 북한의 핵 재고량 증가는 핵보유국으로서의 확고한 지위 확보와 대미 핵억제력 보유의 길로 다가가고 있다.

그리고 만일 북한이 강화핵폭탄 개발을 완료하고 핵실험까지 하게 되는 날이면, 북한의 핵 보유량은 지금까지 판단한 재고량을 훨씬 능가할 수 있다. 그리고 더 나아가 2020년 전후에 핵융합무기까지 실험하게 되는 날이면 북한의 핵위협은 걷잡을 수 없게 될 수 있다.(제5장 참조)

이처럼 북한의 핵 능력은 고도화되어 가는데, 이를 억제할 우리의 대비책은 있는가?

2. 북한 탄도미사일에 대한 검토

탄도미사일은 탄두중량이 크고 비행속도가 빠르며 또 고고도 및 우주공간으로 비행하기 때문에 요격하기가 어려워 핵무기 등 대량살상무기 탑재의 가장 이상적인 투발수단이다.

북한은 1981년 이집트로부터 SCUD미사일을 몰래 도입, 모방하여 1985년도에 제작 생산한 것이 북한의 'SCUD-B 개량형 탄도미사일'이다. 이후 계속하여 탄도미사일의 사정거리를 연장하여 2013년도에 탄도미사일 발사체 '은하3호'로 인공위성을 지구궤도에 진입시키는데 성공함으로써 ICBM 개발 급의 탄도미사일 개발국이 되었고, 지금은 약 10종의 단거리 탄도미사일로부터 ICBM급 탄도미사일까지 개발, 총 1,000여 기가 넘는 탄도미사일을 실전배치하고 있다.

북한이 보유하고 있는 약 1,000여 기가 넘는 탄도미사일 중에는 도표에서 보는 바와 같이, 사정거리 1,000km 이내의 단거리 탄도미사일은 800여 기로 가장 많이 보유하고 있고, 준중거리미사일인 '노동1호 탄도미사일'은 약 200여 기를 보유하고 있다. 또한 중거리미사일인 '무수단 탄도미사일'은 100기 내외를 실전배치하고 있으며, 대륙간 탄도미사일인 'KN-08 탄도미사일'은 6기를 보유하고 있고[4] 사정거리 또한 그동안 4,000~6,000km로 추정하고 있었으나, 최근 새로운 정보판단으로 미 본토까지 도달할 수 있는 10,000~12,000km의 사정거리를 갖는다고 발표된 바 있다.[5]

---

4) 2012.4.15 북한 군사퍼레이드에서 KN-08 6기가 공개되었음.

그리고 은하3호 로켓은 2012년 12월 12일 광명성3호 인공위성을 지구궤도 진입에 성공함으로써 500㎏의 탄두 탑재로 10,000㎞ 이상의 사정거리를 갖는 발사체로 인정받고 있다. 아직 실전배치는 되지 않고 있으나 이 로켓이 탄도미사일로 실전배치 되는 경우, 미국을 위협하는 추가적인 ICBM이 될 것은 분명하다.

<표 1-3> 북한의 탄도미사일 현황

종류 (개발연도)	사정거리 (km)	탄두중량 (kg)	길이 (m)	직경 (m)	발사 대	로켓 (단)	연료	실전배치
KN-02	120	482	6.4	0.65	TEL	1단	고체	160여기
SCUD-B	340	985	11.25	0.88	TEL	1단	액체	
SCUD-C	600	700	12.25	0.88	TEL	1단	액체	700여기
SCUD-ER	1,000	·	·	·	·	·	·	
노동1호	1,300	770	15.2	1.20	TEL	1단	액체	200여기
대포동1호	2,500	1,000	23.3	1단:1.20 2단:0.88	고정	2단	액체 고체	·
무수단	4,000	680	12.0	1.5	TEL	2단	고체	70~150기
KN-08	6,000~ 12,000	750	18	1단:2.0 3단:1.3 탄두:1.0	TEL	3단	고체	6~20기[6]
은하3호	6,000~ 10,000이상	500	30	2.4	고정	3단	액체	·
신형 전술미사일	200~220	·	·	·	·	·	·	2014.7 최초식별

북한의 1,000여 기가 넘는 탄도미사일 중 단거리 탄도미사일과 노동1호 탄도미사일 일부 등 약 800여 기는 한국 내의 표적에 운용될 것이고, 노동1호와 무수단 탄도미사일은 일본과 미군의 해외기지 표적에 운용될 것이다. ICBM급인 KN-08과 은하3호 로켓(탄도미사일)은 미 본토를 위협하는데 운용될 것으로 판단된다. 그리고 이들 탄도미사일의 탄두에 탑

---

5) 세계일보, 2014.4.1.
6) 2014.1.31.자 인터넷신문 「오마이뉴스」는 KN-08, 6기~20기가 배치되어 있다고 보도.

재할 핵탄두는 소형, 경량화 되어 탑재가 가능한 것으로 최근 알려져 있다.[7)]

특히 핵탄두를 탑재한 ICBM이 미 본토의 시민을 위협할 수 있게 되면 한반도 안보에 중대한 영향을 미칠 수 있게 되므로 우리는 주목하고 있다.

그리고 한국 내 표적에 운용될 800기의 탄도미사일이 핵이 아닌 재래식탄두라 하더라도 한국 내 20개의 주요 표적에 기습적으로 집중 타격한다면, 1개 표적에 평균 40발씩 할당된다. 여기에 일부 화학탄두까지 포함되면 그 표적 지역은 공황을 일으키기에 충분한 양이 될 수 있다.

그리고 또 하나의 위협은 10종의 탄도미사일 중 2종(대포동1호, 은하3호)을 제외한 8종의 미사일은 모두 차량에서 발사할 수 있는 이동형 수직발사체(TEL)로 약 200대가 배치 운용 중에 있다. 이 TEL 차량은 수시로 위치를 변경시키므로 탐지가 쉽지 않다. 그러므로 북한의 도발 징후가 확실시될 때 선제타격으로 완전 무력화시키려는 우리 군의 작전(Kill Chain)에 차질이 생긴다면 이 또한 우리에게 큰 위협이 아닐 수 없다.

이렇게 북한의 탄도미사일의 보유수가 계속 늘어나고 그 성능이 개량되어 우리에게 위협이 커져가고 있고, 특히 핵탄두 탑재가 확실시되고 있으며 또 미 본토까지 핵위협을 가하고 있는데, 우리의 대비책은 무엇인가?

3. 북한의 통상전력과 비대칭전력

---

7) 2014년 10월 24일, 커티스 스캐퍼로티 한미연합사령관 겸 주한미군사령관은 미국 국방부에서 기자회견을 통해 북한이 핵탄두를 소형화하고 이를 미사일에 탑재할 수 있는 능력을 갖춘 것으로 믿고 있다고 밝힌 바 있다. (조선일보, 2014.10.27)

북한의 통상전력은 한국군의 통상전력보다 일반적으로 (수량 상으로) 우세하다. 한국군보다 우세한 전력을 집중적으로 강화하여 소위 비대칭 전력으로 발전시켜 유사시 이를 핵심전력으로 사용할 것으로 예상된다.

특히 우리가 보유하고 있지 않은 생화학무기는 한국 내의 주요 표적을 3~7번 제압할 수 있는 양인 2,500톤 내지 5,000톤을 보유하고 있는 것은 위협적인 비대칭전력이다.

그리고 수도 서울을 지향하고 있는 약 350문의 장거리포(270㎜장거리포, 240㎜방사포)는 기습적인 1시간 사격만으로도 100만 명의 시민에게 피해를 줄 수 있다는 지정학적인 취약점 역시 우리에게 큰 위협 요소가 되고 있다.

또 북한은 세계에서 가장 많은 특수전 병력 20만 명을 보유하고, 전쟁 개시 직전 또는 동시에 지상, 해상, 공중으로 각종 수단을 이용, 전선 직후방으로부터 한국 전 지역으로 침투하여 각종 주요 시설의 타격 등으로 후방을 교란하고 패닉을 유도하는 전후방 동시전장화로 우리의 전쟁수행 능력을 약화시킬 위협요소가 되고, 여기에 탄도미사일의 사격과 화학탄 배합 시는 더 엄청난 혼란을 가중시킬 위협적 비대칭전력이다.

이처럼 북한의 통상전력과 비대칭전력은 우리의 첨단전력 강화와 경제력으로 상쇄할 수 있는 날이 올 수 있으나, 북한의 핵전력만은 우리가 핵개발 하지 않는 한, 우리가 독자적으로 상쇄 내지는 억제가 불가능하다. 그래서 핵이 없는 우리는 미국의 핵우산과 한미연합전력으로 억제하고 있는 것이 오늘의 우리이다.

민일 진시작전통재권이 2020년 중반에 전환될 때, 한미연합사가 해체되고 미국의 핵우산 제공이 불확실하게 된다면, 우리는 핵도 없이 북한의 핵에 어떻게 대비할 것인지, 우리의 대비책은 무엇인지 궁금하다.

4. 북한의 핵전략

　북한이 핵이 없었던 과거에는 한반도 통일전략으로 '무력적화통일전략'을 채택했다. 핵을 보유한 이후에는 '핵무력적화통일전략'으로 바뀌었다. 그런데 북한이 핵을 보유하게 되면 핵무력으로 한반도를 곧 적화통일 할 수 있을 것으로 판단했으나 아니었다. 한국 내에는 세계 최대 핵강국의 군대인 주한미군이 있고 또 유사시 한국에 제공하겠다는 핵우산의 공약이 있어, 북한으로서는 핵이 있으되, 핵을 사용할 수 없는 '딜레마'에 빠졌다. '핵무력적화통일전략'을 실행하기 위해서는 먼저 주한미군 철수와 핵우산 철거가 선행되어야 함을 인식하고, 그 이후부터는 미국과 대화를 요구, 미·북 평화협정 체결을 추구하는 한편, 핵무기 소형화와 ICBM 확보로 미 본토를 직접 위협할 수 있는 핵전력을 강화하는 양면전략을 구사하고 있다.

　북한은 ICBM급 핵·미사일로 미 본토를 위협할 수 있는 능력을 갖추게 되면 미국은 북한과의 협상에 응해 올 것이라는, 소위 '미국시민을 인질로 한 핵전략'을 구사하고 있다.

<그림 1-1> 북한의 통일핵전략

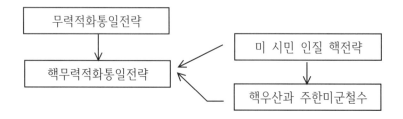

　북한은 작년부터 '미국의 백악관, 펜타곤, 미국 내 주요 도시들 그리

고 해외 미 군사기지 들을 목표로 타격할 준비가 되어 있다'[8])고 공개적으로 미국을 협박하는 발언들을 쏟아내고 있다.

이 협박의 의도는 '우리(북한)는 핵무기 한 발이면 미국 시민 100만 명을 살상시킬 수 있는 핵·미사일로 무장하고 미 본토를 타격할 수 있는 능력을 보유'하고 있으니, 주한미군과 핵우산을 철거하라는 암시를 보내는 메시지로 해석할 수 있다. 북한이 세계 최대 핵강국인 미국과 핵전쟁을 벌이겠다는 것은 물론 아닐 것이다.

북한은 미국 시민에게 위해를 가할 수 있는 ICBM급 핵·미사일 능력 과시로 미국을 협상테이블로 끌어내어 협상에 임해, 주한미군의 철수와 핵우산의 철거를 추구하겠다는 전략인 것이다.

실제 미국은 북한의 핵·미사일 능력이 미 본토에 도달할 것을 우려하여 알래스카 주에 있는 GBI 요격체제[9])를 40기 체제로 강화하고 한국과 일본에 AN/TPY-Ⅱ 장거리레이더와 THAAD 미사일 재배치 등을 계획하고 있다.

지금으로서는 북한의 제한적인 핵 보유량과 ICBM의 현 보유량만으로는 미국의 다층적 미사일방어망을 뚫고 갈 가능성은 희박하고 미국의 미사일방어망은 날로 강화되고 있으므로 아직은 미국 시민을 위협할 단계는 아니므로 한국에 제공하는 핵우산은 안정적이라 할 수 있으나, 앞으로 얼마나 더 안정적 핵우산 제공이 지속될 것인지는 예단하기 힘들다.

그러므로 핵이 없는 우리로서는 북한의 핵전략의 의도를 파악하고 여기에 대응할 대비책을 지금부터 마련해야하는데, 어떤 대비책을 마련할 것인지?

---

8) 세계일보. 2014.4.5

9) Ground Based Interceptor의 약자로, 적 탄도미사일 비행궤도의 중간단계인 우주공간에서 요격하는 지상요격체제를 말함.

5. 핵후발국의 핵개발 배경과 박 대통령의 핵개발 시도

1950년대 말까지 핵보유국은 미국, 소련, 영국 3개국뿐이었고, 프랑스는 미국의 핵우산 아래, 중국은 소련의 핵우산 아래 있었다. 이후 핵이 없는 몇 개 국가들이 핵개발에 나서게 된다. 이들 핵후발국들이 왜 핵을 개발하게 되었는지 그 동기와 배경을 확인해 보는 것은 북한으로부터 핵위협을 받고 있는 우리에게는 그 대비책을 마련하는데 참고가 될 것이다.

가. 핵후발국들의 핵개발 배경

프랑스는 1950년대 말까지 비핵국으로 미국의 핵우산으로 소련의 핵공격을 억제해 오고 있었다. 그러나 1957년 소련의 ICBM 개발로 미 본토까지 사정이 닿게 되자 미국이 과연 소련의 핵공격을 무릅쓰고 프랑스를 위해 핵우산을 제공할 수 있을 것인가에 대해 의문을 제기하는 핵전략가들이 프랑스의 핵개발을 주장하고 나섰다.

당시 총리로 있었던 드골(Charles De Gaulle) 장군은 '핵개발로 위대한 프랑스를 건설하자'라는 기치로 대통령 선거에 출마, 당선된 후, 1960년 2월 핵실험에 성공함으로써 프랑스 스스로 소련의 침공을 억제할 수 있는 핵보유국이 되어 자주국방을 실현시켰다.

중국은 1953년 중공군과 UN군이 휴전회담 당시 조속한 휴전회담의 타결을 위해 미국의 아이젠하워 대통령이 '중국 본토에 핵무기 사용을 검토할 수 있다'고 했다. 이것이 핵위협의 직접적 동기가 되어 1955년 4

월 소련과 원자력협정을 체결하고 핵개발을 시작했으나 1956년부터 중·소 간의 이념분쟁으로 소련이 1959년 일방적으로 「중소원자력협정」을 파기함에 따라 중국은 미국뿐만 아니라 소련으로부터도 위협에 직면하게 되자, 핵개발을 독력하여 1964년 10월 핵실험에 성공했다.

중국은 세계 최강국들로부터의 핵위협에 대비하기 위해 핵개발국이 되었다.

인도는 1962년 10월 중공군의 침공으로 국경으로부터 160㎞나 퇴각하고 3,000여 명의 사상자를 내고 4,000여 명이 포로가 되는 엄청난 피해와 패배를 당했다. 이런 군사적 열세를 만회하고 재침공을 억제할 수 있는 길은 핵개발밖에 없다고 판단한 인도는 당시 세계 최빈국에 속하는 나라임에도 핵개발을 시작했다. 그리고 1964년 10월 중국의 핵실험에 더욱 자극받아 핵개발을 독려하여 1974년 5월 핵실험으로 핵보유국이 되었고, 이후 중국의 침공을 받은 바 없다.

파키스탄의 핵개발은 인도의 핵개발 동기와 유사하다. 파키스탄은 1947년부터 1971년까지 3차례나 인도와의 전쟁에서 모두 패했고, 3차 인·파전쟁에서는 영토의 일부(구 동파키스탄)까지 상실하는 패배를 당하자, 당시 부토(Zulfikar Ali Bhutto) 대통령은 열세한 전력으로 인도를 대적하기 위해서는 핵개발밖에 없다고 판단, 세계 최빈국의 하나이지만 국민 모두가 '풀뿌리를 캐 먹는 한이 있어도 핵개발로 인도의 침공을 억제하자'는 자주국방 의지로 핵개발을 시작했고, 또 1974년도에 인도가 핵개발을 하자 더욱 자극받아 핵개발에 박차를 가하여 1998년 5월 핵실험에 성공, 핵보유국이 되었고, 이후 인도의 침공을 받지 않았다.

이스라엘은 자위능력 부재로 2,000년간 나라 없는 유랑생활 끝에

1948년에 독립하였으나 아랍권에 둘러싸인 지정학적인 취약성으로 '벤 구리온(David Ben Gurion)' 초대 수상은 이스라엘이 생존해 갈 수 있는 유일한 수단은 핵무기 개발밖에 없음을 천명하고 1949년부터 핵개발 연구에 착수, 1970년대부터 매년 핵무기 2~5발씩 생산해 온 것으로 알려지고 있고, 핵융합무기(수소탄) 생산기술도 보유한 것으로 알려지고 있다.

이렇게 이스라엘은 핵실험을 하지 않고도 핵보유국으로 인정받고 있을 뿐만 아니라 주변 아랍권의 위협 속에서도 핵보유국으로 국가존립을 유지하고 있다.

나. 박정희 대통령의 핵개발 시도

박정희 대통령의 핵개발 시도는 1972년도에 시작되었다.

당시 한반도의 안보상황은 한국군 3개 사단이 월남전에 참전하고 있었고, 주한 미 제2사단이 휴전선 서부지역을 담당하고, 미 제7사단은 동두천 축선의 2선 방어를 담당하고 있었다. 그리고 당시 북한군의 전력은 전반적으로 한국군 2배의 전력을 유지하고 수시로 대남도발을 자행하고 있는 시기였었다.

이러한 시기에 미국은 미 제7사단을 일방적으로 철수(1970~'71년)시키고 5년 후(1975~'76년)에는 미 제2사단마저 철수하겠다고 통고해왔다.

1971년 3월 미 제7사단의 마지막 제대가 출발하는 모습을 지켜본 박 대통령은 현재의 열세한 전력으로 우리 스스로 나라를 지키기 위해서는 핵개발을 할 수밖에 없다고 결심하고 청와대 비서실에 비밀리에 핵개발 지시를 했다.

1972년 9월 대통령의 재가를 받은 핵개발계획(1980년대 초에 플루토늄 핵무기 완성)은 순조롭게 진행되어 갔다. 외국에서 도입할 핵시설(연구용원자로, 재처리시설)들도 모두 계약되었고, 해외 핵기술자들도 속속 한국으로 들어와 연구에 진력하게 되었으나 1974년 5월 인도의 핵실험 여파로 한국의 핵개발이 탐지되어 계획된 핵개발을 유보하고, 대신 미 제2사단의 철수를 중단시키고 미국의 핵 사용을 포함한 강경한 대북 경고로 북한의 침공을 억제시킬 수 있었다.

그 후 미국의 제39대 대통령으로 당선된 '지미 카터(Jimmy Carter)' 대통령은 취임하자마자 한국에 있는 미국의 전술핵무기와 마지막 남은 미 제2사단마저 모두 철수시키려 했다.

또 1975년 월남의 패망에서 힘을 얻은 북한이 제2의 남침을 획책하고 있는 가운데, 미국의 핵우산마저 철거하게 되면 한국에 또 한 차례 위기가 닥칠 것을 전망한 박 대통령은 과거 외국에서 도입하지 못한 핵시설들(연구용원자로와 재처리시설)을 모두 한국에서 국산화하여 1983년 10월 1일에 핵무기 개발을 완성할 수 있도록 비밀리에 재추진했다.

핵개발의 D-day인 1983년 '국군의 날'을 4년 앞둔 1979년 10월 박 대통령이 유명을 달리함으로써 박 대통령의 꿈인 한국의 핵보유국 선언은 무산되었다.

박 대통령은 북한의 남침야욕을 분쇄하고 전쟁을 억제할 수 있는 대비책은 핵 보유의 길임을 인식하고 핵개발을 시작했으나 미국을 위시한 국제사회의 압박으로 1차 시도가 무산되자 다시 우리 힘으로 핵시설마저 국산화로 제2차 핵개발을 시작했다. 이러한 박 대통령의 불굴의 의지는 국가의 존립과 국민 생존의 길은 오직 '자주국방'에 있다는 철저한 국방 철학에서 나온 것이다.

이처럼 후발국의 핵개발 배경(동기)은, 하나같이 열세한 전력으로

강력한 적국 또는 핵을 보유한 적국의 침공으로부터 자국을 방위할 수 있는 유일한 대비책은 핵개발에 있다는 '자주국방' 사상에서 출발했고, 그것이 가장 확실한 대비책이었음이 실증되고 있다.

그러면 북한의 핵위협 하에 있는 우리는 어떤 대비책을 마련해야 하는가?

제2절 북핵에 살아남을 대비책

앞 절의 대비책 마련을 위한 관련 사항에서 검토해 본 바와 같이 북한은 통상전력으로 한국을 침공할 계획과 태세를 과거부터 발전시켜 왔고 거기에 더하여 핵무기와 ICBM 탄도미사일까지 보유하고 '핵무력한반도적화통일전략' 달성을 위해 '미국 시민을 인질로 한 핵전략'으로 한국에 제공하는 '핵우산'을 우선적으로 철거시키려 그들의 핵전력을 고도화하고 있다. 그리고 핵후발국들은 핵을 보유한 적국의 침공을 억제하기 위한 대비책으로 핵을 개발했음을 확인했고, 오늘날 세계 최대 핵 강국인 미국도 북한의 핵·미사일 위협에 대비하여 10억불을 추가로 투자하여 미사일방어망을 강화하고 있음도 확인했다.

이런 안보적 위중한 시기에 핵이 없는 우리로서는 국가 존립과 국민의 생존을 보장할 어떤 대비책을 마련하지 않고는 살아갈 수 없는 막다른 골목까지 와 있다.

이 위기의 시기를 놓쳐서는 안 된다는 조급한 마음에 저자 나름대로의 북핵 대비책을 구상했다.(전문가에 의한 더 나은 대비책을 기대하면서)

1. 대비책의 구상

북한의 핵 도발을 억제시키거나 핵을 포기시키는 대비책에는 여러 가지가 있을 수 있으나, 현 시점에서 저자는 다음 3가지 대비책을 구상했다.

① 첫 번째 대비책은, '현상유지 보강책'으로,

현재의 억제전략인 한미연합전력과 핵우산에 추가적인 전력을 보강하여 북한의 핵 도발을 계속 억제해 나가자는 대비책이다.

② 두 번째 대비책은, '북핵 포기책'으로,

북한 스스로 핵을 포기하는 전략적 결단을 유도하는 대비책이다.

③ 세 번째 대비책은, '한국의 독자적 핵개발 대비책'으로,

한국은 핵개발 준비단계, 필요시 핵개발 선언단계 그리고 핵개발 단계의 3개 단계로 지금부터 추진하자는 독자적 핵개발 대비책이다.

가. 제1대비책; 현상유지 보강책

북한은 미국의 핵우산과 주한미군의 철수를 위해 미 본토에 핵위협을 가할 수 있는 핵·미사일 전력을 질량적으로 보강하고 있다.

2014년 7월 조선인민군 총정치국장은 "우리 인민군대는 미국의 백악관, 펜타곤, 미국의 주요 도시들과 미국의 태평양 상의 군사기지들을 타격하겠다"고 공개적으로 미국을 위협하고 나섰다.

미국은 북한의 위협을 실질적 위협으로 간주하고, 북한의 핵·미사일을 미 본토에 도달하기 전 우주공간에서 모두 요격해 버리기 위해 GBI 체제 보강 등으로 본토 미사일방어망을 강화하고 있다. 그러나 미국은 단 한 발의 핵이라도 미 본토에 떨어져 미국 시민 다수를 사상케 하는 경우를 배제하려한다.

이런 경우를 불식시키기 위해서는 미국은 미사일방어망 보강뿐만 아니라 북한 탄도미사일의 발사단계와 상승단계에 이르는 길목에 있는 한국과 일본도 여기에 협력해 주기를 바라고 있다.

최근 일본에 장거리 탐지레이더인 AN/TPY-Ⅱ의 추가 배치와 THAAD 미사일 배치 문제 움직임도 이 보강책의 하나로 판단된다.

그리고 미국은 북한의 핵·미사일이 미 본토로 발사되면 괌도나 하와이, 그리고 미 본토에서 핵 보복공격을 가하는 태세를 갖추고 있다. 여기에 더하여 한국 내에 전술핵무기의 재배치와 제주 군항에 핵잠수함을 전진배치하는 태세를 추가적으로 갖춘다면 북한에게는 근접적·가시적 핵위협이 되므로 북한의 핵 도발 억제가 강화될 수 있을 것이다.

그러므로 전술핵무기의 한국 재배치와 제주 군항의 핵잠수함 배치는 한국의 안보뿐만 아니라 미 본토에 대한 위협도 포기케 할 수 있다는 전략적 이점을 외교력을 발휘하여 미국을 설득시켜야 한다.

한국이 발전시키고 있는 Kill Chain과 KAMD 구축, 최첨단 스텔스기와 같은 첨단무기의 도입도 북한의 도발을 억제하는 보강책이 될 수 있다. 한·미 양국의 긴밀한 협력으로 Kill Chain과 KAMD의 구축이 성공적으로 이루어지면 미 본토로 향하는 ICBM급 탄도미사일은 물론, 한국을 향하는 단거리 탄도미사일도 사전 무력화시킬 수 있으므로 한·미 양국에 공동이익이 될 수 있다.

이와 같이 미국과 한국은 현 체제의 한미연합전력과 핵우산의 현상유지대비책에 추가적인 보강책(탄도미사일 요격체제 보강책, 가시적 핵위협 방책, 한국의 전력보강책) 등이 성공적으로 이루어지면 북한의 핵과 미사일온 미국 시민을 위협할 수 없는 상황이 되고 미국의 핵우산은 한국에 안정적으로 제공할 수 있게 된다.

그러나 이 상황은 한반도 및 역 내의 안보환경과 미국의 국내 여론에 따라 변할 수 있다는 약점이 있다.

나. 제2대비책; 북핵 포기책

이 대비책은, 핵이 있으되, 핵을 사용할 수 없는 애물단지화 하는 대책이라 할 수 있다. 북한 스스로 핵을 포기케 하는 것은 극히 어려운 선택이나 가능성이 없는 대비책도 아니다.

북한은 그들의 헌법과 법령, 강령 등에 '북한은 핵보유국임'을 명시하고, 그 누구도 이를 부정할 수 없는 불변의 정책으로 각인시키고 있다. 실제 지난 십 수 년 간 북한 핵 보유를 포기시키려는 각종 회담 등이 열렸으나 끝내 달성하지 못했고, 결국 북한에 시간만 벌어주고 핵무기 수량만 증가시켜 주었을 뿐이다. 2014년 9월 27일 북한 외무상은 UN총회 연설에서 '핵은 그 무엇과 바꿀 흥정물이 아니다'라고 강조한 것만 보아도 알 수 있다.

그러나 미국의 미사일방어망이 한·미·일의 긴밀한 협조로 보다 강화되고 한국의 Kill Chain 등 보강책이 강화되면 북한의 ICBM은 도저히 미 본토를 타격할 가능성이 없어지게 되고, 또 한국에 전술핵무기, 핵잠수함 등의 근접적이고 가시적 핵보복력의 추가적인 배비가 이뤄지면 북한의 핵은 있으되 사용할 수 없는 '애물단지'가 될 수 있다.

그리고 북한의 핵과 ICBM의 수량적 증강과 미국의 미사일방어망을 강화하는 힘겨루기 싸움에서 북한의 재정적 적자의 누적과 경제의 침체는 북한 주민의 불만과 불평 야기로 북한 정권의 존립마저 위협을 느끼게 되는 극한 상황이 오면, 애물단지가 된 핵무기 보유보다는 김정은 일당들이 살아남을 수 있는 핵 포기의 수순을 밟을 가능성을 배제할 수 없다.

아무리 핵을 보유하고 싶어도 핵을 보유하기 어려운 국제적 상황과 북한 국내적 상황에서 오는 현상을 우리가 국가적, 외교적으로 잘 활용할 수 있다면 핵 포기 선택도 가능한 대비책이 될 수 있다.

그러나 이 대비책도 가능성은 있으나 시기와 확실성의 결여 그리고 북한의 비이성적 판단이라는 문제점을 안고 있다.

다. 제3대비책; 한국의 독자적 핵개발 대비책

북한이 핵 포기를 계속 거부하면서 우리를 위협해 오는 상황 하에서 선택할 수 있는 가장 확실한 억제책은 독자적 핵 보유책이라 할 수 있다. 핵은 핵으로만이 억제가 가능하기 때문이다. 그러나 세계적 비핵확산정책(NPT)에 가입하고 있는 우리로서는 당장 선택하기 어려운 선택이다. 그렇다고 미국의 핵우산을 마냥 붙들고 북핵을 머리 위에 이고 살 수도 없지 않은가?

이 대비책은 지금 당장 핵개발을 시작하자는 대비책이라고 하기보다는 핵개발 준비를 우선적으로 갖추어 놓은 후, 우리 스스로 핵개발을 하지 않고는 살아남을 수 없는 상황이 도래한다면 그때 가서 핵개발을 즉각 시작하자는 것이다. 그리고 사전 가능한 핵개발 준비를 갖추는 것도 한미연합전력과 핵우산으로 북한의 핵 도발 억제가 가능할 때 가능한 것이다.

우리가 핵개발 준비를 하는 단계에서는 평화적인 핵개발 추진으로 핵연료주기를 우선적으로 완성하는 일본식 방향으로 외교력을 발휘해야 한다. 또 박정희 대통령 당시 핵연료개발공단에서 재처리시설을 국산화하기 위한 기술은 이미 획득된 바도 있고, 그 이후 우라늄 농축방법 기술의 노하우도 우리 과학자들은 갖고 있다.

일본은 평화적 핵개발 기술국으로 재처리시설과 농축시설을 보유 가

동하고 있다. 만일 핵개발을 시작한다면 핵개발 완성 가능일 수(NLO
T)10)를 6개월로 진단하고 있다. 우리도 핵개발 준비만 제대로 갖추어
놓는다면 NOLT를 6개월 내지 1년이면 핵개발을 할 수 있는 기술이 있
다고 주장하는 핵과학자들도 있다.

　우리나라는 원전 23기를 가동하고 있고, 원자로를 수출하는 세계 6위
의 원전기술국가요, 또 세계 핵개발 가능 8개국 중의 하나로 손꼽히는
국가다. 문제는 핵개발 기술 준비를 하라고 지시할 국가 의지와 또 국민
들의 합의를 이끌어내는 각계각층 지도자들의 협조와 의지가 있느냐에
달려있을 뿐이다.

　우리나라는 북한의 핵위협에 직면하고 있는 나라이면서 핵개발 가능
국으로 손꼽히고 있으므로 국제적 감시도 엄중하다. 그러므로 우리가 독
자적 핵개발을 위해서는 전략적 단계적으로 추진되어야 할 것이 요망된
다.

　먼저 제1단계로 핵개발을 할 수 있는 기술과 준비(시설)를 모두 갖추
어 놓고, 다음 제2단계는 필요시 핵개발선언을 하고, 마지막 제3단계에
는 최단기간에 핵보유국이 되는, 3개 단계의 전략적 핵개발계획을 지금
부터 수립 시행해야 한다는 것이다.

　이 대비책에는 우리가 핵개발을 하는 데 국제사회의 많은 제약(원자로
에 사용할 핵연료 공급 중단 등)이 있을 수 있다.(제9장 5항 참조) 이의 해
소를 위해서 제1단계(핵개발 기술 확보와 준비단계)에서는 한・미 원자
력협정 개정을 통해서 합법적인 핵연료주기를 완성하는 외교력을 발휘
하고, IAEA의 엄격한 감시 하에 진행하겠다는 협약으로 돌파해야 한다.
박정희 대통령시대에는 핵 기술력은 부족했으나 핵개발 의지로 극복해
나갔다. 오늘날에는 기술력은 충분하나 핵개발 의지가 문제다. 우리 국
민 모두가 '핵개발만이 우리의 살 길이다'라는 합의만 이루어지면 핵개

---

10) NOLT; Nuclear Option Lead Time

발로 오는 각종 어려움은 충분히 극복할 수 있다. 핵후발국인 인도와 파키스탄은 당시 세계 최빈국이었음에도 핵개발에 성공하지 않았는가.

이상 3가지 대비책에 대해서 검토해 보았다. 모두 장단점이 있는 방책들이다.

2. 우리가 선택할 최종 대비책

우리의 최종 대비책을 선택함에는 북한이 핵을 포기하거나 핵 도발을 억제할 수 있는 대비책으로 우리 국가의 존립과 국민의 생존을 보장할 수 있는 대비책이어야 한다.

제시된 제1대비책으로 북한의 핵 도발을 억제시켜 가면서 제2대비책인 북한 스스로가 핵을 포기하게 된다면 최선의 대비책이 될 수 있다. 그러나 북한이 끝까지 핵을 포기하지 않고 핵·미사일을 질량적으로 증가시켜 미국 시민을 위협할 수 있는 상황이 도래하게 되면, 한국에 제공할 미국의 핵우산은 아주 불안정하게 된다. 이때를 대비해서는 제3대비책의 선택이 아울러 필요하게 된다.

그러므로 우리가 선택할 수 있는 최종 대비책은,

> 대한민국의 존립과 국민의 생존을 보장할 수 있는, 제1,2,3대비책을 병행 실시하는 대비책이라고 결론지을 수 있다. 단, 제3대비책의 제1단계(핵개발 준비)는 당장 시행해야 한다.

<상황 1> ; 핵 억제가 유지되는 상황 하에서는 제1,2대비책과 제3대비책의 1단계가 지금부터 병행 계속 추진되어야 한다. 지금부터 핵개발

준비를 시작해야 한다.

<상황 2> ; 핵 억제가 유지되는 상황 하에서 다자회담이 계속되나 북한이 또 지연전을 쓸 때는, '언제까지 합의를 하지 못하면 한국은 핵개발을 하겠다', 그리고 '북한이 핵 포기 시 한국의 핵개발을 즉각 중단하겠다'는 시한부·조건부 선언을 하는 제3대비책의 2단계를 제1,2대비책과 병행 실시하면서 북한의 핵 포기를 압박한다.

<상황 3> ; 핵 억제의 불안정 상황이 예견될 때는 제1,2대비책과 제3대비책의 3단계를 병행 추진하는 단계로 이때는 한국의 독자적 핵개발을 즉각 시작하여 최단기간에 핵보유국이 되도록 해야 한다.

<표 1-4> 최종 대비책의 상황별 추진 도표

상황＼방책	제1대비책	제2대비책	제3대비책
<상황 1> · 현상황유지 및 보강 (핵억제 유지 가능)	한미연합전력 및 핵우산 + 추가적·가시적 전력 보강	북핵 포기를 위한 다자회담 추진	한국의 독자적 핵개발 준비 착수 (1단계)
<상황 2> · 현상황유지 및 보강 · 다자회담 개최 중	상동	북, 다자회담에서 지연전술 사용	한국의 시한부·조건부 핵개발선언 (2단계)
<상황 3> · 핵억제 불안정 상황	상동	북한의 핵 포기 거부	한국의 독자적 핵개발 착수 (3단계)

지금 언급한 <상황 1>은 실행계획이고, <상황 2>와 <상황 3>은 예비계획이므로 추진 여부는 제1,2대비책의 진행 경과에 따라 실행이 결정될 것이다.

지금까지 검토해보고 결론을 내린 우리의 최종적 대비책은, 현재의 한미연합전력과 핵우산으로 대북 핵억제력을 보다 강화하면서, 북한의 핵 포기를 국제사회와 협력 추구하는 한편, 북한의 핵 포기가 여의치 못할 때를 대비하여 우리는 전략적 핵개발계획을 수립하여 언제라도 즉각 핵개발에 착수할 수 있는 능력을 지금부터 준비해 두자는 것이다. 그리고 필요시 최단기간에 핵보유국이 되자는 것이 북핵에 대한 최종 대비책이다.

그리고 지금은 <상황 1>의 상황이므로 한국은 독자적 핵개발 준비에 착수해야 할 시기이다. 한국 정부는 NPT에 저촉되지 않는 범위 내에서 핵개발 준비를 할 수 있도록 관련 부서에 임무를 부여해야 한다.

과거 '70년대 박정희 대통령 시절에 오직 국가와 국민을 위해 핵개발을 추진하던 '자주국방사상'을 거울삼아 그때와는 비교할 수 없는 오늘날의 대한민국은 세계가 손꼽는 IT기술과 핵기술 그리고 경제력을 바탕으로 대북 핵억제력을 스스로 갖출 충분한 여력을 갖고 있다. 그러므로 북한의 핵위협 하에 있는 현실을 인식하고 우리 국가의 존립과 국민의 생존을 위해 자주국방태세를 갖추기 위한 대비책을 정부와 정치권, 언론, 학계, 종교계 등 모든 국민이 일체가 되어 지금부터 핵개발 준비를 과감하게 추진해야 할 때이다.

한·미 연합전력과 핵우산으로 북핵을 억제하고 있는 이 시기에 한국의 독자적 핵개발을 위한 기술과 시설을 사전 확보해 놓아야 한다. 그리고 6개월 내지 1년 이내에 핵무기를 보유할 수 있는 체제가 지금부터 마련되지 않으면 안 된다.

제2장 박정희 대통령의 핵개발 역사

박정희 대통령의 핵개발은 1969년 7월 25일 닉슨(Richard M. Nixon) 미 대통령의 대외정책(Nixon Doctrine) 발표 충격으로 핵개발 구상이 시작되어 비밀리에 추진해 오던 중, 1979년 10월 26일 불의의 서거로 핵개발 완성을 보지 못한 채, 불발에 그친 10년간의 외압과 집념 으로 점철된 드라마 같은 역사이다.

모든 핵개발 국가들이 그랬듯이 박 대통령의 핵개발 역시 극비로 추 진되었기 때문에 30년이 지난 지금에도 밝혀진 자료는 극소수에 불과하 고 그것마저도 신빙성을 가늠할 수 없었다.

그러나 다행히도 최근에 미 CIA로부터 공개된 자료는 지금까지 국내 자료들의 신빙성을 확인시켜 주었다. 그래서 그 동안의 수집된 자료와 몇몇 증언자들이 제공한 귀중한 자료를 모아 박 대통령의 핵개발 역사 를 정리해 본다.

한국의 핵개발 사실이 미국에 포착되어 어렵게 되자 박 대통령은 1975년 6월 12일 WP지와의 기자회견으로 '만일 미국의 핵우산이 한국 에서 철거된다면 우리는 우리의 자주국방을 위해 핵을 개발할 수밖에 없다'고 공개적으로 핵개발 의도를 밝혀 정면 돌파를 시도했고, 포드 미 대통령이 한국 안보를 보장했을 때 핵개발을 일시 유보했다. 그러다가 카터 미 대통령의 취임으로 한국에 배치된 전술핵무기 철거와 주한미군 (제2사단) 철수정책으로 한국은 또 한 번 안보에 위기가 도래하자 접었던 핵개발에 재시동을 걸었다.

　이처럼 박 대통령의 핵개발 의지는 꺾일 줄을 몰랐다. 당시 국내외 정세가 정치·경제·외교·군사적으로 극히 어려운 시기였음에도 핵개발로 한국 안보를 스스로 지키겠다고 천명한 leadership을 보고, 오늘날 북한의 직접적인 핵과 미사일 위협 하에 노출되어 있어, 북핵이 없었던 박 대통령시대보다도 엄청난 안보적 위기에 처해있는 우리의 국가 안보 상황에도, 핵개발로 자주국방 하겠다는 어떤 구국적인 정치지도자의 leadership도 볼 수 없어 몹시 안타깝다. 이런 차제에, 박 대통령의 핵개발 역사를 자주국방의 측면에서 구명(究明)해 보고 귀중한 교훈을 찾아보고자 한다.

제1절 Nixon Doctrine 발표와 박 대통령의 핵개발 시동

1969년 7월 미국의 닉슨 대통령은 아시아에 주둔하고 있는 미군을 철수시키겠다는 대외정책을 발표했다. 이 발표에 박 대통령은 주한미군 없이 한국군 단독으로 북한의 침공을 억제할 수 있을 것인가에 대해 심각하게 고민하게 되었다.

1. 박 대통령의 핵개발 구상 배경

1969년 당시 한국에는 주한미군 2개 전투사단(제2 및 제7사단)이 수도 서울 북방의 서부전선을 담당하고, 중동부전선은 한국군이 담당하고 있었고, 한국군 약 3개 사단은 월남에 파병되고 있었다. 당시 주한미군(해·공군 포함) 총병력은 5만여 명에 달했고, 이 병력이 한반도에서 북한의 도발을 억제하는 핵심전력이었다.

이때만 해도 한국군의 장비는 모두가 미국의 군원 장비로 무장하고 있었고 소총을 포함한 국산장비라고는 하나도 없었다. 그러나 북한은 1962년 12월 '경제개발에 투지를 일시 유보히고 군사력 강화에 총력을 기울이겠다'는 김일성의 소위 '국방에서의 자위' 정책으로 군 현대화에 박차를 가해 연대급 장비는 모두 북한에서 생산된 무기로 장비하고 있었고, 구 소련으로부터 당시로서는 신무기인 SA-2(지대공)미사일,

STYX(함대함)미사일, Frog-5(지대지)로켓 등을 지원받아 전방에 배치하는 등, 한국군 전력보다 월등히 앞서고 있어, 한국 안보에 큰 위협이 되고 있었다.

또 남북한 경제지표(1970년) 역시 한국의 1인당 GNP 574\$에 비해 북한은 750\$로, 한국보다 앞서고 있었다.

그리고 이보다 1년 전인 1968년 1월 21일 김신조 일당의 북한 특수부대원 31명이 박 대통령 시해 목적으로 은밀히 휴전선을 돌파, 청와대 앞까지 침투하였으나 모두 사살(1명 생포)되는 사건이 발생하였고, 또 1968년 12월 9일 120명의 대규모 북한 특수부대원들이 해상으로 울진·삼척지역에 침투하였고 이들을 모두 소탕하는데 수개월이 소요됨으로써 한국 국내에 혼란을 야기하는 등 빈번한 북한의 대남무장침투 역시 한국 안보에 위협이 되고 있었다.

이처럼 북한으로부터 군사적 위협이 점증되고 있는 상황에서 주한미군의 철수문제 제기는 한국 안보에 충격을 안겨줄 수밖에 없었다.

미국은 월남전에 1968년 당시 50만 명이 넘는 병력을 투입했음에도 1968년 1월 30일 소위 베트콩과 월맹군의 '구정공세'로 월남의 수도 사이공을 비롯한 월남의 주요 도시들이 기습공격을 당해 한때 큰 위기에 몰렸었다. 이 당시만 해도 미국의 정보당국은 베트콩과 월맹군의 전력은 대부분 소진되어 재기불능 상태에 있다고 판단했다. 당시의 잘못된 정보에 대한 불신의 목소리는 월남에서 미군을 철수시키라는 주장 등, 국내의 반전여론이 확산되고 있었다.

이러한 시기에 월남전을 조기에 종결시키겠다는 선거공약으로 대통령에 당선된 닉슨 대통령은 괌도에서 '아시아 국가들은 스스로 자기 나라의 안보를 담당하고 아시아 주둔 미군은 철수시키겠다'는 요지의 소위 「Nixon Doctrine」을 1969년 7월 25일 발표하게 되었다.

이렇게 미국은 월남에 파병된 미군과, 한국을 위시한 아시아 지역에

주둔하고 있는 전 미군을 철수시키겠다는 미국의 대외정책은 북한에게
또 한 번의 남침 호기로 판단될 것이라는 것을 누구보다도 잘 알고 있는
국군통수권자인 박 대통령으로서는, 어떻게 하면 북한의 남침 야욕을 억
제하고 국가를 수호할 것인가라는 깊은 고민에 빠질 수밖에 없었다.

이때 박 대통령의 머리에 떠오른 것이 '핵개발 구상'이었다. (1950년
프랑스의 피에르 갈로와(Pierre M. Gallois) 교수가 주장한 '단 한 발의
핵무기만 있어도 적의 침공을 억제할 수 있다'는 말을 생각해냈는지는
알 수 없으나 박 대통령은 1977년 갈로와 교수를 초청 면담한 적이 있
다) 그래서 박 대통령은 이때부터 핵개발 구상과 함께 국산무기 개발로
우선 한국군 전력부터 증강시켜 우리 스스로 나라를 방위할 수 있는 힘
을 길러야겠다고 결심했다.

특히 핵무기 개발은 하루아침에 되는 것이 아니나 우리가 핵을 개발
하고 있다는 사실만으로도 전쟁억제력을 가질 수 있으므로 핵개발 기술
이라도 지금부터 확보해보자는 원대한 구상이었다.

2. 박 대통령의 핵개발 결심

Nixon Doctrine의 발표가 있자 박 대통령은 월남전에 미국 다음으로
많은 병력(한국군 2개 전투사단과 2개 여단, 5만여 명)을 파병하고 있는
상황에서 한국에서만은 미군을 철수하지 않을 것이라고 내심으로 기대
하면서 외교적으로 미국에게 '선 안보조치, 후 철수'를 요청하고 있었다.

그럼에도 1970년 6월 닉슨행정부는 주한 미 제7사단을 철수하겠다고
일방적으로 통고해 왔고 철수 일정까지 발표했다. 1단계로 1970년 10월
까지 미 제7사단 12,000명을, 2단계로 1971년 3월까지 잔여 8,000명을
단계적으로 철수하겠다고 했다. 그리고 2개월 후(1970.8) '에그뉴(Spiro

T. Agnew)' 부통령이 박 대통령에게 '5년 내에 주한미군을 완전 철수시키겠다'고 통보해왔다.

미 제7사단의 철수계획을 보고받은 박 대통령은 1970년 8월 6일 국방개발원(ADD)을 설립하고 군 무기부터 국산화하도록 지시했다.

실제 주한 미 제7사단은 1970년 12,000명이 먼저 철수했고, 1971년 3월에 8,000명이 추가 철수함으로써 미 제7사단 2만 명은 완전히 한국에서 철수했다.

미 제7사단의 완전 철수를 보고, 지금까지 '핵개발 구상'에 머물렀던 박 대통령은 우리 스스로 국가를 수호할 자주국방의 길로 가는 지름길은 핵개발밖에 없다는 판단으로 '핵개발 결심'을 하게 되었다.[1]

3. 핵개발의 구체적 준비 조치

휴전 이래 서부전선 제1선에 미 제2사단을 배치하고, 미 제7사단은 제2선(동두천 지역)에 배치하고 있었는데, 미 제7사단의 철수로 1970년부터 휴전선에 한국군으로 부대를 재배치하고 아울러 지금까지의 대침투작전 위주에서 정규전 태세로 전환하여 북한의 침공에 적극적으로 대비하는 한편, '한국군 현대화 5개년계획(1971~1975)'을 수립하고 무기 국산화 시작으로부터 전력 증강에 착수하는 한편, 5년 내에 미 제2사단까지 철수할 때를 대비하여 박 대통령은 핵개발의 구체적인 추진을 위해 1971년 중반부터 다음 4가지 사항을 조치했다.

---

1) 중앙일보는 박 대통령의 핵개발 결심 일자를 1971년 3월이라 했고, 「The park Chung Hee Era: The Transformation of South Korea」 edited Byung-Kook Kim & Ezra F. Vogel, London:Harvard University Press, 2011, p.488에는 1971년 7월이라 했다.

(a) 1971년 6월 원자력연구소장을 역임한 후 한국과학기술연구소(KIST)장을 맡고 있던 핵전문가인 최형섭 소장을 과학기술처 장관으로 임명했다.
(b) 1971년 8월 윤용구 박사를 원자력연구소장으로 발탁하여 핵연료 제작과 재처리 기술을 개발하라고 지시했다.[2]
(c) 1971년 11월 청와대에 경제 제2수석실을 신설하고 경제수석에 오원철 (화공학 전공)을 임명하여 군 현대화계획과 방위산업을 전담케 했다.
(d) 오원철 수석을 통해 ADD에 유도탄 개발을 검토해 보도록 지시('71년 말)했다.

이렇게 박 대통령은 미 제7사단 철수 이후부터 핵전문가인 최형섭 소장을 과학기술처장관으로 승진 발령하면서 비밀리에 박 대통령과 핵개발에 관해 깊은 대화가 오갔을 것으로 추정된다. 이런 추정이 가능한 것은, 과학기술처장관으로 임명된 후 활동을 보면 원자력연구소의 연구개발을 지원하기 위하여 국내외로 그 활동을 넓혀가고 있음에서 알 수 있다.

청와대에 경제 제2수석실을 신설한 것은 시작된 방위산업(한국군 현대화 5개년 계획)을 전담하고 아울러 핵개발 추진을 총괄시키기 위한 구상으로 화공학을 전공한 오원철 수석을 임명한 것이고, 임명장을 수여하는 자리에서 비밀리에 핵개발계획을 수립하라고 지시했다. 그리고 한 달 후인 1971년 12월 오 수석에게 미사일 능력도 가져야 한다고 지시했다.[3]

1972년 초, 박 대통령은 청와대에서 김정렴 비서실장과 오원철 경제 제2수석을 불러 '우리는 평화를 지키기 위해 핵무기가 필요하다. 핵무기 개발 기술을 확보하라'고 정식으로 핵개발을 지시했다.

2) ed. Byung-Kook Kim & Ezra F. Vogel, 위의 책, p.489
3) ed. Byung-Kook Kim & Ezra F. Vogel, 위의 책, p.494

사실 오원철 수석은 경제 제2수석으로 임명장을 받을 때(1971년 11월) 이미 박 대통령으로부터 '핵개발계획을 수립하라'는 지시를 받은 바 있었으므로 그때부터 복안을 수립해 왔었는데, 이날 정식으로 대통령으로부터 지시를 받았으므로 오 수석은 핵개발의 총괄 책임자로서 핵개발계획을 수립하기 위해 먼저 원자력연구소장과 ADD소장을 만나 깊이 논의했다.[4]

이때 ADD에는 핵무기의 기본설계와 투발수단에 대한 계획을 수립하도록 하고, 원자력연구소는 핵연료개발기술과 재처리기술 획득을 위한 계획을 수립하도록 지시했다.[5] 그리고 보안유지를 위해 핵개발과 연관이 있는 7개소(원자력연구원, 한국과학기술연구소, 국방과학연구소 등)의 연구기관에 각각 연구과제를 분산 지시하고 비밀리에 보고하도록 했다. 각 연구기관에서는 무엇을 하는지 모르고 다만 청와대에서 지시된 프로젝트이므로 연구에만 열중하였다.

청와대는 각 연구기관에서 보고된 프로젝트를 통합함으로써 전체적인 핵개발계획을 알 수 있게 되도록 보안을 유지했다. 이때 각 연구기관에 지시된 프로젝트의 내용은 오 수석이 대통령에게 보고할 기본 핵개발계획을 수립하는데 필요한 자료를 획득하는 일차적 목적이었던 것으로 추정된다.

4) ed. Byung-Kook Kim & Ezra F. Vogel, 위의 책, p.488
5) ed. Byung-Kook Kim & Ezra F. Vogel, 위의 책, pp.490-491

제2절 핵개발계획의 완성 (1972.9)

각 연구기관에서 제출된 프로젝트를 통합하여 하나의 '핵개발계획'을 완성한 오원철 수석은 1972년 9월 8일 박 대통령에게 「원자핵연료개발계획」이라는 제목으로 A4 용지 9장 분량의 보고내용을 보고하였다.[6] 그 내용을 저자가 쉽게 요약 정리해보면 다음과 같다.

1. 보고된 핵개발계획 내용

가. 핵무기의 종류

- 핵무기의 종류에는 U-235 원자핵을 원료로 하는 핵분열무기(일본 히로시마에 투하된 핵무기)와 Pu-239 원자핵을 원료로 하는 핵분열무기(일본 나가사키에 투하된 핵무기) 그리고 이중수소($_1H^2$)와 삼중수소($_1H^3$)의 핵을 융합시키는 핵융합무기(수소폭탄)가 있다.
- 핵융합무기는 핵분열무기가 개발되어야만 개발할 수 있는 무기이므로 이 보고에서는 제외시키고 핵분열무기(U^{235}, Pu^{239})만 보고했다.

---

6) 김인광·오동룡. "박정희의 원자폭탄 개발 비밀 계획서 原文 발굴", 「월간조선」, 2003.8 월호

나. 핵무기의 원료 획득방안 분석

- **U-235 핵분열무기**
- 천연우라늄에는 U-235가 0.7%만 존재한다. U-235 핵분열무기를 만들려면 U-235의 함유량이 90% 이상(무기급 우라늄)이 되어야만 가능하다.
- U-235의 함유량을 높이는 것(순도를 높이는 것)을 '농축'이라 한다.
- U-235의 핵분열무기를 만들려면 U을 농축시키는 '농축시설'이 있어야 한다.
- 농축시설을 건설하는데 건설기간은 약 8년, 예산은 약 9억$이 소요된다.
- 이 시설 가동에 약 200만㎾의 대규모 전력이 필요하고,
- 일 년간 천연우라늄 134㎏을 농축하면 25㎏의 무기급 우라늄을 얻을 수 있다.
- 이 양은 20KT핵무기 1개를 만들 수 있는 양이다.
- 이 시설을 보유하면 경수로형 발전로에 연료(농축도 3~4%)를 생산할 수 있는 이점이 있다. 그러나 대규모의 전력이 소요되는 단점이 있다.

- **Pu-239 핵분열무기**
- Pu-239 원자핵은 천연원자핵이 아닌 인공원자핵이다. 즉 인공적으로 Pu-239를 만들어내야 한다.
- Pu-239 원자핵은 우라늄 핵연료봉을 원자로 속에서 연소 핵분열시킬 때 Pu-239가 생성된다.
- 연소가 끝난 폐연료봉(SF)을 재처리시설에서 화학적인 방법으로 재처리해야만 무기급 플루토늄을 얻을 수 있다.
- 이렇게 얻어진 Pu-239의 순도는 95% 이상(무기급 플루토늄)이라야 Pu-239 핵분열무기의 원료가 될 수 있다.
- 무기급 Pu-239는 8㎏ 정도가 되어야 20KT 위력의 핵무기를 만들 수 있다.

 - 이 보고된 내용에는 무기급 플루토늄을 생산할 수 있는 원자로는 중수형원자로(CANDU형 원자로)와 연구용원자로(NRX)를 이용하는 것으로 계획했다. (경수로에서 생성된 플루토늄의 순도가 70% 정도로, 당시는 핵분열무기의 원료로 사용할 수가 없었으므로 이 보고에서는 제외시킨 것으로 보여짐)[7]

 - 중수로형 원자로(CANDU형)는,
  ・캐나다에서 생산되는 발전용원자로로 원자로 건설에 6년, 건설비용은 2억$이 소요된다.
  ・우라늄 농축시설에 소요되는 전력만큼 대규모의 전력이 소요되지 않는다.
  ・CANDU형 원자로가 건설되면 전력 생산도 되고 Pu-239도 생성시킬 수 있는 이점이 있다.
  ・그러나 우라늄 농축에 비해 방사성 위험은 많다.
 - 연구용원자로(NRX),
  ・캐나다에서 생산되는 연구용원자로는 말 그대로 연구용 원자로로 소규모(3만kW)이다.
  ・연구용원자로 건설에는 약 5년이 소요되고 건설비용은 4,200만$로 저렴하다.
  ・소요전력은 소규모로 저렴한 투자비와 비교적 단기간에 무기급 플루토늄을 얻을 수 있는 이점이 있다.

다. 핵무기 원료 획득방안 분석 결과

 - 무기급 우라늄(농축 90% 이상) 획득하는 농축시설에 소요되는 막대한 예산(9억$)과 시설기간(8년) 등을 고려할 때 무기급 플루토늄 획득 방안이 유리하다.
 - 무기급 플루토늄 획득방안인 CANDU형 원자로 도입으로 발전도 하고 플루토늄 생성도 한다. 단 연구용원자로(NRX)는 연간 8kg의 무기급 플루토늄을 획득하는데 건설비와 재처리 비용을 합해서 4,200만$밖에 안 되므

---

7) 괄호( )안은 저자의 견해임.

로 도입도 고려할 수 있다.

라. 결론 및 건의

- 우리나라의 기술 수준, 재정 능력으로 보아 플루토늄탄을 개발한다.
- 고순도 플루토늄 획득을 위해 플루토늄 생산과 발전을 겸용할 수 있는 천연우라늄을 사용하는 중수로형 발전로를 고리원전 2호기로 도입한다. (중수로형 연구용원자로 도입도 고려할 수 있다)
- 1973년도부터 과학기술처(원자력연구소)로 하여금 상공부(한국전력)와 합동으로 핵연료 기본기술 개발에 착수하여 철저한 기초작업을 수행한다.
- 1974년부터 건설계획을 추진, 1980년대 초에 고순도 플루토늄을 생산한다.
- 핵무기의 위력은 20KT, 투발수단은 항공기로 공중투하 방식, 개발비용은 15~20억$, 제조 소요기간은 6~10년으로 한다. (1979년도 투발방식을 미사일방식으로 수정함8))
- 해외 한국인 원자력기술자를 채용하여 인원을 보강한다.

이상 보고된 핵개발계획을 보면 과학기술처와 원자력연구소가 주관이 되어 1973년부터는 무기급 플루토늄을 획득할 수 있는 시설(원자로와 재처리시설)과 기술은 외국에서 도입하고, 또 부족한 기술 인력은 해외에 있는 한국인을 스카우트하여 1974년부터는 본격적 핵개발을 추진, 6년 후인 1980년대 초에 핵보유국이 되겠다는 계획이다.

보고된 핵개발계획에 따라 1973년부터 과기처와 원자력연구소가 중심이 되어 해외에 있는 핵과학자들을 스카우트하는 사업과 중수로형 원자로 도입 그리고 재처리시설 도입을 추진하기 시작했다.

---

8) 웹, 네이버 블로그 「무개념세무사」, "10.26사건/박 정권의 핵무기 개발", 2004.12.18. 등록, http://blog.naver.com/kymeh21/100008628565

2. 해외 원자력 기술 인력 유치

박 대통령에게 핵개발계획을 보고한 후인 1972년 11월부터 제일 먼저 착수한 것이 해외에 있는 한국인 원자력 기술 인력을 유치하는 문제였다.

1973년 초 최형섭 과기처장관은 당시 MIT 공대에서 화공분야를 전공한 주재양 박사를 스카우트해서 한국 원자력연구소 특수담당 부소장으로 임명했다.

그리고 1973년 5월부터 7월 12일까지 최형섭 장관은 주재양 부소장과 함께 미국과 캐나다를 방문하면서 그곳에서 주로 화학공업(화공학)을 전공한 한국인 과학자 20여 명을 선발, 한국으로 유치했다. 이때 김철 박사도 스카우트되어 한국원자력연구소 특수사업부 핵화공부장에 임명되어 활약했다.

이후 계속 추진하여 총 100여 명을 스카우트하는데 성공했다.[9]

3. 한국군 독자적 전쟁계획준비 지시 (무궁화회의)

핵개발계획을 보고받은 이후 박 대통령은 핵개발이 완성될 때까지는 6~10년의 기간이 소요되고 그 사이 1975년경 주한 미 지상군이 모두 철수하게 되면 한국군 단독으로 국방을 담당할 수밖에 없을 때를 대비하는 군 단독 전쟁계획을 준비하도록 군에 지시했다. 핵개발계획 추진과 한국군 단독 전쟁계획 수립으로 북한의 남침에 대비하는 대비책을 강구

---

9) 웹, 네이버 블로그「무개념세무사」, 위의 글

하고 있었다.(한국군 독자적 전쟁계획준비 지시는 제2장 제7절 참조)

4. 중수로형 원자로 도입과 연구용원자로(NRX) 도입 추진

박대통령에게 핵개발계획 보고 시, 중수로형 원자로인 캐나다제 원자로(CANDU형)를 도입하면 전력 생산과 무기급 플루토늄 획득도 가능하다고 건의했고 또 건설비가 4,200만\$로 저렴한 연구용원자로(NRX) 도입은 전력 생산은 안 되나 무기급 플루토늄 생산에는 적합하다고 보고했었다.

당시 고리원자로(경수로) 1호기는 착공되어 공사 중이었고, 고리원자로 2호기와 월성원자로(중수로형) 1호기 건설을 검토 중에 있었다.(1973.11 월성1호기 건설계획 확정) 이때 캐나다 원자력공사(AECL)의 대리인과 한국전력공사(사장 민충식) 측은 원자로 도입문제로 서로 접촉하고 있었다. 한국측에서 CANDU형 원자로에 관심이 있음을 알고 1973년 4월 캐나다 원자력공사 사장(존 그레이)이 방한하여 월성원자로 발전소에 캐나다제 원자로를 팔고 싶다는 뜻과 아울러 원자로 도입 시 연구용원자로인 NRX도 제공할 용의가 있다고 전해왔다.

그 후 1973년 11월 24일 월성원자로 1호기 건설계획이 확정됨에 따라 CANDU형 원자로는 한국전력공사에서 도입을 단호하게 추진하라는 대통령의 지시에 따라 한국전력공사가 전담 추진키로 하였다. 그리고 원자력연구소에서는 별도로 NRX 도입을 주재양 박사가 담당, 추진하기로 했다.

주재양 박사는 당시 인도와 대만에서 캐나다제 NRX를 운용하고 있었으므로 1973년 11월 인도와 대만을 직접 방문, NRX에 관한 기술정보를 획득하고 돌아와서, 1974년 3월 캐나다를 다시 방문, NRX 도입문제를 논의했다.

1974년 12월 한국전력공사에서 캐나다 전력공사와 중수로형 발전소 도입계약을 체결함에 따라 1975년에 접어들면서 원자력연구소의 NRX 도입문제도 성사단계에 이르렀다.

이제 남은 문제는 프랑스로부터 재처리시설(플랜트) 도입문제만 해결 되면 핵개발 문제는 순조롭게 진행되어갈 수 있게 되었다.

5. 재처리시설 도입 추진

중수로형 원자로(CANDU형)나 시험용원자로(NRX)에서 핵연료를 연소 시키고 난 폐연료를 사용후핵연료(SF; Spent Fuel)라고 한다. 이 SF에 는 원자로에서 핵연료의 연소기간의 차이에 따라 무기급 플루토늄이 생 성된다. 이 SF를 재처리시설에서 화학적방법으로 처리하면 무기급 플루 토늄과 천연우라늄이 추출된다. 무기급 플루토늄은 핵무기 제조용으로 사용되고 천연우라늄은 다시 원자로 연료로 사용된다.

SF 속에 들어있는(생성된) 무기급 플루토늄을 추출해내는 공장이 재 처리시설이고 이 재처리시설(플랜트)을 프랑스에서 도입하기로 하였다.

1972년 5월 최형섭 과기처장관은 프랑스로 가서 프랑스 산업기술부장 관(오르톨리; François-Xavier Ortoli)을 만나, 한국에 재처리기술을 제 공해 줄 것을 요청하여 확답을 받고 돌아왔다. 이는 오원철 경제수석이 박 대통령에게 핵개발계획을 보고(1972.9.8)한 것보다 4개월 전의 일이 다. 이것을 미루어보면 최 장관과 박 대통령 사이에는 핵개발과 핵연료 확보문제에 대해 이미 깊은 대화가 있었던 것으로 추정된다.

1972년 9월 청와대에서 핵개발계획을 대통령에게 보고한 후부터 한국 원자력연구소와 프랑스 원자력위원회 간의 실무자 접촉이 활발히 이루어졌고, 프랑스는 사용후핵연료 재처리시설과 기술을 수출하기 위해 SGN사(재처리시설 전문회사)와 CERCA사(핵연료 가공시설 전문회사)를 한국원자력연구소의 협력선으로 선정해 주었다.

1973년 5월 최형섭 장관과 윤용구 원자력연구소장이 프랑스로 가서 SGN사와 재처리 플랜트를 건설해 줄 것을 합의했고 한국에 세워질 재처리공장의 개념설계를 의뢰했다.

1974년 10월 말경 프랑스로부터 다음과 같은 재처리공장 건설 개념설계가 완성되었음을 통보받았다.

공장건설 개념설계

- 재처리 능력 : 연간 20kg (20KT 핵무기 4발 만들 분량)
- 건설 기간 : 5년
- 공장 규모 : 50m×50m×높이 27.5m
- 건설비 : 3,900만 달러

주재양 원자력부소장, 윤석호 원자력연구소 화공개발실장, 박원구 원자력연구소 핵연료 연구실장, 세 사람은 1974년 11월 9일 프랑스로 가서 12월 10일까지 그곳에 머물면서 SGN사와는 재처리공장 건설에 대한 가계약을 체결했고 아울러 CERCA사와는 핵연료 가공공장 건설 공급 가계약까지 체결했다. 이제 남은 것은 앞(1975년)으로 정식계약을 맺고 재처리공장을 한국에 건설하는 것이다.

6. 당시 한국 핵개발의 전망 (1974년도 중반에서 본)

앞 절에서 언급한 바와 같이 그때(1974년도 중반)까지만 해도 외국으로부터 핵 관련시설이나 관련기술, 핵물질들을 획득하는 활동에는 국제 규제가 느슨하여 큰 어려움이 없었다. 그래서 한국정부의 과학기술처장 관과 원자력연구소 특수사업부의 주도로 핵개발용 무기급 플루토늄 획 득을 위한 시험용원자로(NRX)와 재처리시설을 캐나다와 프랑스로부터 도입 가계약이 성사되었고, 1975년도 후반부터 1976년도 초반에는 한국 에 이들 시설이 착공될 정도로 진전되고 있었다. 이들 시설만 확보되면 한국의 핵개발은 시간문제로 보였다. 이렇게 순조롭게 진행되면 1980년 대 초반에는 계획대로 핵보유국이 될 전망이 보였다.

제3절 인도의 핵실험과 한국 핵개발의 암운(검은 그림자)

1974년 5월 18일 인도는 라자스탄사막에서 최초의 핵실험에 성공했다. 당시 후진국이던 인도의 핵실험은 전 세계를, 특히 핵 선진 5개국을 놀라게 했다. 장차 후진국들의 핵개발이 확산될 경우를 심각히 우려하는 상황의 진전이었다. 이 여파는 한국의 핵개발에 검은 그림자를 드리워지게 된다.

1. London Club 결성

당시 NPT(핵확산금지조약)가 있었음에도 인도가 캐나다에서 수입한 NRX를 이용 SF를 획득하고, 미국의 기술적 도움(퓨렉스 방식; Purex process)으로[10] 재처리시설에서 무기급 플루토늄을 추출, 핵무기를 개발했다는 사실이 밝혀짐에 따라 장차 핵확산을 우려한 핵 선진 5개국이 1974년 11월 영국 런던에 모여 미국 포드 대통령 주도 하에 「NSG(원자력 공급국 그룹; Nuclear Suppliers Group)」을 창설하였다. 그리고 NSG그룹은 원자력 수출을 보다 엄격히 규제하자는 지침을 마련하여 핵확산 방지에 총력을 기울이기로 합의하였다. 이 그룹이 런던에서 개최되었다 해서, 일명 'London Club'이라 불리어졌다.

이 합의에 따라 NSG그룹 국가들은 핵분열성물질과 원자로 및 재처리

---

10) 웹, 네이버 블로그 「무개념세무사」, 위의 글

시설, 우라늄 농축시설 등과 같은 핵관련 시설과 핵물질, 핵기술 등을
일체 비핵국으로 이전을 규제하기로 하고, 이전 시는 반드시 평화적 목
적으로만 사용한다는 보장을 받을 것을 의무화했다. 아울러서 핵보유국
들은 다른 비핵국가 중에서 어떤 나라들이 핵개발을 시도하고 있는지를
탐색하기에 이르렀다.

London Club의 합의 이후부터 한국은 프랑스로부터 재처리시설과
캐나다로부터의 중수로형 원자로(CANDU형) 및 연구용원자로(NRX)를
들여오는데 장애가 될 것을 예견하여 도입 계획의 진행을 서둘렀다.

2. 미국의 한국 핵개발 기미 포착

London Club 회담 이후 미국은 정보채널을 총동원하여 각국의 핵개
발 관련시설 및 자재 구매활동을 추적하던 중, 1974년 11월 한국이 캐
나다, 프랑스에서 중수로형 원자로, 재처리시설, 핵연료 가공시설 등 핵
관련 시설에 대한 수입 계약을 추진시키고 있음을 포착하게 되었다.

이를 포착한 미국은 '한국이 핵개발을 하게 되면 북한과 일본에 핵개
발 빌미를 제공하게 되고 또 동북아지역의 안정을 해치는 중대 요소가
되므로 한국의 핵개발 노력을 억제하고 핵무기 운반체제의 개발 능력도
최대한 저지하라'는 요지의 지령[11]을, 1974년 11월 스나이더(Richard
L. Sneider) 주한 미 대사에게 하달하는 한편, 캐나다와 프랑스에 한국
과 추진 중인 핵시설 계약을 취소하라고 외교적 요청을 했으나 양국은
모두 이 시설은 평화석시설이라는 이유로 반대했다.

한국은 미국의 압력이 더 거세지기 전에 수입계약을 서둘러, 1974년

---

11) Don Oberdorfer, 「北한국과 南조선 두 개의 코리아」, 뉴스위크 한국판 뉴스팀 역, 서
  울:중앙일보, 1998, p.75

12월에 캐나다와 중수로형 원자로(월성1호기)에 대한 본계약을 체결하였고, 곧이어 NRX 계약도 성사 직전에 다다랐다.

1975년이 시작되면서 미국은 한·미 핵안전협정에 따라 미국이 제공한 원자로(고리1호기)의 폐연료봉(SF)을 미국의 동의 없이 재처리할 수 없음을 상기시키는 등 스나이더 주한 미 대사는 한국 과기처와 외교부를 드나들면서 핵개발의 부당성을 지적하고 다녔다.

이 무렵(1975.2) 미국에서는 '한국은 핵개발 초기단계에 들어갔으며 이 방향으로 진행되면 10년 이내에 핵개발이 가능할 것'이라고 미국의 안보회의는 지적했다. 이처럼 미국은 한국에서 핵개발이 진행되고 있다는 확실한 판단을 하고, 이를 저지할 방책을 검토하고 있었다.

3. 미국의 한국 핵개발 저지에 대한 박 대통령의 정면 돌파

1975년에 접어들면서 미국은 한국의 핵개발 저지를 위해 다각도로 압력을 가중시키고 있었다. 특히 프랑스로부터 재처리시설 도입 저지에 주력하였다. 그러나 한국은 재처리시설만은 꼭 확보해야겠다는 의지로 프랑스와 협상을 진행시켜 1975년 4월 12일 재처리공장 건설에 대한 '본계약'을 한국 원자력연구소에서, 원자력연구소장(윤용구 박사)과 프랑스 SGN사(포앙세 사장)와 비밀리에 체결함으로써 한국의 핵개발 가능성을 높이게 되었다.

1975년 4월 30일 스나이더 미 대사는 주한 프랑스 대사(피에르 랑디)를 만나 '한국은 결국 플루토늄을 군사적 용도에 쓸 생각이라고 미국은 의심하고 있다'라고 경고하자, 프랑스 대사는 '한국이 먼저 포기하지 않는 이상 프랑스가 먼저 핵기술 판매를 포기할 의사가 없다'고 응수했다.

이렇게 한국은 핵개발로 자주국방을 실현하려 했고, 미국은 한국의 핵개발을 저지하려는 노력이 상충되고 있었다.

가. 1975년 전후의 긴박한 한국 안보 상황

1975년 전후 한국의 안보상황은 주한 미 제7사단 완전 철수(1971년) 후 1975년까지 미 제2사단마저 철수 시한이 다가오는 상태였고, 북한에서 파내려온 두 개의 땅굴(1974년과 '75년의 제1,2땅굴)은 북한의 남침 야욕을 적나라하게 드러냈으며 북한의 사주를 받은 문세광이 1974년 8월 15일 서울 한복판에서 박 대통령을 저격 시도했으나 영부인(육영수 여사)이 피살되는 공공연한 도발행위를 자행하고 나섰다.

또한 미국과 월맹 간의 평화협정으로 월남전이 휴전(1973.1.27)되고 미군이 철수한 후 24개월여 만에 휴전협정을 위반하고 월맹군이 월남에 총공세를 가해왔을 때(1975.3.10) '월맹군이 재침공시 미국이 즉각 개입 지원하겠다'는 「미 · 월 협정」[12])이 있었음에도 미군은 개입하지 않았고, 결국 월남은 1975년 4월 30일 패망했다.

이를 바라본 박 대통령은 한미동맹은 체결되어 있으나 한반도 유사시 한국이 월남꼴이 되지는 않을까 하는 미국에 대한 안보 불신감을 지울 수가 없었다.

뿐만 아니라 월맹군이 재침공(1975.3)해서 사이공이 함락되기 직전인 1975년 4월 17일 김일성은 중국을 방문해 '한반도에 전쟁이 일어나면 잃을 것은 군사분계선이요, 얻을 것은 통일이다. 남조선에서 혁명적 대사변이 일어나면 우리는 남조선 인민을 지원하겠다'고 말하는 등, 당시가 한반도 공산화통일의 적기임을 강조했었다.

이렇게 북한의 남침야욕은 노골화되어 가는데, 아직도 자주국방할 수 있는 핵개발까지는 5~6년의 시간이 더 필요하고(핵개발 목표연도는

---

12) Cao, Van Vien, 「베트남 최후의 붕괴」, 전사편찬위원회 역, 서울: 국방부, 1985

1980년대 초), 또 거기에다 박 대통령의 핵개발 문제로 한미관계마저 소원해지면 북한의 남침야욕을 꺾는 전쟁억제가 불투명해질 것이라는 우려가 제기되었다.

국가를 수호할 대통령으로서는 전쟁억제가 최우선 전략이므로 핵개발로 미국과의 충돌을 야기시키기보다는 핵개발을 잠시 유보하더라도 미국과 협상하여 전쟁억제를 우선적으로 달성해야겠다는 결심을 하게 되었다.

나. 박 대통령의 워싱턴포스트지와의 기자회견 (1975.6)

월남의 패망을 지켜본 박 대통령은 미국으로부터 강력한 안보공약을 끌어내기 위한 전략으로 1975년 6월 12일 워싱턴포스트(WP)지 기자(Robert D. Novak)와 회견을 가졌다.

> "우리는 핵개발 능력을 갖고 있다. 그러나 핵개발을 하고 있지 않다. 미국의 계속적인 지원을 해주길 바란다. 그러나 미국이 핵우산을 철수하면 우리는 자구책으로 핵무기 제조능력 개발에 착수하게 될 것이다."13)
>
> (SEOUL-President Park Chung Hee, vowing to fight for the last inch of land even if U.S. forces leave korea, told us South Korea could and would develop its own nuclear weapons if the U.S. nuclear umbrella is withdrawn.)14)

박 대통령의 인터뷰 요지는, 미국의 핵우산이 철거되면, 즉 미국의 안보공약이 지켜지지 않으면 한국은 핵무기를 개발할 수밖에 없지 않느냐, 그러니 미국은 한국을 월남처럼 공산군의 침공을 허용해서는 안 된다는 강력한 경고였다.

---

13) Don Oberdorfer, 앞의 책, pp.506-507
14) 웹, 네이버 블로그 「무개념세무사」, 앞의 글

박 대통령의 기자회견을 본 미국도 박 대통령의 핵개발 발표 의도를 파악하고 아울러 북한의 동향분석 그리고 월남이 패망직전 북한의 김일성이 중국을 방문 발언한 내용(한반도에 전쟁이 나면 없어지는 것은 휴전선이고 얻는 것은 통일이다…)은 북한의 남침 지원을 중국에 요청한 것으로 분석하였다. 그래서 미국은 차제에 북한에게 강력한 남침야욕에 대한 경고를 하고 한국에게 안보공약을 확실히 해주기 위해서 한반도에 미국의 핵우산이 건재함을 재고할 필요가 있다고 판단했다.

1975년 6월 21일 슐레신저(James R. Schlesinger) 미 국방장관은 '미국은 한국에 전술핵무기를 배치하고 있다. 만일 북한이 재침한다면 핵무기를 사용할 것이다'15)라는 엄중한 경고를 했다.

사실 미국으로서는 한국 내 전술핵무기를 배치해놓고 있다는 사실을 공식적으로 공개한 것은 이번이 처음이었고 재침 시는 핵무기까지 사용하겠다는 미국의 단호한 의지의 표현은 지금까지 없었던 가장 강력한 대북 경고였다.

슐레신저 장관의 대북 경고 후인 6월 26일 Don Oberdorfer 워싱턴 포스트지 특파원이 청와대에서 박 대통령과 회견했을 때도 Robert D. Novak 기자에게 2주 전에 말한 것과 똑같이, '한국은 최근(1975.4) NPT협정을 이미 비준했고 현 시점에서 핵개발 활동을 하지 않고 있다. 그러나 미국의 핵우산이 없어지면 한국은 핵개발을 할 수밖에 없다'는 강력한 핵개발 의지 표현으로 미국의 안보공약에 대한 또 한 번 배수의 진을 쳤다. 그리고 같은 날(6.26) 최형섭 과기처장관도 *Korea Herald*紙와의 회견에서 '한국은 핵무기를 개발할 능력을 이미 갖고 있다'고 박 대통령의 발표를 공개적으로 지원하고 나섰다.16)

이렇게 되자 박 대통령은 자신의 핵개발 의지 공개 발표로 미국으로

---

15) 小學館 編, 「SAPIO (1998.2.3)」, p.24
16) ed. Byung-Kook Kim & Ezra F. Vogel, 앞의 책, p.507

부터 대북 경고를 끌어내긴 했으나 반대로 우리의 핵개발 의지가 공개됐기 때문에 프랑스와 이미 도입계약이 체결되어 있는 재처리시설을 비밀리에 도입하기는 대단히 어려울 것으로 판단했다.

그래서 박 대통령은 6월 말경 원자력연구소장 윤용구 박사와 부소장 주재양 박사로부터 재처리시설 국산화 방안에 대한 보고를 받은 후, 경제기획원 예산국장에게 가서 직접 예산을 지원받으라고 지시했다.

예산국장(최동규)에게 간 윤 소장은 예산국장에게 "며칠 전(6.12) 박 대통령께서 미국의 WP지 기자와 인터뷰 하신 것 아시지요. 북한의 오판에 의한 전쟁도발을 억제시키기 위하여 한국도 핵개발하겠다고 대통령께서 말씀하셨어요"라고 했고, 이에 주 부소장은 "프랑스가 재처리 기술을 이전해 주도록 되어 있었으나 이제는 우리가 직접 개발하려고 합니다. 어려운 기술이 아니예요. 100억 원만 지원해 주시면 3년 안에 핵폭탄을 만들어 낼 수 있습니다"라며 재처리시설 개발계획 내용을 간략히 알려주었다.

최 예산국장은 '재처리공장 건설 설계비와 토지 매입비 등에 필요한 예산 30억 원을 우선 원자력연구소 예산에 포함시켜 주었다'[17]고 밝힌 바 있다.

이렇게 박 대통령은 핵개발 의도를 공개함으로써 미국은 한국에 대한 안보공약을 강화하여 북한의 오판을 우선 막으려 했다. 그리고 미국으로서는 대북억제력을 강화해주는 대신 한국의 핵개발 저지에 대한 압력을 더욱 강화하기 시작했다. 당시 한국에는 원자력발전소(고리1호기)가 건설 중에 있었으므로 장차 이 원자로에서 플루토늄 생성(SF)은 가능하나

---

17) 김인광·오동룡, "북핵 특집; 김정일은 자살의 방아쇠를 당겼다.", 「월간조선」, 2006.11월호

재처리시설만 없으면 핵무기 원료인 플루토늄 추출은 불가능하다는 사실을 알고 있는 미국은 프랑스로부터 재처리시설 도입만 저지하면 된다고 판단했다. 그래서 1975년 7월부터 본격적으로 한국의 재처리시설 도입 저지에 발 벗고 나섰다.

한국이 지난 1975년 4월에 프랑스와 재처리시설 공사 본계약이 체결된 것을 알아차렸는지, 스나이더 주한 미 대사는 과기처장관, 외무부장관, 청와대 비서실장 등을 차례로 방문하면서 한국이 재처리시설을 도입하면 미국과의 중요한 유대관계는 물론 안보·경제·금융지원 등 광범위한 분야에서 미국의 지원을 받기 어려울 것이라고 미국 정부의 입장을 전달했다.[18]

다. 미 국방장관 방한과 대한안보공약의 강화 (1975.8)

미국은 한국이 월남의 패망을 보고, 미국의 핵우산 공약에 대한 불신으로 인해 박 대통령이 WP지와의 기자회견에서 밝힌 것처럼 핵개발을 시작한 것으로 판단했다. 그래서 1975년 8월 계획된 제8차 한·미 국방장관회의(SCM)가 서울에서 개최됨을 기회로 미국의 핵우산이 건재함을 과시하고 핵개발 포기를 희망하는 미국의 입장을 한국에 공식적으로 전달하려 했다.

한국에 도착한 슐레신저 미 국방장관은 한미 국방장관 회담에서 (한국 서종철 국방장관에게) '주한미군이 막강하므로 북한이 침공 시 핵무기를 사용할 기회는 없겠지만, 핵무기를 최후수단으로 보유하고 있는 것은 사실이다. 박 대통령이 걱정하는 핵우산은 건재하다'고 강조했다.[19] 그리고 회담을 마친 후 「한미 국방장관 공동성명(1975.8)」에서 내외신 기자들에게 이를 재확인했다.

18) Don Oberdorfer, 앞의 책, p.77
19) 조갑제, "이승만과 박정희의 핵개발", *뉴데일리*, 2011.3.24

그리고 다음날인 1975년 8월 27일 오전 11시부터 슐레신저 장관이 청와대로 박 대통령을 예방하고 약 1시간 20분간 양국의 고위 배석자들[20]과 함께 환담과 오찬을 마친 후, 박 대통령과 슐레신저 장관 그리고 스나이더 주한 미 대사가 단독 배석한 가운데 약 40분간 안보관련 현안문제들이 논의되었다.

- 먼저 박 대통령은 주한 미 지상군의 추가적 철수는 북한으로 하여금 오판할 수 있음을 강조했다.

- 이에 슐레신저 장관은,
① 포드 대통령은 '북한이 한국을 재침략 해 온다면 미국은 공약에 따라 즉각 이를 격퇴하기 위해 한국을 지원한다는 대한방위공약이 확고부동하며 주한미군 철수는 더 이상('76,'77년) 없을 것이다'라는 메시지를 전달했다.[21]
② 그리고 만일 북한의 침공이 있을 시, 미국은 선제 핵 사용으로 대응할 것이며 수도권 방위는 9일 속결전으로 대응 회복할 것이다.
③ 미국은, 핵확산금지조약(NPT)을 대단히 중요시하며, 이를 준수해 줄 것을 요청했다.
  또 슐레신저 장관은 조심스레,
④ (미국이 한국의 핵개발 사실을 알고 있다는 얘기는 한마디도 하지 않고) 다만 박 대통령이 미국의 핵우산이 철거된다면 핵개발을 할 수밖에 없다고 했는데, 미국의 핵우산은 건재하니 핵개발은 필요 없을 것이라고 했다. 그러나 만일 한국이 핵개발을 한다면 한·미 관계는 와해될 것임을 암시했다.

---

20) 참석자는 미국측(슐레신저 국방부장관, 스나이더 주한 미 대사, 브라운 미 합참의장, 스틸웰 주한 UN군사령관, 위컴 군사보좌관)과 한국측(서종철 국방부장관, 노재현 합참의장, 김정렴 비서실장, 최광수 의전수석); *New Daily*, 2011.3.24
21) 안성규·정수진, "박정희, 69년 핵 구상...72년 말부터 핵무기 설계했다"「중앙선데이」제238호, 2011.11
  경향신문, 1975.8.27

- 이에 박 대통령은,

① 우리에게 비밀 핵개발계획은 없다.

② 그리고 우리는 지난 4월 NPT를 비준했으므로 NPT조약을 충실히 지킬 것이라고 화답했다.

이 회담에서 한국의 핵개발계획은 없다는 내용과 미국의 방위공약을 강화한다는 각서 교환으로 끝맺었다.[22]

즉, 박 대통령은 핵개발계획은 없다는 약속을 해주고 그동안 월남 패망에서 오는 한국의 안보 불안을 일단 해소할 수 있게 되었다.

4. 미국의 최후통첩과 한국의 핵시설 도입 포기 (1976.1)

슐레신저 국방장관이 박 대통령과 회담(1975.8) 후 몇 개월이 지나도 한국이 프랑스와 체결한 재처리시설 도입 협상이 중단되지 않고 있음을 확인한 미 국무부는 필립 하비브(Philip Charles Habib) 차관보(국무부 동아시아 태평양 담당)로 하여금 1975년 9월경 함병춘 주미대사에게 한국의 재처리시설 도입을 빨리 취소하라고 요청함과 동시에, 만일 핵무기 개발계획을 강행할 경우 양국의 안보관계가 전면 재검토될 것이라고 했다. 함 대사는 본국에 이를 즉각 보고한 후, 본국의 훈령에 따라 이는 핵개발과는 무관한 것이라고 단호히 거절했다.[23]

한국정부의 진의를 다시 확인하기 위해 1975년 말 스나이더 주한 미 대사가 최형섭 과기처장관을 직접 만나 '만일 한국이 재처리시설을 도입하게 되면 소련이 북한에게 핵무기를 제공할 가능성이 있다. 이는 국제

22) 조갑제 "주한 미8군 사령부(상)-(1)주한미군 핵무기", 「월간조선」, 1988. 8월호, http://www.chogabje.com/board/
23) Don Oberdorfer, 앞의 책, p.77

정치적 불안을 크게 야기하게 될 것이므로 재처리시설 도입을 즉각 중지해주기 바란다'고 했다. 이에 최 장관은 '언제 우리가 핵무기 만든다고 했나, 사용 후 핵연료를 재처리해서 핵연료로 재사용하겠다는 것인데, 왜 말리느냐?'고 응수했다.[24]

스나이더 주한 미 대사가 이 내용을 그대로 본국에 보고하자, 미국은 한국이 재처리시설 도입 포기 의사가 전혀 없다고 단정하고 특단의 조치를 강구하기로 했다.

그래서 1976년 1월 22일부터 23일까지 마이런 크라쳐(Myron B. Kratzer, 미 국무부 해양·국제환경·과학담당) 차관보를 단장으로 한 미국 교섭단 일행을 한국의 재처리시설 도입문제를 담판하기 위해 한국에 파견하였다.

이들 일행은 먼저 청와대로 박 대통령을 예방한 자리에서 '한국이 재처리시설 도입을 강행하게 되면 대한군사원조를 중단하겠다는 미국정부의 방침'을 전달했다.

그리고 주한 미 대사관에서 22일부터 23일까지 최형섭 과기처장관을 대표로 하는 한국 측 관계자와 미국 교섭단 일행 사이에 한국의 재처리시설 도입문제를 놓고 핵협상을 진행했다.

미국 측은 한국이 재처리시설 도입을 포기하지 않으면,
- 고리원자로 1호기의 핵연료 공급을 중단하겠다. (당시 고리원자로 1호기 공사 중)
- 미국의 핵우산도 철거하겠다.
- 미국의 대한군사원조 중단하겠다. (이미 박 대통령에게 전달한 내용)
고, 미국의 방침을 일방적으로 통보하는 최후통첩과 같은 내용이었다.

---

24) ed. Byung-Kook Kim & Ezra F. Vogel, 앞의 책, p.

이에 대해 한국 측은, 우리가 재처리시설을 보유하고자 하는 목적은 핵무기 개발이 아니고 핵연료를 획득하기 위한 것이라고 주장했으나, 미국 측은 재처리시설이 필요하면 한국이 아닌 다른 지역에서 재처리 지원을 해 주겠다고 했다. 그리고 지금도 한국은 프랑스에서 재처리시설 도입과 캐나다에서 NRX 도입 계약을 체결하고 추진시키고 있는데, 이를 포기하면 한국에서 요구하는 핵연료 개발 사업에 대해서 양보할 수 있다고 역제안을 해왔다.

1976년 1월 말 당시 한국의 안보상황은 미국의 대북 억제력을 빌리지 않고는 자력으로 전쟁억제가 불가능한 상태였으므로 미국의 요구대로 핵개발을 일단 유보하고 미국의 핵우산 보장과 미 제2사단의 추가 철수를 중단시키는 안보 우선의 길을 선택할 수밖에 없었다.

뿐만 아니라 1970년대 중반부터 한국은 급속한 경제성장과 중화학공업의 건설로 에너지 소요가 급증하게 되었다. 그래서 박 대통령은 한국의 부족한 에너지문제 해결을 위해 1971년도부터 「원자력개발15년계획」을 수립, 1986년까지 9개의 원자력발전소를 건설할 계획을 추진 중이었다. 그 일환으로 1976년 중반 고리원자로 1호기 건설은 거의 완성단계(1977.6 발전개시)에 있었고, 월성원자로 1호기(CANDU형) 공사는 1974년도에 계약이 체결되어 착공을 위한 부지 공사가 진행 중이었다. 그리고 고리원자로 2호기도 공사 착공(1977.3)을 서두르고 있었으나 미국의 수출입은행(EXIM Bank)으로부터의 차관문제가 심의 중이었는데 한국의 핵개발 문제와 연계되어 난관에 부딪치고 있었다.[25] 이 차관문제(고리2호기) 해결과 고리원자로1호기의 원활한 핵연료 공급을 위해서도 핵개발을 일단 접을 수밖에 없었다.

---

25) ed. Byung-Kook Kim & Ezra F. Vogel, 위의 책, p.498

결국 한국은 두 마리의 토끼(국가안보와 원자력발전15년계획 추진)를 잡기위해, 당장의 연구용원자로(NRX)와 재처리시설 도입은 일단 접고 국가안보를 우선적으로 선택할 수밖에 없었다. 그래서 한국은 외국으로부터 재처리시설과 NRX 도입 포기를 약속하고 대신에 핵연료 개발사업에 착수할 수 있게 되었다. 이 회담 결과로 그동안 어렵게 추진해왔던 프랑스와의 재처리시설과 캐나다와의 NRX 도입계약은 1976년 1월 26일 도입계약 취소를 공식적으로 통보했다.[26]

이때부터 외국으로부터 핵시설(NRX와 재처리시설) 도입으로 핵무기를 개발하려 했던 당초의 핵개발계획은 일단 유보하고 새로운 방법을 모색할 수밖에 없는 상황에 이르렀다.[27]

5. 박 대통령의 핵개발정책의 변경 (1976년)

박 대통령은 1976년 1월 재처리시설과 연구용원자로 도입계약을 취소한다고 공식적으로 밝히긴 했으나 자주국방을 위한 핵개발 의지가 완전히 꺾인 것은 아니었다. 앞에서 언급한 바와 같이, 1973년 11월 중순으로 형 원자로(월성1호기, CANDU형) 건설계획은 원자력발전과 함께 플루토늄 획득을 위한 목적에서부터 시작된 바 있고, 또 같은 시기 원자력연구소에 특수사업부를 발전시켜 주재양 박사를 주축으로 핵연료 및 재처리시설 도입과 기술 확보를 연구하도록 지시한 바 있다.

그리고 1975년 5월에 한국원자력연구소는 이미 대덕연구단지에 '원자력연구소 대덕분소'(大德分所, 분소장 주재양 박사)를 설치하여 핵연료와

---

26) 심융택, 「백곰, 하늘로 솟아오르다」, 서울:기파랑, 2013, p.70
27) 웹, *프레시안 키워드가이드*, "박정희의 암살 배경(5)", 2009.10. 2 등록,
　　　http://keyword.pressian.com/articleK.asp?guide_idx=4760
　　　웹, 네이버 블로그 「무개념세무사」, 앞의 글

재처리시설을 연구하는 연구팀이 이곳에서 연구를 시작하고 있었다. 이 것은 1976년 1월 한·미 핵회담에서 한국이 재처리시설과 연구용원자로 (NRX) 도입을 포기하는 대신 미국이 한국에 핵연료 개발사업을 할 수 있도록 양보했을 때로부터 7개월 전의 일이었다.

그리고 박 대통령이 WP지와의 핵개발 의지를 표명한 기자회견 직후 인 1975년 6월 말경 재처리시설을 개발하기 위한 경제기획원으로부터의 예산지원을 하도록 지시한 것을 미루어 보면, 박 대통령은 외국으로부터 핵시설과 핵기술 도입이 여의치 않을 경우에 대비, 우리 스스로의 힘으 로라도 이들 시설을 개발하여 기필코 핵개발로 자주국방을 이룩하겠다 는 비전을 일찍이 갖고 있었던 것으로 추정할 수 있다.

1976년 1월 미국과의 핵협상에서 핵연료 개발연구가 양보됨에 따라 이때부터 핵연료 개발사업은 탄력을 받게 되었다.

경제기획원 예산국장으로부터 특별히 책정받은 30억 원의 예산으로 1976년도부터 대덕단지에 재처리시설을 건설할 부지를 비밀리에 준비하 고 있었다. 박 대통령이 재처리시설에 특별한 관심을 갖게 된 것은 장차 한국에 원자력개발15년계획에 따라 원자로가 계속적으로 건설하게 될 것이고, 또 당시 세계적으로 핵연료 가격이 급등하고 있었으므로 원자로 에 사용할 핵연료의 안정적인 공급이 무엇보다도 절실했기 때문이었다.

뿐만 아니라 미국 제품인 경수로 원자로(고리1,2호기)에는 4~5% 농축 된 우라늄을 연료로 사용하므로 미국으로부터 수입에 의존해야 하고, 또 이 농축된 우라늄의 가격이 고가였다. 그러나 캐나다에서 수입한 CANDU형 원자로(월성1호)는 천연우라늄(농축 없이)을 핵연료로 사용하 므로 가격이 비교적 저렴했다. 그래서 장차 핵연료의 저렴하고도 안정적 공급을 위해서는 CANDU형 원자로를 추가로 건설하고, 또 원자로에서 연소된 폐연료봉(SF)을 재처리시설에서 재처리를 하게 되면 천연우라늄 을 추가로 얻을 수 있고, 이를 다시 핵연료로 사용할 수 있으므로 핵연료 문제도 해결할 수 있다. 즉 이것이 핵연료주기가 완성되는 평화적 방법이다. 이 핵연료주기를 완성해가는 과정의 기술을 터득해 나가면 자연스럽게 우리 힘으로 핵무기를 만들 수 있는 기술력도 갖게 될 수 있을 것으로 판단하고 있었다.

박 대통령이 외국에서 NRX와 재처리시설을 도입할 수 없는 1976년 1월 이후의 상황에서 새로운 방법의 모색이란 바로 NRX와 재처리시설을 국산화하여 핵연료주기를 완성하는 것이었다.

1976년 말 스나이더 주한 미 대사는 '박 대통령이 핵개발을 포기하겠다고는 했으나 과연 핵개발을 포기할 것인지, 박 대통령의 핵개발 의지가 가장 걱정된다'[28]고 백악관 국가안보보좌관에게 보고한 내용은 정곡을 찌른 것이라 할 수 있다.

---

28) Don Oberdorfer, 앞의 책, p.77

제4절 카터 대통령의 당선과 박 대통령의 핵개발
재시도 (1976~1977)

1976년도는 미국의 제39대 대통령선거가 있는 해였다. 당시 미국 민주당 대통령후보인 지미 카터 후보는 선거유세에서 한국의 안보를 위태롭게 할 정책들을 선거공약으로 쏟아내고 있었다. 이때 박 대통령은 야당 대통령의 선고공약이므로 크게 관심을 두지 않았으나, 만일 카터 후보가 당선되는 경우에 대비하여 그 대책을 고심하지 않을 수 없었다.

1. 카터 대통령후보의 주한미군 및 핵무기 철수 공약

지미 카터 미 민주당 대통령후보가 선거유세 중이던 1976년 3월 17일 WP지와의 기자회견에서 '한국에 있는 핵무기는 모두 철수하고 4~5년 내에 주한미군도 단계적으로 철수시키겠다'는 선거공약을 발표했다.

그리고 또 한 유세에서 '미국은 한국에 700개의 핵무기를 배치해 놓고 있다. 나는 한국에 단 한 개라도 핵무기를 배치하는 이유를 이해할 수 없다'[29]라는 강력한 핵무기 철수 주장에 박 대통령은 경악했고, 더욱이 선거 중반이 지나면서 카터 후보의 당선 가능성이 점점 짙어지자 박 대통령의 고민은 더욱 깊어졌다.

특히 과거 미국의 어느 정권도 언급한 적이 없었던 전술핵무기를 한

---

29) Don Oberdorfer, 위의 책, p.92

국에서 모두 철수하겠다는 것은 한반도 유사시 핵무기를 사용하지 않겠다는 것이다. 즉, 박 대통령이 가장 우려했던 핵우산의 철거를 뜻하는 것으로, 이는 포드 대통령의 1975년 핵우산 공약과 주한미군 불철수를 보장함에 따라 박 대통령은 1976년 1월 어려운 사실상의 핵개발 포기 약속까지 했었는데, 그로부터 1년도 채 안된 지금, 카터 대통령후보의 공약은 한반도 유사시 미국은 완전히 손을 떼겠다는 정책으로 비치자 박 대통령은 아연실색할 수밖에 없었다.

1948년 미군이 한국에서 완전 철수한 12개월 후에 김일성이 6·25남침을 시작한 전례나, 1973년 월남에서 미군이 모두 철수한 24개월만에 월맹공산군의 침공으로 자유월남이 패망한 전례를 연상하자, 카터 대통령후보가 당선되는 경우 한반도에 또다시 제2의 안보위기를 몰고 올 것이라는 악몽을 떠올리게 되어 장차 우리 스스로 이 나라를 지킬 자주국방을 어떻게 할 것인가를 통수권자로서 다시 진지하게 고민하지 않을 수 없었다.

그렇게 되자 박 대통령은 접었던 핵개발의 꿈을 다시 떠올려 우선 핵개발 기술 확보부터 점진적으로 핵개발을 완성하고 당시 진행 중인 지대지미사일(백곰) 개발이라도 조속히 완성하여 제한적이나마 우리 스스로 전쟁억제력을 갖는 것이 필요하다고 판단했다.

2. 원자력사업 종합계획 작성과 핵개발 재추진

카터의 당선이 확실시되던 1976년 가을 박 대통령은 접었던 핵개발의 꿈을 다시 펴기 위해 김정렴 비서실장과 오원철 제2경제수석을 청와대 대통령 서재로 불러 '원자력사업을 종합적으로 추진하라'는 지시와 함께 '우리의 원자력사업 내용이 일본처럼 핵무기를 제조할 수 있는 기술 수준이 되면 실제 핵을 보유한 것과 같은 효과를 낼 수 있다'고 부언하였다.[30] 이 말은 장차 핵무기를 개발할 수 있는 기술을 지금부터 확보하라는 계획지침이라 할 수 있다.

당시 한국의 핵개발 여건은 1972년 최초 핵개발 보고시의 여건과는 크게 달랐다. 즉 IAEA의 안전지침 강화, NPT의 비준 강화, 경수로나 중수로로부터 사용후핵연료를 몰래 빼내 재처리하여 플루토늄을 추출하는 것은 거의 불가능한 상태였다. 그래서 일본처럼 핵을 개발할 수 있는 기술을 확보함으로써 핵억제력의 효과를 얻겠다는, 일본식 모델을 선택하라고 지시한 것으로 보인다.

가. 원자력사업 종합계획 보고 (1976.12.1)

카터 후보의 당선이 확정된 얼마 후인 1976년 12월 1일 오원철 수석은 박 대통령이 지시한 「원자력사업 종합계획」을 작성하여 대통령의 재가를 받았다. 원자력사업 종합계획의 표면적 목표는 원자력 발전과 핵연료 국산화 및 방사선 동위원소 이용기술 개발 그리고 원자력 인력 개발에 두었다.[31]

이날 보고된 구체적 세부내용이 밝혀진 것은 없으나 대통령이 계획지침을 내릴 때 핵무기 개발 기술 확보를 언급한 바 있었고, 또 추가적으로 '재처리시설과 연구용원자로를 자체 개발하라'고 지시[32]한 바 있으므로, 이번 원자력사업 종합계획의 궁극적인 목표는 한국의 핵무기 개발을 위한 핵시설과 핵기술 확보에 둔 것으로 추정할 수 있다.

---

30) 김인광·오동룡, "박정희의 원자폭탄 개발 비밀 계획서 原文 발굴", 「월간조선」, 2003.8월호,
   안성규·정수진, "박정희, 69년 핵 구상...72년 말부터 핵무기 설계했다" 「중앙선데이」 제238호, 2011.11 (CIA문건)
31) 웹, 네이버 블로그 「무개념세무사」, 앞의 글
32) 심융택, 앞의 책, p.252

오원철 수석이 '원자력사업 종합계획'을 보고한 이후 핵무기 개발과 관련 있는 부서에 큰 변동 상황이 눈에 띄었다. 즉 한국핵연료개발공단의 개설과 원자력연구소의 연구용원자로 개발 그리고 ADD의 지대지미사일(백곰) 개발 등 활발한 활동 상황을 들 수 있다.

1976년 1월 박 대통령의 사실상의 핵개발 포기에서 1976년 말 카터 대통령의 당선으로 박 대통령은 핵개발에 재시동을 걸었다.

나. 한국핵연료개발공단의 개설 (1977년)

1976년 1월 미국이 핵연료 개발 연구를 한국에 양보함에 따라 그 이전부터 핵연료 개발과 재처리기술 연구를 하고 있었던 원자력연구소의 특수사업부(특수사업담당 부소장 주재양 박사)는 이때부터 한국핵연료개발공단 설립을 준비해 오고 있었다.(아래 도표의 점선부분) 그러던 중, 청와대에서 원자력사업 종합계획을 보고한 며칠 후 한국핵연료개발공단 설립계획을 대통령에게 보고, 재가를 받자, 1977년 1월 정식으로 '한국핵연료개발공단'을 재단법인으로 창설[33]하게 되었다. 이때 원자력연구소의 특수사업부를 원자력연구소에서 분리하여 한국핵연료개발공단의 모체가 되었다.

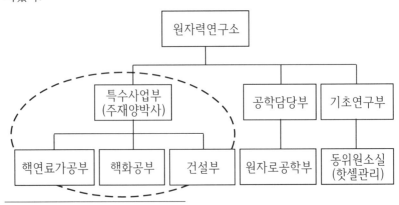

----
33) 한국매일경제, 1977.1.7

한국핵연료개발공단 발족과 동시에 초대 소장으로 원자력연구소의 특수사업담당 부소장 주재양 박사를 임명하였다. 이에 따라 주재양 박사는 특수사업부의 소속 인원을 모두 대동하고 1977년 6월에 대덕연구단지로 이동하면서 새로운 편성으로 공단을 발족시켰다.

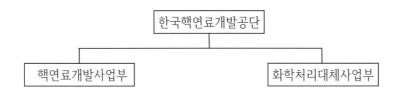

핵연료개발공단에 부여된 표면상 주 임무는, 핵연료의 안정적 공급을 위한 핵연료의 국산화 연구개발로 핵연료봉을 제작하는 것이었고, 이는 핵연료개발사업부에서 담당했다. 그리고 핵연료가 국산화되어 원자로에 핵연료로 사용된 후, 이 핵연료가 정상적으로 연소되었는지 여부를 분석하는 임무는 화학처리대체사업부에서 담당하기로 했다.

핵연료 국산화를 위한 목표는, 1979년까지 연구동(연구시설)과 핵연료 가공시험시설(공장)을 건설하고, 1980년까지 화학처리대체사업부에서 필요로 하는 각종 시험시설을 도입하여 가동할 목표를 세웠다. 즉 1980년까지 핵연료개발공단에서는 핵연료봉 제작과 사용후핵연료 분석까지 완성하는 것이었다.

제작된 핵연료봉을 원자로에서 연소시킨 후 인출하여 정상적인 연소 상태인지, 그리고 방사성물질 조성비 등을 분석하는 과정은 핵연료 개발의 일련된 공정이다. 이 공정을 위해서 '조사후시험시설'과 '폐기물처리시설'은 필수적인 시설이기 때문에 1980년까지 이를 도입하기로 계획했었다.

그리고 이 공단의 표면적 임무인 핵연료봉 제작 이외에 비밀로 부여된 특별한 임무가 있었다. 특별한 임무란 바로 재처리기술을 획득하고 재처리시설을 국산화하는 사업이었다. 이 특별한 임무를 화학처리대체사업부에서 특별팀을 구성하여 비밀리에 진행시키고 있었다.

이 특별팀에서는 김철 박사를 주축으로 재처리 기술 습득을 위해 재처리시설 자체를 도입하려고 프랑스와 재시도 해 보았으나 국제사회의 강화된 감시 하에서는 불가능한 상황이었다. 그래서 특별팀에서는 재처리시설의 각 프로세스별(재처리7단계의 처리프로세스; SF의 냉각 및 저장단계, SF의 절단단계, 용해단계, 핵분열생성물질과 분리단계, 플루토늄과 우라늄 분리단계, 플루토늄과 우라늄의 정제단계, 저장단계) 시설들과 유사한 시설들을 각각 별도로 도입하여 시설별 기술을 습득한 후이 기술을 종합하면 재처리기술이 완성되는, 이러한 우회적인 방안을 모색할 수밖에 없었다.

그리고 핵연료개발공단에서 도입을 추진하고 있는 '조사후시험시설'과 '폐기물처리시설'에서 사용후핵연료봉을 분석하는 과정을 보면, 사용후핵연료는 고농도의 방사성물질이므로 방사성 차폐시설에서 원격조정장치를 이용, 시험해야하므로 여기에서 사용되는 기술은 재처리과정의 한 프로세스와 유사하다. 그래서 특별팀에서는 이 시설들의 도입도 적극적으로 추진하고 있었다.

이들 두 시설과 또 재처리시설의 필요한 프로세스의 분리된 시설들에 대한 도입을 추진하는 한편, 필요한 기술인력들을 해외에 보내 기술을 습득시키고 있었다. 이들 시설들을 도입하고 재처리기술을 습득하게 되면 그 바탕에서 재처리시설 자체를 우리 힘으로 설계하고 국산화할 계획을 진척시키고 있었다.

이렇게 핵연료개발공단에서는 핵연료를 국산화하는 연구를 진행함과 동시에, 한편으로는 1980년까지 사용후핵연료를 재처리하는 기술 터득과 아울러 재처리시설을 국산화하여 무기급 플루토늄을 생산할 연구가 비밀리에 진행되어가고 있었다.

다. 연구용원자로의 국산화

한국원자력연구소는 1977년 1월 특수사업부가 분리되어 나감에 따라 기구가 축소되었으나 1976년 12월 '연구용원자로를 국산화하라'는 새로운 임무를 부여받고 있었다.

최초 핵개발 보고 시(1972년) 중수로형 원자로(CANDU형)을 도입 운영하면서 여기서 사용후핵연료를 획득하거나 또는 NRX를 도입하여 사용후핵연료를 획득할 계획을 세웠으나 인도의 핵실험(1974년) 이후 국제 상황은 이것을 허락하지 않게 되었다. 더욱이 중수로형 원자로를 건설하고 사용후핵연료 인출은 1983년 이후에나 가능하므로 이것은 타이밍이 맞지 않고 또 NRX 도입마저 불가능하게 되자 부득이 NRX를 우리 손으로 국산화할 수밖에 없어, 이 임무가 원자력연구소에 부여된 것이다.

연구소에서는 원자로공학부장 김동훈 박사가 주축이 되어 1976년 말 약 30여 명으로 특별연구팀을 구성하여[34] 연구용원자로 국산화 연구에 본격적으로 돌입했다.

1973년 말 이래 연구용원자로(NRX) 도입을 위해 캐나다와 교섭 시 획득한 각종 자료와 또 인도와 대만에서 운용 중인 연구용원자로 시찰 시 획득한 각종 자료들을 바탕으로 연구용원자로 국산화를 위해 구체적인 연구를 개시하게 되었다. 연구용원자로 국산화의 목적은 이 연구용원자로에서 핵연료봉을 연소시킬 때 연소기간 조절로 무기급 플루토늄을 생성시킨 사용후핵연료를 얻기 위한 것임은 말할 필요도 없다. 이 사용

---

34) 웹, *프레시안* 키워드가이드 "박정희 암살배경(6)", 2009.10.2. 등록,
    http://keyword.pressian.com/articleK.asp?guide_idx=4761

후핵연료를 재처리하면 무기급 플루토늄을 얻을 수 있다. 그래서 연구소의 연구용원자로의 국산화는 핵연료개발공단에서 재처리시설이 국산화되기 이전에 완성되어야 할 시급한 문제로 대두되어 특별연구팀은 불철주야 연구개발에 몰두하고 있었다.

라. ADD의 활동 (1977년 당시)

박 대통령은 1970년 8월 6일 ADD를 창설하여 군의 기본무기를 국산화 하고 또 한편으로는 미사일 분야를 개발하라는 두 가지 임무를 부여했다.

지시받은 ADD는 편성을 군의 기본무기와 장비를 신속히 개발하는 '번개사업본부'와 미사일 분야를 개발하는 '항공사업본부'로 크게 2개 분야로 분리하여 연구가 진행되었다.

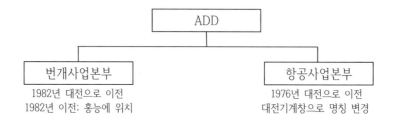

번개사업본부는 말 그대로 번개처럼 신속한 연구개발로 1977년경에는 군의 기본무기와 중화기는 물론 포병의 105㎜와 155㎜ 곡사포까지 국산화 하고 500MD Hel기를 국산 조립하는 수준에 이르렀다.

항공사업본부도 1974년 5월 14일 대통령의 재가를 받은 지대지미사일 개발사업(백곰사업)은 율곡사업으로 추진됨으로써 더욱 활기를 띄고 연구가 진행되었다.

이때부터 미사일개발 연구팀에서는 미제 나이키허큘리스는 1950년대의 폐기 직전의 미사일이므로 성능개량이 필요하다는 주장으로 미국으로부터 어렵게 협조를 얻어 나이키허큘리스 제조회사인 MD(맥도날드 더 글러스)사와 미 유도탄연구소 등에 파견 기회를 얻어 미사일개발 분야의 새로운 지식(소프트웨어 기술)의 습득과 기술자료 등을 확보하는 등, 미사일개발에 많은 기술을 축적할 수 있게 되었다.

1976년도에는 연구개발을 위해 필수적인 미사일 지상연소시험장(1976.9)과 유도탄 연구 및 생산시설들을 모두 준공(1976.10)하여 본격적인 미사일개발을 할 수 있게 되었다.

박 대통령이 대전기계창(항공사업부의 별칭) 준공식에 직접 참석(1976.12)할 정도로 특별한 관심을 보인 것은, 당시 한국으로서는 북한의 도발을 억제할 수 있는 수단이라고는 아무것도 없었으므로 지대지미사일 개발로 평양을 직접 타격할 수 있는 전략무기를 확보하면 북한의 도발을 억제할 수 있을 것으로 판단하여, 미사일개발에 남다른 관심과 집념을 가지고 있었던 것으로 추정된다.

박 대통령이 백곰사업을 재가한 그 무렵(1974년) 이재전 장군(당시 합참 전략기획국장)이 율곡사업 보고 차 청와대를 방문하여 박 대통령 집무실에 들어갔을 때 '대통령은 한국 지도판을 보면서 장차 개발될 지대지미사일을 어디에다 배치하면 김일성의 간담을 서늘케 해 줄 수 있을 것인가를 연구하고 있었다'고 회고했다.[35]

이처럼 박 대통령은 핵개발을 지시(1972년)했을 당시부터 지대지미사일도 구상하고 있었다. 그러다가 카터 대통령의 당선으로 섭었던 핵개발의 꿈을 다시 일으킴과 동시에 지대지미사일을 조속히 완성하여 제한적

---

[35] 국방일보, 연재물 '그때 그 이야기' "제1話 溫故知新<85> 朴대통령 독일 방문과 율곡사업" 2013.10.7

이나마 핵개발 시까지 이것으로 전쟁억제력을 갖고자 결심했기 때문에 지대지미사일 개발은 시급한 상황이었다. 그래서 박 대통령은 '1978년 국군의 날 이전에 백곰개발을 먼저 완료하라'고 당부할 정도였다.[36] 대통령이 지시한 1978년 '국군의 날'까지는 2년이 채 남지 않았으므로 대전기계창 연구실에는 불이 꺼질 줄 모르는 연구진의 끈질긴 노력으로 1977년 백곰미사일의 축소형(20%)을 제작하여 시험사격 결과 성공적이었다. 이에 힘을 얻은 연구진에게 남은 것은 실물형으로 제작하여 종합시험을 위한 준비를 서두르게 되었다.

당시 항공사업본부 편성[37]은 6개의 체계부를 두고 각각 연구에 몰두하고 있었다.

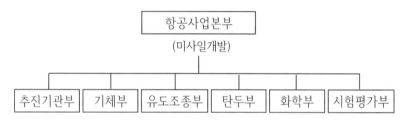

이 편성은 미사일개발을 위한 편성이었고 이 편성표에는 없으나 1972년도 박 대통령이 최초 핵개발계획을 보고받을 당시 ADD가 핵개발의 기본계획 수립에 참여했다는 기록이 있다.

또 미 CIA에서 공개한 1975~76년경 ADD의 편성표를 보면, 미사일설계팀, 핵탄두팀이 있고, 핵탄두팀 예하에 탄두개발팀, 고폭장치팀, 컴퓨터코드팀 등이 있음을 알 수 있다.

---

36) 웹, 네이버 블로그 「유용원의 군사세계」, '무기토론방' 中, "한국 미사일 개발의 산 증인 구상회 박사 회고(2)", 2006.8.6. 등록, http://bemil.chosun.com/nbrd/bbs/view.html?b_bbs_id=10040&pn=0&num=31713

37) 웹, 네이버 블로그 「유용원의 군사세계」, 위의 글

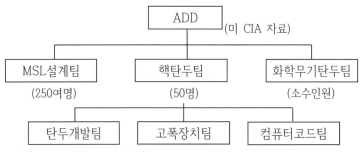

※ 인원수로 볼 때 1975~76년경 자료로 판단.

이 핵탄두팀에서는 핵탄두 디자인을 하고, 고폭장치팀에서는 기폭장치 연구와 폭축형핵탄두 제조에 고속폭약이 필요하므로 이 고속폭약을 연구하고 있었던 것으로 보인다. 아마도 이 편성은 무기급 플루토늄 획득에 맞춰 핵탄두 개발을 비밀리에 연구하고 있었던 편성으로 추정된다.

그리고 핵탄두팀에서 핵무기 설계에 직접 참여했었던 한 연구관의 증언에 의하면, 1975년도에 핵탄두의 기본설계는 거의 완성되었으나[38] 기폭장치에 필요한 고속폭약은 외국에서 도입해야 하는데, 미국에서 고속폭약 도입 계약이 어렵게 성사되어 도입해보니 그 폭약에 글리세린이 혼합되어 있어 (미국의 무기수출법에 따라) 실제 고속폭약으로는 사용할 수가 없었다는 에피소드도 있었다고 했다.[39]

그리고 ADD에서 고속폭약을 연구하고 있다는 사실을 인지한 주한 미 대사관의 로버트 스텔러(핵개발 감시담당관)가 대전기계창을 수시 방문하여 핵개발의 흔적을 찾으려 했으나 찾지 못했다.[40]

이처럼 카터 대통령 취임 전에 계획한 「원자력종합계획」 보고

38) ed. Byung-Kook Kim & Ezra F. Vogel, 앞의 책, p.493
39) 조갑제, 「우리는 왜 핵폭탄을 가져야 하는가?」, 서울:조갑제닷컴, 2011, p.49
40) 조갑제, 위의 책, p.48

(1976.12) 이후, 원자력연구소, 핵연료개발공단, ADD의 활동에서 본 바와 같이, 과거(1972년도) 외국에서 핵개발 시설을 도입하여 핵개발을 시도했던 정책에서 전환하여 순수 우리의 기술로 핵개발 기술과 핵시설들을 국산화하여 핵개발을 시도하려는 박 대통령의 자주국방의지가 은밀히 진행되고 있었음을 알 수 있다.

이런 가운데 미국의 제39대 대통령으로 취임한 카터 대통령은 취임하자마자 주한 미 제2사단의 철수와 한국에 배치된 전술핵무기를 철수시키라는 지시를 내림으로써 한국에 제2의 안보위기를 몰아오고 있었다.

3. 카터 대통령 당선과 미 제2사단의 철수계획 발표 (1977)

카터 대통령은 미국의 제39대 대통령으로 당선되어 1977년 1월 20일 대통령에 취임하게 되었다. 취임 6일 만인 1977년 1월 26일 '브레진스키(Zbigniew Kazimierz Brzezinski)' 대통령보좌관에게 '비밀리에 한국으로부터 핵무기를 철수시킬 계획을 마련하라'고 지시했고, 브레진스키 보좌관은 '브라운(Harold Brown)' 국방장관에게 2월 1일까지 핵무기 철수계획을 마련하라고 대통령의 지시사항을 전달했다.[41]

그러나 브라운 국방장관은 한반도처럼 군사적으로 민감한 지역에서 핵무기를 미군 철수에 앞서 단행하는 것은 전략적으로 부적절하므로 핵무기 철수는 주한미군 철수와 함께 실시하는 것이 한반도 안정에 기여할 수 있다고 대통령을 간곡히 설득한 끝에 결국 승인을 받았다.[42]

이렇게 하여 한국에 있는 전술핵무기의 우선적 철수문제는 뒤로 미루어졌으나, 주한 미 지상군의 철수계획은 1977년 2월초 카터 대통령의

---

41) 안성규·정수진, "박정희, 69년 핵 구상...72년 말부터 핵무기 설계했다"「중앙선데이」 제238호, 2011.11
42) Don Oberdorfer, 앞의 책, p.92

의지대로 확정되었다.

43)

> ① 주한 미 제2사단은 2단계로 철수한다.
>   · 1단계 : 1978년 말까지, 1개 여단(약 6,000명) 철수
>   · 2단계 : 1980년 6월 말까지, 1개 여단 및 병참지원부대(약 9,000명) 철수
> ② 한국에 배치된 미국의 핵무기는 감축된 후 궁극적으로 지상군 병력과 함께 완전 철수한다.

이렇게 주한미군 철수계획이 일단 완성된 후 카터 대통령은 1977년 2월 15일 박 대통령에게 친서를 보내 미국의 대한안보공약을 확인함과 동시에 주한 미 지상군을 한국과 협의하여 상당기간에 걸쳐 점진적으로 철수할 것이며 아울러 한국의 인권개선 조치를 촉구하는 내용도 담았다.44)

카터 대통령의 친서를 받은 박 대통령은 당시 미 행정부(CIA, 국무부, 국방부 등) 내부에서 주한미군 철수가 한국에 미칠 영향을 깊이 우려하고 있다는 사실을 파악하고 1977년 3월 초 박동진 당시 외무부장관을 워싱턴으로 보내, 주한미군의 철수계획을 가능한 중단할 수 있는 방안이 있는지 한 번 더 미국과 협의해 보도록 지시했다.45)

박동진 외무부장관이 카터 대통령을 직접 접견해 본 즉, 주한미군의 철수는 선거공약이란 점을 강조하면서, 철수는 단계적으로 실시할 것이며, 미국은 이에 대한 보상으로 한국군의 전력증강을 지원할 것이라고 말했다는 내용과 함께, 카터 대통령의 주한미군 철수의지는 도저히 돌이킬 수 없는 확고한 것이었음을 확인할 수 있었다고 보고했다.

---

43) Don Oberdorfer, 위의 책, p.93
44) Don Oberdorfer, 위의 책, p.91, 동아일보, 1979.7.21
45) Don Oberdorfer, 위의 책, p.90

그리고 주한미군의 철군계획이 공식적으로 발표되자, 박정희 대통령은 청와대에서 국가안보회의를 소집하여 대책을 논의했다. 이미 카터 대통령의 확고한 철군의지를 간파한 박 대통령은 1970년 미 제7사단 철수 때와는 달리 감정을 최대한 억제하고 미 제2사단 철수에 따르는 보상대책에 관심을 보였다. 안보회의에서 박 대통령은 핵개발에 대한 언급은 하지 않았으나, 이미 주한미군 철수에 대비하여 1976년 말부터 시작된 핵개발 기술 획득 준비(핵연료개발공단의 발족)와 연구용원자로 개발, 지대지미사일(백곰계획) 개발을 가일층 독려하게 되었다.

이 무렵 미 CIA는 '주한미군의 철수가 가속화되면 미국의 핵우산에 관한 한국의 신뢰가 약화되면서 핵무기 옵션을 추구하길 원하는 한국 인사들의 힘은 강화될 것이고, 이로 인해 박정희 대통령은 핵무기 개발을 재개할 수도 있을 것이다'라고, 한국의 핵개발 재개를 우려하는 보고서를 제출했다.[46]

이로부터 얼마 후 주한 미8군사령부 참모장 '싱글러브(John K. Singlaub)' 장군이 1977년 5월 워싱턴포스터지 '사르(John Saar)' 기자에게 「만일 미 지상군이 예정대로 한국에서 철수할 경우 한반도에 전쟁이 일어날 것이다. 주한미군 철수 결정은 2~3년 전의 낡은 정보에 의해 취해진 것이 아닌가 하는 우려를 낳게 한다」라고 인터뷰 한 기사내용이 1977년 5월 19일자 WP지에 게재되자, 이는 대통령에 대한 항명으로 간주되어 군복을 벗는 파문을 일으킨 바 있다.[47] 이처럼 카터 대통령은 행정부와 군부의 반대를 무릅쓰고 주한미군 철수를 고집했다.

이런 가운데 1977년 7월 25일 제10차 한미연례안보회의가 개최되어 주한 미2사단의 철수계획 일정이 합의되었다. 그 내용은 카터 대통령이

---

46) 황준호 · 곽재훈, "박정희, 1978년까지 핵무기 개발 추진했다", *프레시안*, 2011.9.26, pp.1,8.

47) 경향신문, 1977.5.20, Don Oberdorfer, 앞의 책, p.93

결재한 미 제2사단 철수계획과 그 규모는 동일하나, 2개 단계를 3개 단계로 나눠 철수시기를 6개월간 지연시키는 수준이었다.

  - 1진은 1978년 말까지 6,000명 철수,
  - 2진은 1980년 말까지 9,000명 철수,(80년 6월말에서→80년 말까지로)
  - 3진은 1981~82년까지 잔여 지상군 병력 철수하고,
  - 철수보상책으로 무상 장비 이양 8억$과 연간 군사판매 차관을 매년 2억7,500만$씩 수년간 지원하는 것으로 합의했다.
  이렇게 미 제2사단의 철수문제는 기정사실화 되었다.

  그리고 한국에 배치된 핵무기 철수문제는 언급하지 않았으나 당시 한국에 약 1,000발 가까이 있었던 전술핵무기는 한국이 모르는 사이에 감축되어가고 있었다.

  지난 1970년 초 닉슨 대통령 행정부가 미 제7사단 철수를 일방적으로 통고해왔던 당시의 한반도 위기 때보다 더 절박한 위기(미 지상군과 핵무기까지 함께 철수)를 느낀 박 대통령은 과거와는 달리 차분하게 자주국방체제를 갖추어 전쟁억제를 달성하고자 했다.
  1972년 이래 지금까지 핵개발을 위한 핵 관련시설들(플루토늄 생산을 위한 연구용원자로와 재처리시설)을 외국에서 도입하여 핵개발을 시도하려했던 과거와는 달리, 이때(1977년)부터 박 대통령은 앞에서 언급한 바와 같이 자주국방을 위해 핵개발 시설들을 순수 국산화로 개발하여 국제사회로부터 개발 차단을 피하고 보안유지가 가능한 가운데 조용히 핵개발 기술을 확보함으로써 전쟁억제력을 확보하고자 했다. 또 당시 진행 중인 미사일개발을 조속히 완성시켜 북한의 도발을 억제할 수 있을 것

으로 판단, 미사일개발에 박차를 가하게 되었다. (당시 북한은 핵무기가 없었고 서울을 위협할 수 있는 비대칭무기로 소련에서 도입한 Frog 로켓포만 있었다)

4. 카터 대통령의 철군 딜레마 (1977~1978)

1969년 이래 북한군 전력은 한국군보다 열세한 것으로 미군은 판단하고 있었다. 카터 대통령의 주한미군 철수계획(1977년)도 이런 미군의 북한군 전력 평가에 기초하고 있었다.

그러나 1978년 초에 와서 기존의 미군 측의 판단과는 달리, 북한군 전력이 한국군 전력보다 훨씬 우세하다는 판단으로 수정되자, 카터 대통령의 주한미군 철군계획에 대한 회의론과 반대론이 대두되기 시작했다. 뿐만 아니라 미 CIA는 주한미군 철수에 부정적인 보고서를 제출하는가 하면, 미 국무부와 국방부 그리고 카터 대통령의 정책보좌관 대다수까지도 주한미군 철수를 전략적인 측면에서 심각히 우려하고 내심으로 반대하고 있었다.[48]

가. 북한군의 전력 재평가 (1977년 말~1978년 초)

1977년 5월 주한미군사령부 참모장 싱글로브 소장의 '2~3년 전의 낡은 정보에 의해 주한미군 철수계획이 마련된 것이 아닌가 하는 우려를 낳게 한다'는 인터뷰 사건이 있었던 그해(1977) 12월에 미국 국가안전보장국(NSA)에서 정보분석가로 근무하고 있었던 '존 암스트롱'이 서울 주한미군사령부에 와서 북한의 전차사단에 대한 새로운 정보를 제공했다.

---

48) Don Oberdorfer, 위의 책, p.35

한국의 DMZ 북쪽 약 80㎞ 지점 계곡 일대에 새로운 전차사단(전차 270
대, 장갑차 100대 이상)이 주둔하고 있음을 항공사진을 통해서 확인했다
는 새로운 사실과, 이는 북한의 과거 전차전력에 비해 80%나 증강되었
다는 브리핑에 주한미군사령부도 깜짝 놀랐다.[49] 이 보고를 받은 미8군
사령관(당시 베시 대장)은 1978년 1월 미 국방부에 북한군 전력에 대한
재평가를 요청했다.

   미 국방부는 35명의 정보분석 전문가로 하여금 1969년 이래 수집된
각종 자료를 토대로 재분석토록 지시했고, 분석 결과 존 암스트롱의 새
로운 정보분석 결과가 사실임을 확인했다.

   그리고 북한 지상군 병력도 지금까지 485,100명으로, 판단한 것보다
40%나 증가된 680,000명임을 확인했고, 전차, 야포 등 중장비도 크게
증강되어 북한군의 전체 전력은 한국군의 전체 전력보다 배 이상이나
높다는 사실을 확인하게 되었다.[50] 이렇게 됨으로써 카터 대통령의 주한
미군 철수문제는 딜레마에 빠지게 되었다.

   이때부터(1978년) 한·미 양국은 한국군과 주한미군의 전력증강으로
북한의 도발을 억제할 방도를 강구하기 시작했고 박 대통령은 박 대통
령대로 자주국방의 길을 모색하고 있었다.

나. 브레진스키의 주한미군 철군 수정안 제시

   1978년 4월 11일 백악관 회의실에서 주한미군 철수문제에 관한 회의
가 계획되어 있었다. 이날 회의에는 국무장관과 국방장관, 행정부 내 아
시아담당 고위관리들 그리고 백악관의 정책보좌관들이 모두 참석했다.

   안보담당보좌관(브레진스키)은 카터 대통령이 주한미군 철수를 선거공
약으로 내걸었었고 또 집요하게 주장하는 것을 잘 알고 있었으므로 회

---

49) Don Oberdorfer, 위의 책, p.103
50) Don Oberdorfer, 위의 책, pp.102~104

의에 앞서 그간의 상황을 카터 대통령에게 솔직하게 보고했다. 즉 '금년 초 북한군 전력의 재평가로 철군문제의 전제(철군 전후, 한국군 전력이 북한군 전력보다 우위 유지)가 틀어짐으로써 미 CIA와 행정부의 대부분이 주한미군 철수에 반대하고 있으며, 특히 의회에서 주한미군 철수를 위해 대통령이 약속한 보상예산 2억 7천5백만$의 통과가 어렵게 됐다는 점' 등을 설명했다. 그러자 카터 대통령은 보좌관에게 '선거공약 중 남은 것은 이것뿐이니 나를 보호해 줘야 하지 않느냐'고까지 했다.

회의가 시작하자 국무부의 '홀 브룩(Richard Holbrooke)' 차관보는 '문제는 철군이 아니라 코리아게이트(박동선 사건) 때문에 국회의원들은 주한미군 철수를 위한 예산 승인을 하지 않을 것으로 우려하고 있으며, 한국에 아무런 원조 없이 철군을 강행하는 것은 미국이 동아시아로부터 발을 빼는 것으로 비칠 것을 우려하고 있다'고 했고,[51]

국가안보회의 위원인 '마이클 아마코스트(Michael Armacost)'도 '약속한 보상원조 없이 철군할 경우, 일본에서도 심각한 부정적인 결과를 초래하게 될 것'이라고, 보상문제를 내세워 주한미군 철수를 반대했다.

국방부 '모튼 애브라모위츠(Morton Abramorwitz)'도 '보상 없이 철군을 감행할 경우, 주한미군사령관인 베시 장군을 비롯한 야전지휘관들도 노골적으로 반대하고 있다'고 했다. 그리고 '철군정책을 마지못해 받아들였던 미 합참관계관들도 퇴진할 우려가 있다'고 철군으로 인한 국방부의 입장을 솔직히 발표했다.[52]

그리고 이어서 '벤스(Cyrus Roberts Vance)' 국무장관과 '브라운' 국방장관 등 대다수의 보좌관들 역시 주한미군 철수를 연기 내지는 철군 철회를 주장했다.

그러나 카터의 내심을 잘 아는 '브레진스키' 안보보좌관만은 철군 철

---

51) Don Oberdorfer, 위의 책, p.95
52) Don Oberdorfer, 위의 책, p.93

회보다는 철군의 규모를 줄이는 방안을 절충안으로 제시했다. 즉 '금년 (1978) 말까지 전투병력 1개 여단 6,000명을 철군하게 되어 있는데, 이를 전투 1개 대대(약800명)와 비전투요원 2,600명 정도로 그 규모를 줄이자는 안'이었다.

참석자들은 1개 대대 전투병력 철군은 전투력에 큰 약화를 초래하지 않고 또 이렇게 되면 추가 철군 가능성을 상당히 낮게 만들 수 있으리라고 판단, 동의하는 눈치였다.

카터 대통령은 철군 철회가 아니므로 체면 유지는 된다고 생각해서 내키지는 않았어도 브레진스키의 대안을 받아들였다.

이 회의에서 철군 규모 축소안을 승인한 열흘 후인, 4월 22일 카터 대통령은 「대통령의 특별성명」으로, '1개 전투대대만 철수시키고 주한미 공군력을 더욱 강화하며 한국군의 군사력 증강계획도 적극적으로 지원한다. 미국은 대한방위공약을 확고히 지킬 것'이라고, 강력한 대북 경고 메시지도 담아 발표[53]함으로써 한국으로서는 다소 안도의 숨을 쉬게 되었다.[54]

5. 대북 억제력의 강화 (1978~1979)

카터 대통령의 1978년 4월 22일 특별성명으로 발표된 대북 억제력을 강화하는 문제는 1978년 7월 27일 개최된 제11차 한·미 국방장관회의에서 주한미군과 한국군 전력강화를 위한 구체적인 합의가 이루어질 계획이었다. 그러나 카터 대통령 취임 후 이때까지(1년반 이상) 주한미군

---

53) 1978년 4월 22일 '카터 미 대통령의 대한정책 성명' 참조
54) Don Oberdorfer, 앞의 책, p.96

철수와 핵무기 철거문제로 초래된 한국 국가안보의 불안정성에 시달려 온 박정희 대통령으로서는 한국군 단독으로 북한의 도발을 억제할 수 있는 (자주국방) 전력 확보가 시급하다고 생각하고 있었다.

가. 제11차 한·미 국방장관회의

1978년 7월 25일 미국 샌디에이고 시에서 개최된 제11차 한·미 국방장관회의(한국측 노재현 국방장관, 미국측 브라운 국방장관)에서는,

「금년 말까지 주한미군 3,400명(전투병력 1개 대대와 비전투부대 포함)을 철수하는 것으로 일단락 짓고, 대신 금년 내에 한미연합사의 창설과 한미연합훈련(T/S훈련)을 매년 실시하기로 하고 미 공군의 증강과 미 해군의 한반도 주변 해역에 배치함으로써 한국에 대한 미국의 안보공약이 확고부동함을 보장한다」

고 했다.

특히 **한국은 미국의 핵우산 하에 있다**는 사실과 **한미연합사 창설**을 공동성명에 **최초**로 명시함으로써 북한 도발에 강력한 쐐기를 박았다.

이로써 카터 대통령은 주한미군 철군문제로 야기된 한반도 안보문제가 해소되었다고 판단하는 것 같았으나 박 대통령에게는 안보 불안을 완전히 불식시키지 못했다.

나. 백곰미사일 시험사격의 성공

ADD의 항공사업본부에서는 1974년 5월 대통령의 재가를 받은 백곰사업은 미군의 지대지미사일 나이키허큘리스(Nike-Hercules)를 모델로 선정, 각종 난관을 무릅쓰고 개발을 진행시켜 왔다. 특히 1977년 1월 카터 대통령 취임 후 주한미군의 감축과 핵무기마저 철수시키겠다는 정책

전환으로 위기를 느낀 박 대통령은 우리 스스로 전쟁억제력을 갖기 위해 우선적으로 북한의 심장부를 타격할 수 있는 장거리미사일 개발을 독려하여 1978년 '국군의 날'까지 개발을 완료하도록 물심양면의 지원을 아끼지 않았다. 수시로 대전기계창(항공사업본부)을 방문, 연구진을 격려할 정도였다.

1977년 후반에 축소형 백곰미사일 시험비행에 성공한 이래 자신감을 얻은 연구진은 계획된 각 부(추진기관부, 기체부, 유도조종부, 탄두부, 시험평가부)의 체계별 시험을 마친 후, 각 부의 실물(백곰)을 통합 조립한 후, 1978년 4월부터는 종합시험비행을 준비하기에 이르렀다. 그러나 처음 몇 차례 시험은 실패의 연속이었다. 공개시험일(1978.9.26)이 가까워지면서 시험은 성공적으로 진행되어갔다.

1978년 9월 26일 박 대통령을 비롯하여 국방장관, 상공장관, 과기처 장관 등 내외 귀빈들을 모신 가운데 공개시험 행사가 13시 정각부터 안흥시험장에서 시작되었다. 이날 행사에는 4가지 주요 국산개발무기(백곰;지대지유도미사일, KLAW;한국형 대전차로켓, 구룡;다연장로켓, 황룡;중거리로켓)의 시험사격이 계획되었는데, 가장 기대를 모은 백곰 지대지유도미사일 시험사격부터 시작되었다.[55]

백곰미사일은 1974년 5월 14일 박 대통령의 재가를 받을 당시 사정거리가 200㎞에 이르는 지대지탄도미사일을 1978년까지 개발하라는 지시었다. 백곰개발팀은 개발단계를 3개 단계로 구분, 1단계는 모방단계로 미제 나이키허큘리스를 선정하였으며, 2단계는 이의 성능을 개량하고, 3단계는 완전한 한국형 지대지유도탄으로 독자 개발하는 계획이었다.

나이키허큘리스미사일은 미국이 1958년도에 개발한 사정거리 180㎞의 2단 구식 유도무기였으므로 개발팀에서는 대폭적인 성능개량을 하지

---

55) 1973.2 승인, ed. Byung-Kook Kim & Ezra F. Vogel, 앞의 책, p.494

않을 수 없었다. 다만 시간관계상 외형은 그대로 유지하기로 하고 연구를 시작했다. 먼저 사정거리를 200㎞ 이상으로 연장시키기 위해서는 1,2단의 추진기관의 추력을 증가시켜야 했고(추진기관 개량), 전자회로는 진공관에서 반도체로 바꾸었다. 또 유도시스템도 컴퓨터화함으로써 모두 개량하거나 개발하여 새로운 한국형 백곰탄도미사일을 탄생시킨 것이다.56)

시험사격은 14시13분34초에 발사되어 시야에서 사라진 후부터는 행사장에 설치된 대형모니터로 비행하는 모습을 보고 있던 중 탄두가 수직으로 낙하하기 시작하여 해상 목표 표적에 탄착(명중)하고 물기둥이 솟아오른 것을 본 대통령과 참관인들은 열렬한 박수를 보냈다. 특히 불철주야 연구에 몰두한 연구원들은 서로 얼싸안고 울음을 터뜨렸다. 이 순간이야말로 대한민국이 세계에서 7번째 유도탄개발국이 된 것이다.

△ 박정희 대통령이 1978년 안흥시험장에서 최초의 국산 백곰 지대지미사일 발사 장면을 지켜보고 있는 모습

흥분된 순간이 지나자, 이어서 계획된 한국형 대전차로켓 사격과 다연장로켓 그리고 중거리로켓의 사격이 순서대로 진행되었고, 모두 목표물에 명중하는 대 성과를 거두어 우리 국방과학의 기술력을 대내외에 과시했다.

시험사격이 끝난 후 박 대통령은 전시된 각종 장비를 둘러보고 도열한 연구원들과 일일이 악수를 나누면서 「사명감에 불타는 우리 젊은 과학기술자들의 노력으로 오늘의 성과를 거두었음을

---

56) 웹, 네이버 블로그 「유용원의 군사세계」, 앞의 글

치하한다」면서 격려를 아끼지 않았다. 그리고 대통령의 당일 일기에는,

「금일 오후 충남 서산군 안흥에서는 우리나라에서 처음으로 유도탄 시험발사가 있었다. 1974년 5월에 유도무기 개발에 관한 방침이 수립된 지 불과 4년 동안에 로켓, 유도탄 등 무기 개발을 성공적으로 완성하여 금일 역사적인 시험발사가 있었다」고 기록하고 있다.[57]

며칠 후 1978년 10월 1일 국군의 날 행사에는 이날 시험사격을 실시한 백곰유도탄을 비롯한 국산무기들이 모두 참가하여 그 위용을 과시했고, 특히 시가행진 시에는 온 국민들로부터 열렬한 박수갈채를 받았다.

이렇게 박 대통령이 구상하던 북한의 도발을 억제할 수 있는 두 개의 축 중 하나인 장거리미사일의 개발은 성공하게 되었다. 그러나 또 하나의 가장 중요한 축인 핵개발 기술 획득 문제는 핵연료개발공단과 원자력연구소 그리고 ADD에서 횡적 연락을 취하면서 은밀히 진행되고 있었다.

---

57) 웹, 네이버 블로그 「유용원의 군사세계」, 위의 글

제5절 한국 핵개발에 대한 미국의 의구심 발동

1978년 9월 26일 백곰시험사격이 성공하자 미국은 표면적으로는 축하를 보냈으나 내심으로는 이 미사일을 핵 운반수단으로 이용하지 않을지, 그리고 지금까지 박 대통령의 자주국방 집념으로 볼 때, 미국은 1976년 핵개발 포기 대신 핵연료 개발을 허용한 기회를 이용, 핵무기 개발을 재시도하고 있지나 않은지 하는 의구심이 발동되었다. 그래서 미국은 백곰미사일을 개발한 대전기계창과 한국핵연료개발공단 그리고 한국원자력연구소에 대한 밀착감시를 하고 있었다.

1. 백곰미사일 개발에 대한 미국의 제동

백곰미사일은 사정거리 180㎞, 탄두중량 500㎏로 당시로서는 평양까지 사정이 닿는 전략무기였다. 백곰미사일 개발 당시 탄두를 연구하는 탄두부 파트에서는 고속폭약을 연구하고 있었는데, 당시 미국 정보기관에서는 이를 핵무기의 기폭장치에 사용하려는 것이 아닌가 하는 의혹의 눈으로 바라보고 있었다.

1979년 봄 어느 날, 대전기계창연구소에 미국 대사 일행의 방문이 있었는데, 이들은 샌드위치 도시락까지 준비하고 대형버스 1대와 몇 대의 승용차에 분승하여 와서는 연구소를 두루 시찰하였다. 이는 사실상 핵개발 탐지를 위한 사찰방문으로 보였다.[58]

그리고 미국은 한국이 비록 초보적인 핵무기를 개발한다고 해도 그

중량은 수 톤에 이를 것이므로 당시 한국이 개발한 백곰미사일에는 핵탄두를 탑재할 수 없는 것으로 평가하고 있었다. 그래서 미국이 미사일 탄두중량을 그 이상 늘리지 못하도록 500kg으로 제한해버리면, 한국은 핵무기를 개발해봤자 그 중량이 1,000kg 이상이 될 것이므로 개발된 백곰미사일에 탑재할 수 없게 될 것이고 이렇게 되면 한국은 핵무기 개발에 제동이 걸릴 것으로 판단했다.

1979년 7월 주한미군사령관(존 위컴 John A. Wickham)은 당시 한국의 노재현 국방장관에게 한국이 개발하는 미사일은 사거리 180㎞, 탄두중량 500kg으로 제한해 달라는 서한을 보냈고, 한국 국방장관은 이를 수용하겠다는 회신을 보냄으로써 사실상 「한・미 미사일협정」이 성립되었다. 미국으로서는 이 미사일협정 성립으로 한국의 핵개발에 간접적인 제동을 걸고자 했다.

2. 한국 핵연료개발공단에 대한 밀착 감시

미국은 1978년 초에 한국이 프랑스와의 재처리시설 도입을 비밀리에 재협상하고 있다는 첩보를 입수하고 핵연료개발공단을 면밀히 감시하고 있었다.

주한 미 대사관의 과학영사로 재직하고 있는 '로버트 스텔러'는 핵무기 전문가로 미 CIA 요원으로 더 잘 알려진 인물이다. 이 로버트 스텔러는 사전통고도 없이 불시에 공단을 수시 방문하여 핵무기 개발의 물증을 찾으려 했으나 공단의 연구내용은 모두가 민간 핵에너지 개발과 긴밀히 연계되어 있었기 때문에 공단의 활동을 정지시킬만한 증거를 잡지는 못했다.[59]

---

58) 박준복, 「한국 미사일 40년의 신화」, 서울:일조각, 2011, p.62

이런 미국의 밀착 감시로 한국핵연료개발공단에서 재처리시설 기술을 우회적으로 습득하기 위해 도입하기로 한 '조사(照射)후시험시설'과 '방사성폐기물처리시설' 도입 그리고 재처리시설 프로세스별 시설분리 도입 문제도 차질이 생겨 계획보다 지연되고 있었다. 그럼에도 불구하고 한국의 핵개발 연구는 지연되는 가운데 은밀하게 계속되고 있었다.

3. 원자력연구소에 대한 감시

원자력연구소는 재편성 후 연구용원자로(3MW NRX) 개발에 진력하고 있었다. 원자력연구소로서는 핵연료개발공단에서 개발하고 있는 재처리시설과 그 기술이 완성되기 전에 연구용원자로가 먼저 개발되어야만 했다.

연구용원자로에서 핵연료봉을 연소시켜 플루토늄을 생성시킨 후, 사용후핵연료(SF)를 인출하여 재처리시설에서 재처리하면 비로소 무기급 플루토늄을 추출할 수 있다. 그래서 원자력연구소에서는 연구용원자로의 세부설계(Detailed Design)까지는 완성했었는데,[60] 이때부터 주요 부품을 외국에서 도입하려는 과정에서 이 사실이 미국에 포착되어 원자력연구소가 플루토늄을 생성하기 위한 연구용원자로를 제작하려는 것이 아닌가 하는 의구심이 원자력연구소로 감시망이 집중됨에 따라 연구용원자로 제작 역시 지연되기 시작했다.

이처럼 원자력연구소의 연구용원자로 개발이 마지막 단계에서 지연되고 있었고, 핵연료개발공단의 재처리기술 습득 관련시설('조사후시험시

---

59) ed. Byung-Kook Kim & Ezra F. Vogel, 앞의 책, p.509
60) ed. Byung-Kook Kim & Ezra F. Vogel, 위의 책, p.509

설'과 핵폐기물시설), 재처리시설의 각 프로세스별 시설들의 도입도 지연되고 있었다. 그리고 ADD에서 고속폭약 개발 역시 여의치 않아 기폭장치 개발이 지연되고 있는 상황으로 1978년 후반부터 1979년 전반기 사이 한국의 핵개발 연구 진척은 전반적으로 지연되고 있었다.

이와 같은 시기에 주한 미 제2사단 철수를 계속 고집하던 카터 대통령도 그 고집을 꺾을 수밖에 없는 내외 압박에 직면하고 있었다.

제6절 카터 대통령의 주한미군 철수 중단 선언 (1979년)

앞 절에서 이미 언급한 바 있는, 1977년 국가안전보장국(NSA)의 '존 암스트롱'이 한국에 와서 미8군에서 브리핑했던, 북한의 전력이 미국이 판단한 것보다 월등히 강화되었다는 내용이 누출돼 1979년 1월 초에 미국의 『The Army Times』에 발표되었다.

이를 인용한 미국의 각 언론매체에서는 카터 대통령의 주한미군 철군 계획의 부적절성을 지적했고, 특히 미 의회의 주한미군 철수에 대한 중단 압력이 거세졌다.61) 이로 인해 카터 대통령의 정책보좌관들은 주한미군 철수에 대한 문제를 다시 검토할 수밖에 없었다.

1979년 6월 29일 방한한 카터 대통령은 청와대에서 박 대통령과 만나 정상회담을 가졌다. 이때 박 대통령은 '북한의 전력증강에 비춰볼 때 주한미군철수는 전략적인 관점에서 파멸을 초래하는 실수가 될 것'이라는 내용을 포함하여 준비된 메모를 보면서 45분간이나 발언했었다.62)

이 내용은 카터 대통령을 아주 불편하게 만들었으나 동행한 행정부의 최고정책결정자들(국무장관, 국방장관, 주한 미 대사)마저도 하나같이 주한미군 철수 주장에 반대하므로 카터 대통령도 하는 수 없이 철수문제를 재고한다는데 동의했다.

카터 대통령이 미국으로 돌아간 3주 후인 1979년 7월 20일 브레진스키 안보보좌관이 백악관에서 「한반도의 군사적 균형이 만족할만한 수준

61) Don Oberdorfer, 앞의 책, p.104
62) 심융택, 앞의 책, p.283

으로 회복되고 긴장이 완화될 때까지 주한미군 전투부대의 추가 철수를 1981년까지 연기한다」고 발표했다.[63]

이리하여 주한미군의 철군은 1981년 말까지 연기하게 되었다.(카터 대통령은 1981년 재선에 실패함으로써 카터의 끈질긴 주한미군 철수는 종말을 고하게 된다)

카터 대통령이 그토록 주장하여 철수한 주한미군은 전투 1개대대(674명)와 비전투병력 포함 3,000명에 불과했다. 나머지 주한미군 병력 37,000명은 그대로 잔류하게 되었다. 한국에 있는 전술핵무기 철수도 최초 700여 발에서 그동안 일부 철수하고 250발이 그대로 남아있게 되었다. 그리고 F-4 팬텀전투기 12대와 공군병력 900명이 한국에 추가 배치되어 주한미군 전력은 오히려 증강시키는 결과를 가져왔다.[64]

카터 대통령의 주한미군 철수 주장은 북한의 전력이 증강되었음에도 무모하게 시행하려 했고, 특히 전술핵무기 철거는 월남의 패망을 보고 자신감을 얻은 북한이 또다시 남침을 노리는 오판을 제공할 소지가 있다는 박 대통령의 말처럼 전략적인 실수로 보였다. 카터의 주한미군 철수중단 선언 후 북한의 김일성이 '카터는 자신의 선거공약을 지키지 않고 있다. 그의 철군 공약은 전 세계를 기만하려는 술책이었다'고 비난[65] 하는 것을 보면 김일성은 주한미군 철수와 전술핵무기 철거를 손꼽아 기다리고 있었음을 알 수 있다.

그 동안 카터 대통령 취임 후 2년 반 이상 박 대통령을 괴롭혀왔던 주한미군 철수와 전술핵무기 철거문제는 일단락되었으나, 미국의 대통령이 바뀔 때마다 달라지는 미국의 대한정책에 대한 불신은 박 대통령에게는 사라지지 않았다. 그래서 박 대통령 가슴에 새겨진 「자주국방사상」

---

63) Don Oberdorfer, 앞의 책, p.109,
   심융택, 앞의 책, p.305
64) Don Oberdorfer, 앞의 책, p.109
65) Don Oberdorfer, 위의 책, p.98

은 조금도 식을 줄을 몰랐다.

제7절 박 대통령의 자주국방사상과 핵개발 완성의 D-day

1. 박 대통령의 자주국방사상

박 대통령의 자주국방사상은 한마디로 전쟁억제전략사상이다. 우리 스스로 북한의 도발을 억제할 수 있는 힘(전력)을 갖자는 사상이다. 1960년대 말부터 1970년대 중반까지 당시 우리의 국력과 전력이 북한에 비해 열세한 상황에서 북한의 거듭된 대남침투 도발(1968. 1.21사태, 1968.12 울진삼척지구 해상침투 등)은 한국안보에 커다란 위협이 되고 있었다.

여기에 더하여 1969년 7월 닉슨 대통령의 '아시아에 주둔한 미군을 모두 철수시키겠다'는 닉슨 독트린의 발표는 우리를 아연실색케 했다. 당시 우리는 월남에 5만여 명(2개사단 2개여단)을 파병하고 있는 상황에서, 또 파병 시 한·미 간의 협의각서(「Brown각서」)로 주한미군 철수 시는 양국의 협의 하에 철수하기로 합의가 있었음에도 1970년 6월 주한미 제7사단을 일방적으로 철수하겠다고 통고해 왔고 또 추가적으로 마지막 남은 미 제2사단마저 5년 내에 철수시킬 것이라고 통고해 왔다.

이때부터 박 대통령은 5년 내에 주한미군이 모두 철수할 때 우리는 우리 스스로의 힘으로 북한의 도발을 억제할 수밖에 없다고 생각했다. 이에 대비한 국방정책이 바로 자주국방정책이고 이 정책 구현을 위한 박 대통령의 의지가 바로 자주국방사상이다. 이후 박 대통령은 우리 스스로의 억제력을 창출하기 위해서 즉 '자주국방'을 실현하기 위해서 우선적으로 4가지의 중대한 조치를 취하게 된다.

첫째는, 1970년 8월 ADD를 설립하여 우리 군을 국산화무기로 무장시키는 한국군 현대화계획을 시작하여 소총에서부터 155㎜곡사포에 이르기까지 각종 무기와 장비를 국산화하여 무장시키고, 첨단무기는 외국에서 도입(F-4 팬텀항공기 등)하여 한국군 전력을 현대화하고 250만 예비군을 경보병사단화 하라고 지시했다.

둘째는, 1971년 3월 주한 미 제7사단의 일방적 철수를 목격하고 장차 한반도에 미군이 모두 철수했을 그때 박 대통령은 우리 스스로 완벽한 자주국방을 할 수 있는 길은 핵개발밖에 없다고 판단, 핵개발을 결심하고[66] 1971년 7월 핵개발을 지시했다. 그러다가 포드 대통령시대에 미 제2사단의 철수를 중단하고 핵우산 제공을 천명함에 따라 박 대통령은 핵개발을 중단했었다. 하지만 그후 카터 대통령이 주한 미 제2사단과 전술핵무기까지 철수시키겠다고 했을 때 박 대통령은 핵무기 개발을 다시 시작했다.

셋째는, 당시 한국이 북한으로부터 가장 위협받는 무기는 소련에서 도입된 Frog 로켓(사정 50~60㎞)으로, 휴전선에서 40㎞ 떨어진 수도 서울을 사정권 내에 두고 있다는 문제였다. 우리는 북한 평양까지 사정이 닿

---

66) 1971.3 중앙일보,
　　ed. Byung-Kook Kim & Ezra F. Vogel, 앞의 책, p.488

는 로켓이나 미사일이 없었으므로 이것은 비대칭무기로 수도 서울을 위협하는 절대무기였다. 이 비대칭무기를 상쇄하고도 능가하는(사정거리와 정밀도 면에서) 미사일개발로 전쟁을 억제할 수 있도록 하라고 1971년 12월 26일 지시했다.[67]

넷째는, 한국군 독자적 전쟁계획 수립 지시와 무궁화회의다.

1972년 9월 8일 박정희 대통령으로부터 핵개발계획을 재가받은 후 핵개발을 위한 시동이 분주하게 돌아가고 있었던 시기인 1973년 1월 당시 진해에 있었던 '육군대학'에 육군본부로부터 뜻밖에 새로운 임무가 부여되었다.

당시 육군대학 교수부의 대부대전술을 강의하는 교관(육군 중령)으로 재직하고 있었던 저자는 계획된 미국 군사학교 시찰을 앞두고 준비를 서두르고 있었는데 갑자기 육군대학 총장실로 오라는 지시를 받고 학교 본부로 갔다. 조금 전 육본 작전참모부장(양인석 장군)이 무슨 일인지 경비행기로 급히 진해로 내려와서 육대총장과 이야기를 나누고 떠난 뒤에 곧바로 저자를 총장실로 호출했다고 전속부관이 귀띔해 주었다.

총장실에 들어가니, '오늘 육본으로부터 아주 중요한 임무가 부여되었는데, 장 중령이 미국 시찰 가는 것을 취소하고 이 임무를 수행해야겠다'고 말했다. 저자는 미국 시찰까지 취소하는 것으로 보아 꽤 중요한 임무가 부여되겠구나 하는 생각으로 긴장했다.

총장이 저자에게 지시한 임무는 뜻밖에도 '한국군이 보유한 작전계획은 적의 침공을 받으면 어느 방어선까지 철수한 후 전세를 정비하여 반격하는 계획인데, 여기서 탈피하여 적이 공격해 오면 우리도 바로 공격하는 공세적 계획이 필요하다. 우리 한국군 단독으로 수행하는 공세적

---

67) 이경수, "박정희·노무현 정부의 '자주국방' 정책 비교연구" 박사학위논문. 성균관대학교 대학원, 2007. p.97

전역계획을 수립하라'는 요지였다. 그리고 그 이상의 상세한 말은 없었지만 철저한 보안을 유지하라는 당부가 있었다.

이 전역계획의 지시는 어디에서 내려진 것인지 알 수 없어도 육본에서 작성하지 않고 왜 육군대학에 임무를 부여하는 것인지, 또 육본의 작전참모부장이 진해까지 직접 와서 지시하는 이유가 무엇인지 무척 궁금했다.

그리고 곧이어 계획에 없던 대형강당(후에 '통일관'이라 명명함)을 육군대학 내에 착공하고 저자에게 그 강당에서 수립되는 계획을 검토할 수 있게끔 내부구성을 어찌하면 좋을 것인지도 상의하곤 했다. (이는 당시 저자가 대부대계획을 검토하는 '워-게임' 교육도 겸하고 있었기 때문인 것으로 여겼다) 또 학교 본부 건물 내에 비어있는 부총장실의 큰 방에서 계획수립하도록 배려까지 해 주었다.

그런데 작전계획 수립 시는 지휘관의 작전개념과 지침이 있어야 한다고 육군대학에서 학생들에게 가르치고 있는데, 이번 계획 수립에는 '적이 공격해 오면 우리도 곧바로 공격하는 계획 수립'이라는 지침(?)밖에 없었다. 실로 난감했다.

그래서 작전계획 수립 시에 필요한 작전개념과 지침은 저자가 만들면서 시작할 수밖에 없었다.

- 남북한의 전력과 배치는 현 상황으로 했다.
- 지형과 기상은 한국 전 지역으로 했다.
- 참고 전사는,
  · 6·25 남침전쟁 당시 북한군의 남침작전계획
  · 서울 탈환 후 북한으로 반격 시의 워커 장군의 반격계획(1950.9)과 맥아더 장군의 반격계획(1950.10)
  · 벤프리트 장군의 '랑구라계획(1951.9)'[68]

- 2차대전 시의 '마켓가든작전(1944.9)' 등을 주로 참고했고,
- 참고 전술로는,
  - 회전도어(回轉門) 전술
  - 피실격허(避實擊虛)의 전술
  - 집중의 원칙과 포위의 원칙

등을 참고하면서 약 3개월여의 주야 작업으로 완성했다. 이때부터 본 계획을 「ㅇㅇ계획」이라고 명명했다.

이 ㅇㅇ계획 내용을 보안상 밝힐 수는 없으나, 주개념은 적이 어느 한 방향으로 주력을 투입 공격해 오면, 어느 한 지점을 축으로 하여 아군은 강력한 공격집단을 구성, 타 방향에서 동시 공격하는 회전도어 작전으로 적을 포위 섬멸하는 전술을 구사한 것이 특징이다. 그리고 작전은 3단계로 구분하고 최종목표선은 3단계 마지막 선으로 했다.

이 전역계획 수립을 완성하는 데는 사단학처 교관인 이원양 중령, 적 전술 교관 호윤수 소령, 장벽계획 교관 정유희 소령 등의 도움이 컸다. 전역계획 수립이 완성되었을 무렵에 신축 중이던 대강당의 모습도 윤곽을 드러냈고, 1973년 6월경에는 완공되어 이 강당에서 육군대학 정규과 정 학생들로 하여금 피·아군으로 분리하여 수립된 ㅇㅇ계획을 워-게임을 통해서 검토해 보는 기회를 가졌다.

그리고 1973년 7월경 대통령께서 육군대학 방문 계획이 있으니, 그때 이 ㅇㅇ계획을 보고할 수 있도록 준비하라는 지시가 떨어졌다. 그때부터 기동계획을 대형 overlay(투명도)와 대형 지도판, 대형 북한지형 판단용 기복삽판을 전광판으로 제작하는 등, 약 1개월 가량의 준비 끝에 소위 ㅇㅇ계획 보고준비가 완성되었다.

---

68) 「朝鮮戰爭」(제9券), 陸戰史硏究普及會 編, 東京:原書房, 1973, p.211

이 모든 준비가 완성되자 육본에서 작전참모부차장 일행이 육군대학에 도착하여 저자와 함께 보고 준비를 이틀간 함께했다. 이때 비로소 저자는 그 해 초 육군대학에 전역계획을 작성하도록 지시한 사람이 바로 박정희 대통령이었음을 처음으로 알게 되었다.

계획된 날짜에 대통령은 육군대학에 도착 후 바로 통일관으로 안내되었다. 국방장관으로부터 각 군 참모총장 등 군 수뇌부가 모두 배석한 가운데 준비된 '○○계획'을 보고하기 시작했다. 보고는 육본작전참모부차장이 맡고 저자는 포인터를 담당했다.

보고순서는 북한지역의 지형 설명으로부터 기동계획, 건의 순으로 약 1시간 동안 차질 없이 진행되었다.

보고를 마치자 대통령의 3가지 당부가 있었다.

① 계획수립에 수고 많았다. 본 계획에 만족한다. 다만 최종목표선을 2단계 작전선으로 하는 것이 정치, 전략적으로 유리할 것으로 판단된다. 검토하기 바란다.
② 장차 우리 단독으로 전쟁을 수행하게 될 때를 대비하여 이 계획을 잘 보관하고, 계속 발전시켜 주기 바란다.
③ 우리 군 지도자들이 군사작전에서 공세적인 사상을 갖는 것은 대단히 중요하다. 우리 군 장성들에게 이 '○○계획'을 검토케 하면 교육도 되고 중지를 모으는 기회도 될 것이다.

이렇게 해서 8월부터 장성들에 대한 소집교육, 소위 '무궁화회의'가 2박3일간씩 육군대학에서, 준장, 소장, 중장 및 대장급(해·공군 총장 포함) 약 20명씩 클래스로 편성, '○○계획'에 대한 검토회의로 진행되었다. 1973년 말경 중장 및 대장급 클래스에는 박 대통령이 직접 참관하였다. 이후 이 무궁화회의는 지금도 매년 실시되고 있다.

40년이 지난 지금 생각해보면, 당시 미 제7사단이 일방적으로 철수하고 장차 미 제2사단 철수 통보마저 받은 박정희 대통령은 북한의 재남침에 대비하여 핵개발을 시작하도록 지시하였으나, 핵개발 완성 전에 북한의 도발에 대해서는 당장 우리의 군사력만으로 전쟁을 수행해야하므로 이때를 대비하여 공세적인 전역계획이 필요하다고 판단하여 긴급히 계획을 수립하라고 지시했던 것으로 저자는 추정한다. 다만 이런 국가적 전역계획을 왜 육군대학에서 작성하도록 지시했는지 그리고 저자가 수립한 기동계획 내용에 대해서 대학본부나 육군본부에서도 일체 수정을 가하지 않은 것은 지금도 이해할 수가 없다.

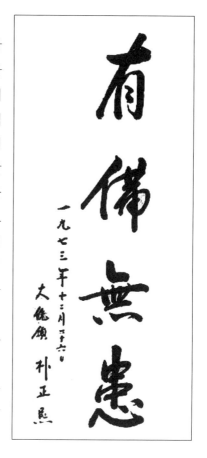

이상 박 대통령의 4가지 조치사항을 보면, 국내외의 어려운 여건 속에서도 기필코 우리 스스로의 힘으로 북한의 도발을 억제하여 제2의 6.25와 같은 전쟁참화를 피하면서 나라를 발전시켜 조국 근대화(경제강국), 군사강국으로 만들려는 국가지도자로서의 고뇌에 찬 애국애족, 유비무환(有備無患)의 자주국방을 실현하려는 위대한 리더십이라 할 수 있다.

또 박 대통령은 자주국방을 추진함과 동시에 국가 경제발전과 국민의 소득증대와 국민의 안보의식까지 고취시키는 일석삼조의 리더십을 발휘했다.

그 첫째로, 중화학공업의 육성이다.

중화학공업 육성은 방위산업에 필수적인 사업이다. 중화학공업 발전 없이 국산화 장비를 생산할 수 없다는 것은 상식이다. 그래서 박 대통령은 중화학공업 육성을 통해서 국산화 장비를 생산하는 방위산업으로 국가의 경제적 발전과 수출증대 고용창출이라는 문제까지 풀면서 자주국방의 실현을 지원했다. 이를 위해 청와대에 '중화학공업추진위원회'를 설치하여 대통령이 직접 점검할 정도였다.

둘째는, 수도 서울의 이전계획이다.

수도 서울은 당시 한국 인구의 20%, 산업의 34%가 집중되어 있는 핵심지역이다. 북한의 Frog 로켓 사정권 내에 서울이 위치하고 있으므로 유사시 수 시간 내에 서울이 대량 파괴될 수 있는 군사전략적으로 대단히 불리한 취약점이 있음을 간파한 박 대통령은 수도 이전을 계획하라고 지시했다. 수도가 이전되면 서울의 인구증가를 억제할 수 있고 초전에 북한의 전략적 이점을 배제시킬 수 있다. 또 국가경제발전에도 기여할 수 있다고 판단했다.

1977년 3월 청와대에 설치된 '중화학추진위원회'에 행정수도 건설계획 전담팀인 '실무기획단(11명)'을 설치하고, 다음과 같은 계획지침을 내렸다. 임시행정수도는 적의 장사정 로켓의 사정거리를 벗어나야 하고, 휴전선에서 평양 거리만큼 이격되어야 하며, 적의 상륙에 대비하여 해안선에서 40㎞ 이상 이격, 서울에서 남쪽으로 80~200㎞ 범위 내에 남한의 중심부에 근접해야 한다는 것이었다. 이 지침대로 임시행정수도 위치가 선정되면 남한의 일반적 중앙에 위치하게 되므로 한국 어느 곳에서든지

반일생활권이 되어 연료 소모도 현재 서울 위치보다 절반이 감소된다. 이 절약되는 비용을 산업에 투자하면 국제경쟁력 강화와 국민의 소득증대에 크게 기여할 것이라고 했다.

이런 지침을 받은 연구진은 실무기획단을 포함한 공식인원만 216명으로 2년에 걸쳐 연구 끝에 계획을 완성, 1979년 대통령에게 보고했다. 그때 보고된 지역이 지금의 세종시 인근이다.[69]

셋째는 예비군 창설과 방위세 신설이다. 1968년 1월 21일, 김신조 일당의 서울 침투와, 또 같은 해 12월 울진삼척으로 100여 명의 북한 무장간첩의 해상침투로 한국 국내에 혼란을 기도했을 때 현역의 대부분은 전방에 위치하고 있었으므로 후방에서 전투할 병력은 충분하지 않았다. 그래서 예비군을 창설하여 '일하면서 싸우자', '자기 고장은 자기들이 지킨다'는 향토방위의 애향심을 애국심으로 승화시켰고, 현역사단은 현대화하면서 도태되는 경장비들은 예비군을 무장시켜 경보병사단화했다.

이와 같은 2백50만의 예비군 창설과 현역군 현대화계획에 소요되는 예산창출을 위해 방위세를 신설함으로써 적극적으로 추진하여 1977년 6월 23일 승진훈련장에서 국군 최대 규모의 화력시범으로 우수한 국산무기를 선보이고 동시에 방위세로 도입한 당시의 첨단무기인 F-4 팬텀전투기와 한국이 조립한 500MD헬기 등이 화력시범에 참가하여 한국군의 위용을 과시했다. 1978년 9월 26일 백곰탄도미사일 시험발사의 성공도 우리 국민의 방위세로 이루어진 것이다. 이렇게 예비군 창설과 방위세 신설로 한국군 현대화를 이룩함으로써 자주국방의 길로 매진하고 있었다.

---

69) 오원철, 「박정희는 어떻게 경제강국 만들었나」, 서울:동서문화사, 2010, pp.480-485, '임시행정수도 이전 계획'
웹, 〔네이버 지식백과〕「시사상식사전」 "백지계획" 항목
http://terms.naver.com/entry.nhn?docId=68442&cid=43667&categoryId=43667

지금까지 언급한 바와 같이 박 대통령의 자주국방사상은 곧 중화학공업과 경제발전에 힘입어 우리 군의 현대화는 비약적으로 발전하여, 박 대통령 말기(1970년대 말)에는 남북간의 경제적 격차를 줄여 우리의 국력과 전력이 북한과 대등한 수준까지 끌어올리고 있었다.

이제 몇 년 후 우리의 독자적인 핵무기만 완성되면 박 대통령이 소망하던 완전한 자주국방의 날은 다가오고 있었다.

2. 핵개발 완성의 D-day는 1983년 10월 1일

박 대통령이 1972년 오원철 수석으로부터 '1980년대 초에 고순도 플루토늄을 생산하여 핵무기를 개발한다'는 핵무기 개발계획의 최초 보고 (제2장 2절 참조)를 받을 당시 핵개발의 목표년도는 1980년대 초에 두었다.

1979년 여름 어느 날 오후, 박 대통령이 대전기계창을 방문하여 연구원들을 불러놓고 막걸리와 사이다를 섞은 술을 마시면서 핵개발을 독려했다.

「우리는 핵을 만들어야 명실상부한 자주독립국가가 된다. 나를 독재자라고 욕하는 사람도 많지만 이 일을 완수할 사람은 나뿐이다. 이것을 성공시킨 다음에 은퇴하여 조용히 살고 싶다. 그리고 내 재임기간 중(1984년)에 실전배치가 되었으면 한다」

고 말씀하실 때는 비장함마저 감돌았다고, 당시 핵개발계획에 참여했던 한 과학자는 이렇게 술회한 바 있다.[70] 이는 1984년 이전에 핵무기를

---

70) 조갑제 "주한 미8군 사령부(상)-(1)주한미군 핵무기", 「월간조선」, 1988.8월호

완성하겠다는 목표를 내비친 것이다.

그리고 1979년 1월 1일 박 대통령은 해운대에서 새해 구상을 하던 중, 전 청와대 공보비서관으로 근무를 마친 후 당시 국회로 진출한 선우련 의원을 불러, 함께 해안을 산책하면서,

"나는 1983년 10월 1일 '국군의 날' 기념식 때 국내외에 핵무기 보유를 공개한 뒤 그 자리에서 은퇴를 선언할 생각이다. 김일성이 우리가 핵무기를 보유한 것을 알면 절대로 남침하지 못할 것이다"

라고 했다.[71] 이는 80년대 초의 핵개발 목표년도를 1983년 10월 1일 핵개발 완성 D-day로 생각하고 있었음을 엿볼 수 있다.

이처럼 박 대통령은 1983년 10월 1일을 핵개발 완성 목표일로 설정하고, 이어서 1984년 이내에 실전배치할 것까지 구상하고 있었음을 알 수 있다. 이를 위해서 박 대통령은 계획목표년도까지 핵개발이 완성될 수 있도록 연구원들을 직접 격려 성원하고 가능한 모든 지원을 아끼지 않았다.

박 대통령은 1979년 당시(여름) 향후 4년 이내에 늦어도 1983년까지는 핵개발을 완성하여 핵보유국임을 세계만방에 과시하는 자주국방의 꿈을 실현하려 했었다.

한편으로는 한국의 핵개발에 대한 미국의 밀착감시와 국제사회(IAEA 등)의 감시가 더욱 좁혀옴에 따라 박 대통령이 설정했던 핵개발 완성 목표 D-day까지 완성될 것인지 의문을 제시하는 과학자들도 있었지만, 박

---

http://www.chogabje.com/board/
71) 심융택, 앞의 책, p.264.
　　Don Oberdorfer, 앞의 책, p.78에는 '1981년 상반기 중 핵무기 제조를 완료할 수 있다'고 했다.

대통령의 강력한 자주국방의 의지와 집념은 충분히 이를 극복할 수 있을 것으로 보였다.

제8절 아깝다, 자주국방의 꿈

1971년부터 자주국방을 꿈꾸어왔던 박정희 대통령 꿈의 완성을 4년 앞두고 막을 내리는 비운을 맞게 되었다. 국가의 비운이다. 4년만 더 생존했다면 대한민국의 자주국방 꿈은 분명히 이루어졌을 것이고 오늘날과 같이 북한의 핵위협 하에 놓이지도 않는 당당한 대한민국이 되었을 텐데, 정말 안타깝다.

1. 자주국방의 꿈은 사라지다

박 대통령의 꿈이 어린 대전기계창에서 1979년 한여름 날 오후 연구원들과의 막걸리 파티가 마지막이 될 줄은 아무도 몰랐다.

1979년 10월 1일 '국군의 날', 여의도에서 거행된 '국군의 날' 행사에서 국산무기를 장비한 보무(步武)도 당당한 우리 국군의 위용을 보고, 특히 우리 기술로 만든 신형 자주국방의 한 축인 백곰미사일의 사열을 받았을 때 깊은 감회는 박 대통령의 10월 1일자 일기에서 느낄 수 있다.

> '국군의 날' 건군 30주년을 맞이하게 되다. 오전 10시 5·16광장에서 국군의 날 행사가 거행되었다. 우리 국군은 건국 초부터 공산침략 도배들과 혈투를 거듭하면서 오늘의 막강한 대군으로 성장하였다. 1970년대에 들어오면서 우리는 자주국방을 위한 우리 스스로의 결의와 노력으로 이제 해가 거듭될수록 내실을 기해가고 있다. 오늘의 행사에 동원된 장비 중 70~80%

> 이상이 우리 국산장비라는 것을 확인할 수 있었다. 특히 지난 해 9월 28일 시험발사에 성공한 다연발 로켓과 중장거리 유도탄이 처음으로 국민들 앞에 선을 보임으로써 시민들의 열렬한 박수와 환영을 받았다. 이제 외형적으로나 내용적으로나 우리 군이 엄청나게 성장했고 강해졌다는 것을 피부로 느낄 정도로 달라졌다. 사기가 문자 그대로 충천하다. 아마 우리 역사상 이처럼 막강한 국군을 가져본 것은 처음이리라. 장병들이여, 더욱 분발하여 조국을 빛내도록 하자. 국군장병들에게 신의 가호가 있으라.
> — 박 대통령의 1979.10.1 국군의 날 일기 중에서[72] —

이날로부터 불과 3주 후인 1979년 10월 26일 김재규(당시 중앙정보부장)의 총탄에 유명을 달리했다. 정말 안타깝다. 진정 박 대통령이 그리던 대한민국 자주국방의 꿈이 사라지는 순간이었다.

비밀리에 연구에 몰두하고 있었던 연구원들에게는 적극적인 후원자를 상실하는 아픔 속에서도, 이후 불안한 정국 속에서도 귀중한 자주국방을 이룩하겠다는 박 대통령의 뜻을 계승하기 위해 연구원들은 더한층 분발하여 연구에 박차를 가하고 있었다.

그러나 그로부터 2개월 후 12·12시태가 발생하고, 그로부터 얼마 지나지 않아 핵개발과 미사일개발에 관련된 모든 시설은 폐쇄되고 연구원들도 해체되는 수난을 당했다. 몇 년 후면 세계를 향해 동방의 작은 나라가 포효를 지를 기막힌 찬스는 이렇게 사라져갔다.

핵무기 개발의 완성을 눈앞에 둔 1979년 10월 26일, 이 무렵 우리의 핵개발 수준은 어느 정도에 와 있었는지 온 국민은 궁금해 하고 있을 것이다. 그리고 이를 알면 더욱 안타깝다.

---

72) 오원철, 앞의 책, p.363

2. 1979년 10월 당시의 핵개발 수준은?

1976년 말 연구용원자로와 재처리시설을 국산화하고 일본처럼 핵무기를 생산할 수 있는 핵개발 기술을 확보하라는 박 대통령의 지시를 받은 각 관련 연구소는 불철주야 연구에 매진한 결과, 약 3년이 경과하는 사이 상당한 진전을 보이고 있었다.

가. 원자력연구소의 연구용원자로 개발 진도

김동훈 박사가 주도하는 연구용원자로 개발팀은 이미 획득된 원자로의 자료를 토대로 연구로의 세부설계에 들어가서 1978년 10월경에는 세부설계(Detailed Design)를 완성하였다.[73] 이제 남은 과제는 이 세부설계에 따라 연구용원자로를 건설하는 문제만 남았다.

연구용원자로 건설에 필요한 일부 특수자재를 외국에서 도입하는 문제만 해결되면 1981년 말경까지(3년간 소요)는 건설이 완료될 것으로 전망되었다. 그리고 시운전을 거쳐 1982년 중반까지는 핵연료를 연소시켜 플루토늄을 생성한 사용후핵연료를 생산할 수 있을 것으로 전망되고 있었다.

나. 한국핵연료개발공단의 재처리시설 개발 진도

앞 절에서 언급한 바와 같이 1980년까지 핵연료봉 시험시설인 '조사

---

73) 심융택, 앞의 책, p.253,
   ed. Byung-Kook Kim & Ezra F. Vogel, 앞의 책, p.509 ; 1979년에 세부설계를 완성했다고 기록

후시험시설'과 '방사성폐기물시설' 그리고 재처리시설의 각 프로세스별 시설을 도입하고 기술을 습득한 후 재처리시설을 설계하고 국산화할 계획이 진행되고 있었다.

1979년도에는 이들 일부시설이 도입되기 시작했고 1980년까지는 나머지 시설들이 도착할 예정이었다. 이 시설들을 이용해 재처리기술을 습득하고 또 해외에 나간 과학자들이 돌아오면 이때부터 재처리시설의 설계를 마치고 재처리시설 제작으로 들어가 늦어도 1982년 후반에는 시설 제작이 완료되게 되면, 1982년 말경에는 원자력연구소로부터 사용후핵연료를 인계받아 재처리를 시작하여 1983년 초반 이전에 무기급 플루토늄을 생산할 수 있을 것으로 전망되고 있었다.

다. ADD의 핵탄두 개발 진도

ADD의 핵탄두 개발팀에서는 1975년도 경에 핵탄두의 기본설계는 이미 완성되어 있었다. 다만 기폭장치의 개발에 필수적인 고속폭약을 미국으로부터 도입을 시도했으나 실패함에 따라, 자체개발연구로 전환하여 1981년도까지는 기폭장치 개발을 완료하고, 1982년 이후에 핵연료개발공단에서 무기급 플루토늄만 지원되면 핵탄두를 완성할 수 있을 것으로 전망되고 있었다.

그리고 핵무기 투발수단은 당시 한국군이 월남전 참전 대가로 미국으로부터 지원받아 운용중인 팬텀(F-4 D/E)전폭기의 탑재능력이 약 2톤(4,000파운드)이 되므로 이를 이용하면 될 것으로 전망되고 있었다.[74] 추가적으로 ADD에서 개발한 백곰미사일의 탄두중량이 0.5톤으로 제한되어 있으나, 이 탄두중량을 늘이거나 핵탄두 중량을 감소시킬 수 있다면 미사일 탑재 가능성도 연구하고 있었던 것으로 추정된다.

---

74) ed. Byung-Kook Kim & Ezra F. Vogel, 위의 책, p.493

라. 한국 핵 보유 가능의 전망

지금까지 각 연구소에 부여된 핵개발 임무를 종합해서 판단해보면, 박 대통령이 목표로 하는 핵개발 D-day인 1983년 10월 1일까지는 다소 타이트하긴 하나 박 대통령의 자주국방의 집념과 철저한 사전준비 등으로 핵 보유가 가능할 것으로 저자는 판단했다.

이와 같은 판단의 가능성은 1979년 10월까지 핵개발 시설의 국산화 중 제일 먼저 완성되어야 할 원자력연구소의 연구용원자로 세부설계가 완성되어 국산화될 마무리 단계에 와 있었고, 여기에서 사용후핵연료가 생산되면 바로 재처리에 들어갈 재처리시설은 다소 지연되고 있었으나, 박 대통령의 전폭적인 지원과 집념으로 우회적인 방법으로 속도를 내고 있어 1982년 초반 이전에 무기급 플루토늄 추출 가능성이 전망되고 있었다. 그리고 ADD는 조금은 여유롭게 일찍 기본설계를 완성하고 (당시 폭축형 기폭장치 핵 설계도는 이미 세계적으로 알려진 상태) 있었으므로 무기급 플루토늄만 도착하면 핵실험 할 준비를 갖추고 있었을 것으로 추정된다.

이는 박 대통령 서거 후인 1982년 4~5월경 한국원자력연구소의 Triga-Mark Ⅲ 연구용원자로에서 플루토늄 약 86mg을 추출했었다는 사실이 IAEA 조사팀에 의해서 확인되었다고, 2004년 당시 장인순 원자력연구소장이 밝힌 바 있다.[75]

이런 사실을 미루어보면 1982년 당시 한국의 핵과학자는 이미 플루토늄을 추출하는 재처리기술을 보유하고 재처리시설의 완성을 기다리고 있었음을 추정할 수 있다. 그러므로 박 대통령이 몇 년 만 더 생존했었더라면 1983년 10월 1일 핵보유국 선언은 충분히 가능했을 것으로 전망

---

75) 조선일보, 2004.9.11, 연합뉴스, 2004.9.14

된다. 자주국방을 눈앞에 두고, 정말 안타깝다.(부록#1 '1983.10.1 핵개발 완성의 전망도' 참조)

제9절   박정희 대통령의 핵개발 역사가 우리에게 남겨준 교훈

지금까지 언급한 박 대통령의 핵개발 역사를 다시 한번 되돌아보고, 앞으로 우리가 북핵 대비책을 마련하는데 귀중한 교훈을 찾아보고자 한다.

1. 박 대통령의 핵개발 역사가 우리에게 남겨준 교훈

닉슨 독트린의 발표, 자유월남의 패망, 북한군 전력이 한국군 전력보다 우세한 전력차, 수도 서울의 전략적 취약성 그리고 주한 미 제7사단의 철수와 추가 미 제2사단의 철수논의 그리고 한국에 배치된 전술핵무기의 철거논의 등으로 한반도에 심각한 위기가 예견되는 시기에 박 대통령은 핵무기 개발이라는 최후수단으로 당시 대한민국에 닥친 위중한 위기를 현명하게 극복해 나갔다.

오늘을 사는 우리는 박 대통령의 핵개발 역사가 우리에게 어떤 교훈을 남겨주었는지 되새겨보는 것은 너무나도 중요하다.

① 박 대통령의 핵개발 시도는 당시 미국의 고립주의적인 대외정책을 전환시켰고 한국의 안보위기를 극복할 수 있게 했다.

주한 미 제2사단의 철수를 두 번이나 중단시켰고 한국에 배치된 전술

핵무기 철거 논의를 중단시킴으로써 북한의 침공 유혹을 억제시킬 수 있었다. 또한 미국의 강력한 대한방위공약성명('한국에는 미국의 핵이 배치되어 있고 북한이 도발 시는 핵으로 응징하겠다' 1975.6.21)으로 북한의 도발을 억제시켰다. 그리고 한미국방장관회의(SCM)의 공동성명에서 '한미연합사 창설과 한국에 핵우산을 제공한다'고 명시하고 '주한미군의 해·공군력을 강화한다'는 발표로 북한의 도발을 억제시켰다. 이렇게 박 대통령의 핵개발 시도는 미국으로 하여금 당시 고립주의적인 대외정책을 전환시키고 북한의 도발을 억제시키는 결과를 이끌어내어 한국의 안보위기를 극복할 수 있었다.

② 박 대통령의 핵개발 시도는 한국이 독자적으로 핵개발 할 수 있는 수준으로까지 핵기술력을 향상시켰다. 이 결과는 오늘날 핵개발 가능 8개국 중의 하나로 평가되게 했다. 뿐만 아니라 원자로를 국산화하고 세계로 수출하기까지 하는 세계 최고 수준의 원자력기술국가에 이르게 했다.

③ 북한 로켓포(FROG)의 사정권 내에 있는 수도 서울의 취약성을 상쇄할 제2격(second strike)을 확보해야만 북한의 도발을 억제시킬 수 있다고 판단한 박 대통령은, 핵이 개발되기 전까지 우선적으로 백곰탄도미사일 개발을 완성시켜 평양을 사정권에 둠으로써 당시 북한의 비대칭전력을 상쇄시켰다.

④ 한국군 단독 전쟁계획 수립과 군사 지도자들이 공세적 군사사상으로 무장하여 북한의 침공에 대비하도록 독려했다.

⑤ 박 대통령의 자주국방 의지와 핵개발의 집념으로 볼 때, 1983년

10월 1일 '국군의 날'에 분명히 핵보유선언을 할 수 있었을 것으로 판단된다.

⑥ 자주국방의 확고한 철학이 없는 지도자는 핵개발을 시도할 수 없다는 사실을 박 대통령의 핵개발 역사에서 찾아볼 수 있다. 미국을 위시한 국제사회의 집요한 압박과 반대에도 굴복하지 않고 끝까지 핵개발을 추진한 박 대통령의 집념은 자주국방을 달성하겠다는 확고한 철학이 있었기 때문이다.

⑦ 자주국방을 위한 핵무기 개발과 백곰미사일 개발 그리고 한국군 현대화계획을 추진하고 이를 뒷받침하기 위해 중화학공업 육성과 원전개발사업의 추진력이 시발점이 되어 오늘날 한국을 경제대국으로 이끌었다.

⑧ 당시 박 대통령의 핵개발 시도의 저변에는 장차 일본이 핵보유국이 될 것(1977년도 재처리 성공)도 고려한 측면이 있었던 바, 이는 미래를 내다보는 지도자의 비전이 있었다고 판단된다.

이처럼 박 대통령은 6·25와 같은 전쟁의 참화가 이 땅에서 다시는 되풀이되어서는 안 된다는 전쟁억제력을 갖기 위해서 핵을 보유해야겠다는 애국애족의 자주국방사상은 높이 평가해야 할 대목이고 우리에게 남겨준 가장 고귀한 교훈이다.

2. 박 대통령시대와 지금의 한반도 상황의 변화

박 대통령시대에는 남북한 모두 핵무기가 없었다. 그러나 통상전력은 북한이 한국보다 우세한 상황이어서 한국은 주한미군 2개 사단과 공군 그리고 미군의 전술핵무기 배치로 북한의 침공을 억제하고 있었던 시대 였다.

그런데 주한미군 1개 사단이 철수했을 때 박 대통령은 핵개발을 시작 했고, 카터 대통령이 당선되어 한국에 배치된 전술핵무기와 마지막 남은 미 제2사단마저 철수하려고 했을 때 재차 핵개발을 시도했었다. 이로 인 해 미 제2사단의 철수를 중단시키고 전술핵무기 철거 논의를 잠재움으 로써 북한의 침공의도를 억제시켜왔다.

박 대통령이 서거한 이후 35년이 지난 오늘날 남북한의 전력상에는 엄청난 상황 변화가 도래했다. 우선 북한은 그 사이 핵무기를 개발 보유 하고 또 한국의 어느 곳이든 타격할 수 있는 탄도미사일 1,000여 기와 미 본토까지 사정이 닿는 ICBM을 개발하여 핵으로 서울뿐만 아니라 워 싱턴까지 불바다로 만들겠다는 협박을 가하고 있는 상황의 변화다.

한국에 배치되었던 미국의 전술핵무기는 모두 철수(노태우정권 때)되 었고 한국군 역시 핵을 보유하지 못하고 있는 상황에서 핵을 보유한 북 한의 협박에 한국군 단독으로는 속수무책이다. 거기에다 지정학적으로 취약한 서울을 타격할 수 있는 (사정권 내에 두는) 장거리포와 방사포 수백 문을 휴전선 일대에 배치하여 서울을 불바다로 만들겠다고까지 위 협하고 있다.

이런 위협 속에서 북한의 도발을 억제할 수 있는 힘은 한미연합전력과 미국의 핵우산이다. 그러나 장차 북한의 핵 보유량의 증가와 핵위력의 강화 그리고 ICBM 보유량의 일정량 이상 보유(핵무력의 고도화)는 미 본토 국민을 인질로 미국의 핵우산과 미군의 한국전 개입을 억제할 가능성을 배제할 수 없다. 이런 상황에 이르게 되면 핵이 없는 한국은 단독으로 핵을 보유한 북한과 대적해야 한다. 비핵국이 핵국과 대치한 상황에서 비핵으로 대응할 수 없다는 것은 군사적 상식이다.

만일 오늘날 박정희 대통령이 생존해 있다고 가정하면, 우리에게 어떤 충고를 해 줄 것인가. 아마도,

> 「나는 과거 닉슨독트린으로 주한 미 제7사단을 일방적으로 철수했을 때 핵개발을 시작했고, 카터 대통령이 마지막 남은 주한 미 제2사단과 한국에 배치된 전술핵무기를 철거하려고 했을 때 또 한 번 핵개발을 시작했지.
> 그래도 그때는 북한이 핵과 미사일을 보유하지는 않았던 시기야. 그러나 지금은 핵과 미사일 그리고 ICBM까지 보유하고 한국뿐만 아니라 미국까지 위협하고 있는데, 핵후발국들의 핵개발 역사에서 무엇을 배웠나?
> 국가의 존립과 국민의 생존을 확실히 보장할 수 있는 방법은 핵 보유의 길 외에 다른 대비책이 없다고 했네. 국가의 위기가 그 어느 때보다도 위중한데, 무엇을 망설이고 있나?
> 지금 당장, 핵개발 준비를 서둘러 자주국방의 길로 나서라, 머뭇거릴 시간이 없다!」

이렇게 말할 것임에 틀림없다.

제3장 핵 후발국의 핵개발 배경

1950년대 말까지 핵을 보유한 나라는 미국, 소련, 영국의 3개국뿐이었다. 1960년대 이후 핵을 개발한 나라는 프랑스를 비롯한 중국, 인도, 파키스탄, 이스라엘 그리고 북한이다. 이들 핵 후발국들의 핵개발 배경에 대해서 살펴보는 것은 핵을 보유하고 있는 북한과 대치하고 있는 우리가 대비책을 강구하는데 도움을 얻고자한다.

제1절 프랑스의 핵개발

프랑스는 제2차 세계대전 전 연합군 측의 3대 강국 중의 하나였으나 전후 1950년대 말까지 핵을 보유하지 못함으로써 2등국으로 전락하고 미국의 핵우산 하에 있어야 했다. 1958년 드골 장군의 재집권을 계기로 그 동안 NATO에서 강대국의 지위와 발언권이 약화된 2등국의 불명예를 회복하기 위해서 적극적인 핵개발로 전환하였다. 미·영·소의 강력한 반대와 UN의 '핵실험금지' 압력에도 불구하고 1960년 2월에 핵실험을 강행하여 핵보유국의 대열에 끼어들어 프랑스의 자존심을 세웠다.

이렇게 프랑스가 핵보유국이 된 배경에는 '피에르 갈로와(Pierre M. Gallois)' 장군의 '비례핵억제이론'과 '앙드레 보프르(André Beaufre)' 장군의 '다원적 핵억제전략론'이 큰 영향을 미쳤다.

피에르 갈로와 장군이 주창한 비례핵억제이론은 '핵 초강대국과 핵 약소국 사이에도 일종의 '공포의 핵균형'이 형성됨으로 해서 아무리 약한 국가라도 그 나라 수준에 맞는 적절한 양의 핵무기를 보유하게 되면 어떠한 핵 강대국에 대해서도 핵억제가 성립할 수 있다'는 것이다. 예로써 소련과 같은 핵 초강대국이라 하더라도 소규모의 핵탄두와 운반수단을 가진 자신(프랑스)에게 선제 핵공격을 가해 오는 경우, 자신의 핵보복공격으로 소련의「모스크바」나「레닌그라드」에 대량피해를 주게 된다면, 소련은 핵 선제공격을 억제할 수밖에 없을 것이므로, 프랑스의 소규모 핵전력과 소련의 막강한 핵전력 간에도 '비례적 핵균형'이 성립되어 소련

의 핵공격을 억제할 가능성이 있다는 것이다.[1]

보프르 장군은 '다원적 핵억제전략론'을 주창했는데, 이는 프랑스가 독자적인 핵억제력을 가지게 되면 서방국가들의 핵억제력이 증가된다는 이론이다. 예로써 프랑스가 소련의 공격을 받았을 경우, 미국은 미 본토에 대한 소련의 핵보복 가능성 때문에 핵 사용을 주저하게 될 것이나, 프랑스의 입장에서는 국가존망의 문제이기 때문에 소련에 대하여 즉각적인 핵보복을 가할 가능성이 훨씬 많아진다는 것이다. 따라서 소련은 미국이 단독으로 핵무기 사용 결정권을 보유하고 있을 때보다 프랑스도 핵사용 결정권을 갖게 되면 소련은 훨씬 전쟁도발을 억제하게 될 것이라는 것이다.

이처럼 프랑스의 독자적인 핵전력 보유는 유럽에서 전쟁억제력을 강화하는데 도움이 된다는 정당성을 주장하고 있다.

두 핵전문가는, 1950년 말까지 소련은 미 본토까지 사정거리가 닿는 ICBM이 없었으나 1957년도에 ICBM을 완성하여 직접 미 본토 공격이 가능하게 됨에 따라, 미국이 소련의 공격 위협을 무릅쓰고 프랑스를 위해 핵우산을 제공할 수 있을 것인가에 대해 의문을 표시하면서 프랑스의 핵 보유를 주장했다.

이 당시 프랑스 정부의 총리로 재임하고 있었던 드골 장군은 이 두 핵전문가의 영향을 받고 '위대한 프랑스 건설'과 '자주국방'이라는 기치를 내걸고 대통령에 출마 당선되어 1960년 2월 핵실험에 성공함으로써 독자적인 핵무장으로 불안정한 미국의 핵우산을 더욱 확고한 핵우산으로 유도하고, 또 외교적으로도 미국의 의존에서 벗어나서 프랑스 국익이 중대한 위험에 직면했을 때 독자적으로 핵무기 운용을 결정할 수 있는

---

1) 김윤암, "英・佛 兩國의 核戰略理論과 韓國의 核開發에 관한 小考", 「韓國과 國際政治 (통권 제1호)」, 경남대 극동문제연구소, 1985, p.171.

자주국방을 실현시켰으며, 드골 대통령 이후 오늘날까지도 프랑스는 '독자적인 핵억제전략'을 채택하고 있다.

  프랑스 드골 대통령의 핵개발에서 우리가 주목할 것은, 당시 핵 보유 3개국과 UN의 압박에도 굴복하지 않고 확고한 자주국방사상으로 핵보유국이 되었고, 미국 핵우산의 불안정성을 지적한 것은 새겨둘만한 대목이다.

  2013년 6월 현재 프랑스는 약 300발의 핵무기를 보유하고 있다.[2]

---

2) 스톡홀름 국제평화연구소(SIPRI: Stockholm International Peace Research Institute) 편, 「SIPRI Yearbook 2013」, "2013년도 세계 핵무기 보유현황", (연합뉴스 2013.6.3)

제2절 중국의 핵개발

중국의 핵개발은 미국, 소련, 영국, 프랑스에 이어 1964년도에 핵개발 후발국으로 등장했다.

중공군이 한국전에 참전한 후 휴전회담이 한창 진행되고 있을 무렵인 1953년 미국 아이젠하워 대통령은 '중국 본토에 핵공격을 가할 것을 검토하고 있다'고 발표하여 중국이 휴전회담에 조속히 동의하도록 압력을 행사한 바 있다.[3] 이에 마오쩌둥(毛澤東)은 당시 티베트에서 전쟁 중인 '덩샤오핑(鄧小平)'에게 "미국이 중국 본토에 원자탄을 터뜨릴지 모른다. 제3의 전선을 대륙에 구축하라"고 명령했다.[4] 이처럼 중국이 미국으로부터 핵위협을 당한 것이 직접적인 핵개발 동기가 되었다.

그래서 중국은 1955년 1월 15일 '중국 공산당 중앙위원회 확대회의'에서 군사용 핵무기개발계획을 확정하고, 1955년 4월에 소련과 「원자력협정」을 체결하고 소련의 지원 하에 핵과 운반수단인 탄도미사일 개발이 시작되었다. 그리고 1958년 8월 23일 중국이 금문도(金門島)와 마조도(馬祖島)에 대한 포격을 가하자 대만이 응사하는, 소위 '823포격전'[5]

---

3) Michael J. Mawarr, 「북한 핵 뛰어넘기(North Korea and the Bomb)」, 김태규 역, 서울:홍림출판사, 1996. p.34.

4) 한국일보. 1993.3.1.

5) 금문도와 마조도는 중국본토와 대만 사이의 작은 섬으로, 1958년 8월 23일 중국 모택동은 대만(장재석) 정령을 위해 목에 가시처럼 여기던 두 섬에 대해 포격을 퍼붓기 시작하면서 발발했던 전투다. 당시 대만에 주둔하고 있던 미 공군사령부에서 대만해협이 불안정할 경우 원자탄 핵무기 사용을 고려하겠다고 발표하기에 이른다. 결국 포격전은 소강상태로 접어들고 21년 후인 1979년 1월 1일 미국이 대만과의 관계를 끊고 중국과 정식으로 국교를 수립하여 중국의 국방부장이 <금문 등 도서지역 포격 중지에 대한 성명>을 발표함으로써 끝났다. 이것을 중화인민공화국에서는 '금문포전'이라고 불렀고, 중

당시 중국은 미국의 핵위협을 느꼈으나 이때만 해도 소련의 핵우산 하에 있었으므로 큰 부담을 느끼지 않았다. 그러나 이후 중·소 간에 이념분쟁으로 대립이 되고, 1959년 6월에는 소련이 「원자력협정」을 일방적으로 파기하고, 1961년도에는 중국에 파견한 소련의 핵 및 미사일 기술자들을 철수시킴으로 해서, 이때부터 미국에 추가하여 소련도 핵위협국의 대상이 되자 중국은 국가안보를 위해서 핵개발이 더 절실하게 되어 독자적으로 핵과 탄도미사일 개발을 서두르게 되었다.[6]

1964년 10월 16일 중국은 최초의 우라늄원자탄 핵실험에 성공하게 되었다. 탄도미사일도 같은 해에 소련의 SS-1을 복제한 '동풍(東風)1호' 시험발사에 성공하였고 1966년에는 독자적으로 '동풍2호' 탄도미사일을 완성하였다. 그리고 1967년 6월에는(최초 핵실험 성공 2년 8개월 후) 핵융합무기인 수폭실험도 성공하게 되어 중국은 원자탄과 수소탄 그리고 단거리 탄도미사일을 보유하는 핵국이 되었다. 대부분 전술핵무기 개발에 주력해 왔으며, 이 당시 중거리 및 장거리 탄도미사일은 아직 보유하지 못했다.

이후 중국은 국력의 신장과 함께 핵과 미사일의 전략무기 개발에 박차를 가하여, 오늘날에는 핵탄두의 대형화와 다탄두(MIRV)의 개발, ICBM, SLBM을 포함한 다양한 장거리 투발수단의 확보로 미국과 패권을 다투는 군사강국이 되어가고 있다.

2013년 현재 중국은 약 250발의 핵무기를 보유하고 있다.[7]

화민국(臺灣)에서는 '823 포전(砲戰)'이라고 불렀다.
6) 「軍事硏究」, 2002년 7월호, 東京:ジヤパン.ミリタリ.レビュー, p.60.
7) SIPRI 편, 앞의 책, (연합뉴스 2013.6.3)

제3절 인도의 핵개발

인도는 1962년 중국과 국경분쟁에서 중국군의 침공으로 국경에서 160km나 퇴각하고 3,000여 명의 사상자와 4,000여 명이 포로가 되는 일방적인 군사적 패배를 당하자, 군사적 열세를 만회하는 국가안보적 차원에서 핵개발의 필요성을 확신하게 되어, 1962년부터 핵프로그램을 발전시켜 1964년부터는 본격적인 핵개발에 들어갔다. 더욱이 1964년도에 중국이 핵실험에 성공하자 인도는 핵개발이 더욱 절실하게 되었다.

이후 인도는 핵개발에 박차를 가하여 1974년도 핵실험에 성공하게 된다. 핵실험 이후 인도는 24년간 핵실험을 중단해 오다가 인접한 적국인 파키스탄의 핵개발이 임박했다는 정보에 따라 1998년 5월 11일과 13일, 5회에 걸친 핵실험을 재개했다.

당시 인도는 경제적으로 낙후한 세계 빈국에 속하는 나라임에도 일찍부터 핵무장을 선택한 나라이다. 중국과 국경을 접하고서 국경분쟁으로 전쟁을 치루는 과정에서 역시 핵을 보유해야만 전쟁억제가 가능하다는 강한 핵개발 동기로 핵개발을 시작했다. 자국의 열세한 재래식전력으로는 국가안보를 지킬 수 없다는 확신이 핵개발 동기가 된 것이다.

2013년 현재 인도의 핵 보유량은 약 90~110발에 이르고 있고[8] 수소탄도 보유하고 있다.

---

8) SIPRI 편, 위의 책, (연합뉴스 2013.6.3)

제4절 파키스탄의 핵개발

파키스탄은 1947년 영국으로부터 인도와 함께 각각 독립하였으나 종교문제와 카슈미르, 동파키스탄 문제 등으로 1947년부터 1971년도까지 인도와 3차례의 전면전쟁을 치러 모두 패배함으로써 견원지간이 되었다.

1947년의 제1차 인·파전쟁과 1965년의 제2차 인·파전쟁은 카슈미르 지역문제로 인한 전쟁이었고, 1971년의 제3차 인·파전쟁은 파키스탄으로부터 분리 독립하려는 구 동파키스탄 종족들이 독립을 선언하자 파키스탄 정부가 무력으로 진압하는 과정에서 난민 유입을 차단하기 위해 인도가 이 분쟁에 개입함으로써 제3차 인·파전쟁이 발발하게 되었다. 이 전쟁에서 파키스탄이 패배함으로써 전쟁은 종료되었으나, 구 동파키스탄은 1972년 12월 방글라데시로 독립하게 되어 파키스탄 정부는 동쪽 영토를 잃게 되는 쓰라린 결과를 가져왔다. 이는 인도의 군사력에 못 미치는 파키스탄의 열세한 군사력에 기인한 것임을 통감하고 자국을 붕괴시키려는 인도의 시도를 차단할 수 있는 길은 핵무기를 개발하는 것이라 확신하게 되었으며 이때부터 '부토(Zulfikar Ali Bhutto)' 대통령은 핵개발 프로그램을 비밀리에 추진하게 되었다.[9]

거기에 1974년도 인도가 핵실험에 성공하게 되자 파키스탄은 핵개발의 필요성을 더욱 절감하여 이때부터 핵무기 개발에 박차를 가하게 된다. 이런 시기에 네덜란드의 우라늄 농축시설에서 근무하던 핵전문가인 '압둘 카디르 칸(Abdul Qadeer Khan)' 박사가 1975년도에 파키스탄으

---

9) 김태우·김민석, "세계대량살상무기 현황과 한반도 안보", 「한반도 군비통제(제6집)」, 서울:국방부, 1991.12, p.30.

로 귀환하자 우라늄 농축시설을 건설하여 핵무기 개발은 급진전되었다.

파키스탄은 1998년 5월 28일 핵실험에 성공함으로써 핵보유국이 되었다.

파키스탄은 인도와 서로 국경을 접하고 있는 국가로 전면전을 3번이나 치루는 과정에서 열세한 군사력으로 국가안보를 지키는 길은 핵을 보유함으로써만이 전쟁억제가 가능하다는 강한 핵개발 동기가 작용해서 핵개발을 시작했다. 특히 파키스탄은 세계 최빈국에 속하는 나라임에도 부토 대통령의 '풀뿌리를 캐먹는 한이 있어도' 핵을 개발해야겠다는 강력한 자주국방 의지로 핵개발에 성공한 나라. 이후 파키스탄은 인도로부터 공격을 당한 바 없다. 즉 핵 억제가 이루어지고 있는 것이다.

2013년 현재 파키스탄은 인도보다 약간 많은 100~120발의 핵무기를 보유하고 있다.[10]

---

10) SIPRI 편, 앞의 책, (연합뉴스 2013.6.3)

제5절 이스라엘의 핵개발

이스라엘은 자위능력 부재로 2,000여 년간의 나라 없는 유랑생활 끝에 1948년 독립하면서 국가생존을 위한 자위권 확보의 중요성을 어떤 나라보다도 강하게 느끼고 있었다. 이스라엘의 '벤 구리온' 초대수상은 작은 영토로 아랍권에 둘러싸인 이스라엘이 생존해 나갈 유일한 수단은 핵무기 개발에 있음을 천명하고, 1949년에 「Weizmann institute」라는 핵무기 연구소를 설립하고 1957년에 프랑스와 '원자력협정'을 체결하였다.

그 다음해에 네게브사막의 디모나(Dimona)에 연구용원자로와 재처리시설을 건설하면서 시작된 핵무기 개발계획은 1960년 중반에는 무기급 플루토늄을 추출하기에 이르렀고, 1970년대부터 매년 2~5발의 핵무기를 생산해 온 것으로 알려지고 있으며, 수소폭탄 제조기술도 보유하고 있는 것으로 알려져 있다.

핵무기 운반수단인 탄도미사일은 사정거리 500~2,500km에 달하는 Jerocho-1,2,3 미사일을 보유하고 있다.[11]

그 동안 이스라엘은 아랍국들과 수차례 전쟁을 겪어오면서 질적으로 우수한 군사력과 공세적방어전략으로 안보를 지켜왔다. 그러나 아랍국들은 성장하는 경제력으로 외국의 최신 항공기와 미사일을 구입하여 군장비를 현대화하고 또 아랍국들이 합세한 아랍연합의 우세한 군사력으로 이스라엘을 둘러싸고 있다. 이처럼 불리한 지정학적인 상황 하에서,

---

11) 임채홍, "남아공과 이스라엘 핵정책 고찰을 통한 교훈 도출 및 대 북한 핵문제 적용방안 연구", 「한반도 군비통제(제27집)」, 서울:국방부, 2000.7, pp.7-8

특히 적은 인구와 제한된 경제력과 재래식전력 증강의 한계성으로 아랍 연합에 대처할 수 있는 유일한 전쟁억제 수단은 고슴도치처럼 자위력을 갖추는 강력한 핵무기 보유에 있음을 인식함과 아울러 공세적인 핵전략으로 자주국방을 유지하고 있다.

이스라엘은 주변 아랍국들의 위협 속에서 국가 생존권을 지키는 차원에서 핵개발을 시작하여 핵무기를 보유해 온 것으로 알려지고 있으나 철저하게 '모호의 핵전략(NCND)'으로 일관해 오고 있음으로써 군사적 핵억제력을 발휘하면서도 국제적 제재를 피하고 있는 것이 이스라엘의 또 하나의 핵전략이다.

이스라엘은 2013년 현재 약 80발의 핵무기를 보유한 것으로 알려지고 있다.[12]

지금까지 핵후발국들의 핵개발 배경과 동기를 확인해 본 결과, 하나같이 열세한 전력으로 강력한 적국으로부터의 군사적 침공, 특히 핵공격을 억제할 수 있는 수단은 핵개발밖에 없다는 공통적이고도 절박한 동기가 핵개발을 시작하게 만들었다는 사실을 확인할 수 있다.

북한의 핵위협 하에 있는 우리는 과연 어떤 대비책으로 이 난관을 극복해나가야 할 것인가를 생각하게 한다.

---

12) SIPRI 편, 앞의 책, (연합뉴스 2013.6.3)

제4장 북한의 핵무기 개발 현황

세계 제2차 대전에서 일본이 패망하고 김일성이 북한에서 권력을 잡은 후 소련의 기술원조로 북한지역에 우라늄 광맥탐사를 실시하여 1947년부터 1950년 6월 남침전쟁 시작 직전까지 약 9,000톤의 우라늄을 채굴하여 소련에 반출했을 정도로 김일성은 핵무기의 원료가 되는 우라늄에 대해 큰 관심을 보이기 시작했다.

6.25 남침전쟁 중에는 미국의 핵무기 사용 여부에 공포를 느낀 김일성은 휴전 후 1950년 중반부터 핵과학자들을 소련에 유학을 보내는 등, 핵기술 획득과 핵시설에 투자하기 시작했다.

핵무기(핵분열무기)에는 우라늄 핵무기와 플루토늄 핵무기로 분류되는데, 당시로는 플루토늄 핵무기 개발이 우라늄 핵무기 개발보다 훨씬 용이했기 때문에 김일성은 플루토늄 핵무기 개발계획을 수립, 추진하여 1990년대 초반에 북한 최초의 플루토늄 핵무기를 개발 보유하게 된다.

그리고 1990년대 중반부터는 우라늄 핵무기 개발계획(UEP)을 수립, 파키스탄으로부터 핵기술을 도입하여 1990년대 말에서 2000년 초부터는 고농축우라늄(HEU)을 획득하게 된다.

북한의 플루토늄 및 우라늄 핵무기를 개발하는 과정을 분석하고 오늘날까지 얼마만한 양의 핵무기를 보유하고 있는지를 판단해 본다.

제1절 북한의 플루토늄 핵무기 개발

1. 플루토늄 핵무기 개발의 시동

북한은 휴전 후 2년도 채 못 된 1955년 4월 북한과학원 제2차 총회에서 '원자 및 핵물리학연구소'를 설치할 것을 결정하고, 1956년 3월 26일 구 소련의 「드브나(Dubna) 다국적연합핵연구소」 창설 시 소련과 체결한 핵협정에 따라 핵관련 기술자 30여 명을 연수차 이 연구소에 보냈으며, 이때부터 북한에 「방사화학연구소」를 설립하는 등의 일련의 조치를 보면, 이때 이미 김일성은 플루토늄 핵개발계획을 수립하고 이를 추진하는 조치로 보인다.

1962년 1월에는 평북의 영변에 핵개발 단지(280만 평)를 조성하고 구소련으로부터 IRT-2000형(열출력 2MWt, 농축우라늄 사용) 연구용원자로를 도입하였고, 1964년 중국의 원폭실험에 자극받은 김일성은 영변 원자력연구소에 기술진을 보강하고 연구를 독려했으며, 그 이듬해(1965년)에 IRT-2000 연구용원자로가 가동되어 최초의 핵분열실험을 실시하게 되었다. 1972년 7월에 미국의 「로스알라모스연구소(Los Alamos National Laboratory)」에서 직접 핵폭탄 제조에 참여한 바 있는 캐나다의 유명한 핵폭탄 전문가인 김경하 박사를 입북(1972.7)시켜 핵무기 개발에 박차를 가하였다.[1]

1974년 5월 인도가 핵실험에 성공하고 1975년 4월 월남이 패망하자

이에 용기를 얻은 김일성은 핵무기 개발을 조기에 완성하도록 서둘렀고, 1975년도에는 IRT-2000 연구용원자로에 천연우라늄을 연료로 사용하여 플루토늄을 생성시키는 실험에 성공함으로써 핵무기 원료 획득의 가능성을 확인한 바 있다.[2) 그리고 여기서 생긴 사용후핵연료(SF; Spent Fuel)를 소형 Hot Cell과 Glove Box가 설치되어 있는 「동위원소 생산 가공연구소」(1970년대 중반에 설치된 소규모 시설)에 보내 재처리하여 그램(g) 단위의 플루토늄을 최초로 추출하였다.(이 사실은 북한이 시인했다.[3))

이처럼 1975년도에 무기급 플루토늄을 획득할 수 있는 가능성을 확인한 북한은 이때부터 본격적인 플루토늄 핵무기 개발을 시작하게 된다.

플루토늄 핵무기는 인공원소인 플루토늄(원소기호; Pu)을 핵원료로 하는 무기이므로 플루토늄 원소를 획득하는 과정에서 대형 핵시설이 소요된다.

플루토늄 원소를 얻기 위해서는 먼저 천연우라늄 핵연료봉을 연소시킬 실험용 대형원자로가 건설되어야 한다. 이 원자로에서 핵연료봉을 연소시키면 인공원소인 무기급 플루토늄이 그 속에 생성(生成)된다. 연소가 끝난 핵연료봉을 '사용후핵연료(SF 또는 폐연료)'라 하며, 이를 원자로에서 인출하여 방사선 감소와 냉각을 위해 일정기간 수조에 보관한다. 이 사용후핵연료(이후 'SF'로 한다)를 다시 대형의 재처리시설(공장)로 보내 이곳에서 화학적으로 재처리하면 비로소 무기급 플루토늄 원소를 획득하게 된다. 그러므로 무기급 플루토늄을 획득하기 위해서는 대형원

---

1) 「국방논집」 제17호, p.107에는 1974년으로 기록
2) 국방부 編,「핵문제 100문 100답」, 1994, p.78,
   「Jane's Intelligence Review」(SR No 9), IHS Global Ltd., Printed in the UK, p.7,
   「軍事研究」1994년 9월호, 東京;ジャパン．ミリタリ．レビュー , 1994.9, p.112
3) 「핵문제 100문 100답」, p.78,
   「Jane's Intelligence Review」(SR No 9), p.7

자료와 재처리시설의 건설이 필수적이다.

2. 5MWe급 실험용원자로 건설

실험용원자로의 기본사양은 천연우라늄을 핵원료로 사용하고 흑연으로 감속하며 이산화탄소로 냉각시키는 5MWe급 실험용원자로이다. 이 원자로는 건설비용이 저렴하고 낮은 기술로도 건설이 가능하며, 특히 무기급 플루토늄 생산에 가장 적합한 영국의 'Calder Hall형 원자로'를 모델로 하여 1975년부터 원자로 설계를 시작, 1980년에 완성하였다. 건설위치는 영변 핵연구단지 내에 1980년 7월부터 공사에 착공하여 1986년에 완공하였다.

그리고 1986년 9월부터 가동하기 시작한 후 1989년 3월에 중단하여 1차 SF를 인출하고 재가동(1989.6)하여 1991년 4월에 다시 가동을 중단, 2차 SF를 인출했다. 그리고 또다시 1991년 6월에 재가동하여 1994년 5월에 중단한 후 1994년 10월 미·북 제네바핵합의로 2003년까지 8년간 가동이 중단되었다. 이후 북한과 국제사회의 마찰에 따라 가동과 중단을 반복하게 된다.

이 원자로를 가동하면 핵무기 원료가 되는 플루토늄(Pu)을 포함하고 있는 'SF'가 생산되는데, 이 원자로에서 1년간 생산된 SF(50톤)를 재처리시설(공장)에서 화학적으로 재처리하면 약 7~10kg의 무기급 플루토늄을 추출해 낼 수 있다.[4] 이는 핵무기(20KT) 1~2발 만들 수 있는 양이 된다.

---

4) 「Jane's Intelligence Review」(SR No 9), p.11

3. 재처리시설 (Re-processing)

핵무기의 원료인 무기급 플루토늄을 얻기 위해 원자로에서 핵연료봉
을 연소시키면 SF가 생성되고 이 SF를 재처리했을 때 비로소 무기급
플루토늄을 획득할 수 있다. 북한의 재처리시설에 대해서 알아본다.

북한이 5MWe원자로에서 최초로 SF를 인출했을 당시(1989년 3월) 북한
의 재처리시설은 1985년도에 공사를 착공하였으나 1993년도까지도 토
목공사의 80%, 내부설비 70% 정도만 진행되어 있어서, 1989년도에 인
출한 SF는 이곳에서 재처리를 할 수가 없었다. 그러나 이때를 대비하여
1989년 이전에 완공한 소형 재처리시설이 있었다. 북한은 이 시설을
IAEA에 제출한 '최초보고서'에 누락시키고 군사시설이라고 주장하면서
IAEA의 특별사찰에도 거부한 시설이다.

이 시설을 미 CIA는 '빌딩 500(BLG 500)'이라고 명명했다. 이 시설
아래에 파이프로 방사성폐기물을 모으는 시설까지 연결되어 있는 것이
확인되어 'BLG 500'은 바로 소규모의 비밀 실험용 재처리시설(pilot
test plant)인 것으로 미 CIA는 판단하였다.

북한에서 '방사화학실험실'이라 불리는 재처리시설은 1992년 전까지
는 완공되지 못했고 또 공식적으로 가동되지 않았기 때문에[5] 1989년도
에 북한이 최초로 생산한 SF는 바로 이 'BLG 500' 시설에서 재처리하
여 무기급 플루토늄 약 15kg을 획득한 것으로 IAEA는 판단하고 있다.[6]

그리고 북한이 최초보고서에 신고한 방사화학실험실의 외부건물은
1993~94년경에 완공되었고 내부시설에는 두 개의 플루토늄을 재처리하

---

5) 「제2次 朝鮮戰爭」(軍事硏究 1994년 9월 別冊), 東京:ジャパン．ミリタリ.レビュ一, 1994,
   p.64
6) 檜山良昭, 「金日成の 核 ミサィル」, 東京:光文社, 1994, p.46

는 생산라인이 설계되었는데, 이 중 제1생산라인은 1992년에 완성되었고, '93년 3월에는 제2생산라인을 시설 중이었다.[7]

이 공장에서는 고준위의 방사성물질인 SF를 취급해야 하기 때문에 방사선으로부터 안전하게 작업하기 위해서는 모두가 원격조정장치로 작업하는 'Canyon'이라는 대형작업시설과 3개의 Hot Cell과 Glove Box와 같은 시설을 포함한 특수 방호시설을 갖추고 있다.[8] 그래서 이 공장의 외형크기는 6층 건물의 높이에 길이 200m, 폭 80m의 거대한 건물이다.

이 시설 내부에 있는 이미 완성된 제1생산라인만으로 연간 50ton의 SF를 재처리할 능력을 갖고 있고, 제2생산라인이 완성되면 연간 총 200ton의 재처리능력을 갖게 될 것으로 추정되며, 추출 가능한 플루토늄은 연간 11.5~46kg 정도가 될 것으로 판단하고 있다.[9]

4. 핵폭발장치(기폭장치)실험

원자탄의 원료인 핵물질(Pu)을 획득하게 되면 이를 핵폭발장치로 폭발시켜야만 핵폭발이 일어난다.

핵폭발을 시킬 때는 우선 미임계질량 상태의 핵분열물질을 순간적으로 초임계질량 상태로 다시 만들어야 하므로 고성능 폭약으로 결합 또는 압축시키는 장치가 필요한데 이 장치를 '기폭장치' 또는 '고폭장치(고성능폭발장치)'라고 한다.

이 기폭장치는 미임계질량 상태에 있는 핵물질을 초임계질량으로 만들기 위해서 '백만분의 1초'라는 극히 짧은 순간에 이루어져야 하므로

---

7) 「핵문제 100문 100답」, p.78
8) 위의 책, p.20
9) 「軍事研究」1994년 9월호, p.109에 의하면 사용후핵연료에는 0.023% 정도의 플루토늄이 포함되어 있다는 근거로 계산한 결과 200ton을 재처리하면 46kg의 플루토늄이 추출됨.

초당 1,000m 이상의 고속을 낼 수 있는 고성능 폭약을 사용해야 한다.[10] 왜냐하면 기폭장치에 사용되는 폭약의 속도가 이 정도로 빠르지 못하면 완전하게 초임계질량에 도달하지 못한 상태에서 핵분열이 시작되어 불완전한 폭발이 될 수 있기 때문이다.

이와 같은 조건을 만족시켜야 하는 기폭장치는 핵무기 제조의 어려운 부분 중의 하나이다. 그래서 이 기폭장치에는 최첨단의 폭약과 전자공학 부품들이 총동원된 정교한 장치가 사용된다.

핵분열물질을 초임계질량으로 만드는 기폭장치에는 포신형과 내폭형의 두 가지 방법이 사용되고 있다. 포신형 기폭장치는 우라늄 핵무기 제조에 주로 사용하는 기폭장치 형식이며(제2절 2항에서 언급한다), 내폭형 기폭장치는 플루토늄 핵무기 제조에 사용하는 기폭장치 형식이다. 포신형 기폭장치가 결합형이라면 내폭형 기폭장치는 압축형이라 할 수 있다.

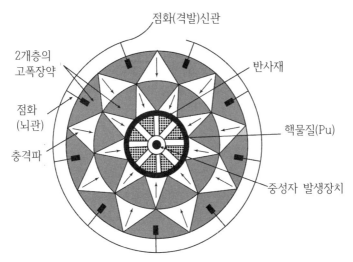

플루토늄 핵무기의 폭발장치인 내폭형 기폭장치는, <그림 4-1>에서

보는 바와 같이 핵무기의 중앙부분에 있는 플루토늄 물질을 구형(球型)으로 성형하되 그 내용은 마치 귤(Orange)의 껍질을 벗기면 귤 조각이 여러 개 있는 것처럼 플루토늄 물질을 여러 조각으로 만들어 사이가 뜨게 하고 또 플루토늄 각 조각들 속은 속이 빈 강정처럼 부풀려서 밀도를 느슨하게 만들어 미임계질량 상태가 되게 한다. 그리고 그 주위에 반사재를 에워싸고 그 바깥에 폭약을 이중으로 <그림 4-1>과 같이 덮어씌운다. 그리고는 뇌관을 폭약조각(폭약렌즈)마다 설치하고 이 뇌관을 한 개의 격발장치에 연결시켜 이 격발장치를 누르면 전 뇌관이 동시에 점화되어 모든 폭약이 동시에 폭발하여 그 폭발력이 내부로 지향하게 한다. 이렇게 함으로써 이들 폭약 내부에 있는 핵분열물질의 구면(球面) 전체에 동일한 압력을 가해 이 플루토늄 물질의 구형 덩어리가 찌그러짐 없이 가운데로 압축이 되게끔 설계되어 있다. 이 기폭장치는 2,000V의 전압을 순간적으로 승압하는 전기장치가 도선을 통하여 연결되어 있으며 백만분의 1초라는 순간에 압축하여 초임계질량 상태에 도달하도록 하는 형태이다.[11]

이때 플루토늄 물질 덩어리 맨 가운데 있던 중성자원에서 중성자가 방출되어 핵분열을 일으켜 핵폭발이 일어나게 된다. 이 내폭형 기폭장치로 만든 플루토늄 원자탄이 일본 ‘나가사키’에 투하되었다 해서 ‘나가사키형’ 기폭장치라고도 한다.

기폭장치에 사용하는 폭약은 PBX(Plastic Bonded Explosive)라는 특수폭약으로 그 충격파가 초당 7,800m의 속도를 가지고 있다. 북한에서는 핵무기의 기폭장치에 필요한 이 고성능 특수폭약을 제조하는 공장을 보유하고 있어 이 폭약 획득은 용이했던 것으로 알려지고 있다.[12]

북한이 이 핵폭발장치를 제작하여 1980년도 말까지 수십 회의 기폭장

---

11) 이순영, 「원자력과 핵은 다른 건가요」, 서울:한세, 1995, p.160
12) 「軍事硏究」1994년 9월호, p.111

치실험을 통하여 완성하였다. 기폭장치실험은 폭약이 사용되므로 폭발실험 흔적, 즉 탄공(彈孔)이 남게 된다.

북한 영변 원자력연구소 남측 넓은 공지에 실험 흔적이 인공위성에 의해 탐지되었고 또 1992년 IAEA 사찰요원이 이 실험 흔적을 지적했을 때 북한은 '이 흔적은 원자로 동체에 대한 충격파실험 흔적'이라고 변명한 바 있다.13) 1993년 3월 한국 국방부장관은 국회에서 답변하기를 "북한에서는 기폭장치실험을 '80년부터 영변지역에서 70회 이상이나 실시하여 기폭장치를 완료했다"고 했다.14)

그리고 폭축형 핵폭발장치의 구성요소들이 모두 완성되면 이들을 결합하여 종합실험을 실시하는데 이것을 '완제품 또는 종합(package)실험'이라 한다.

이 완제품실험단계에 들어가기 전에 부분별 실험을 실시한다. 즉 고성능폭약실험, 전기기폭회로실험, 내폭형 기폭장치실험, 중성자 발생장치실험 등이 실시된다. 이런 부분별 실험이 각각 끝나면 종합적인 완제품실험단계에 들어간다. 이 완제품실험단계에서는 핵분열물질을 주입하는 대신 위력이 약한 타 물질로 대체하여 사용하는 것 외에는 모든 구성요소를 결합하여 실험하기 때문에 핵실험이나 다를 바 없다.

1991년 6월 이 영변 핵단지에서 내폭형(Implusion) 방식에 의한 기폭장치의 폭발실험이 있었다는 것이 미국측에 의해서도 확인된 바 있다.15) 그리고 1993년 10월 20일 핵폭발 모의실험에 직접 참관한 이충국(李忠國) 씨의 증언에 의하면 '1993년 10월 20일 평양남도 평원군 석암리 산중턱에서 핵폭발 모의실험을 하였는데 성공적이었다'는 목격자의 증언이 있었다16)

---

13) 小學館 編, 「SAPIO」1993.10.14, p.25

14) 「SAPIO」 1993.10.14, p.25

15) 위의 책, p.25

16) 李忠國. 「金正日の 核と 軍隊」, 東京:講談社, 1994, p.236

이상의 여러 출처로부터의 정보를 종합해 보면, 1991년~1993년 사이에 북한은 이미 핵폭발장치를 완성했고 완제품실험(모의실험)까지도 완료했다는 것이다.

5. 북한 최초의 핵무기 제조

1993년도에 완제품실험을 마친 상태라면 조잡한 상태라 해도 핵무기는 완성단계에 있다고 할 수 있다. 그때까지 핵실험을 한 적이 없기 때문에 확인은 안 되나 북한의 김정일이 1993년 3월(북한의 NPT 탈퇴 후) 인민군 총참모부에서 "북한은 전쟁을 원하지 않지만 전쟁을 두려워하지도 않는다. 미국과 국제사회가 공격을 해 와서 한반도에 전쟁이 발발하는 경우 우리는 지금까지 감추어 둔 핵무기를 사용해서라도 지구를 파괴하겠다"라고 한 바 있다.[17] 그리고 1994년 4월 페리(William Perry) 미 국방장관은 "북한은 아마도 핵폭탄을 하나 아니면 두 개를 가지고 있을 것이다.(They may have one possibly two bombs at this time)"라고 했다.[18]

이처럼 북한은 1989년 3월 최초 획득한 플루토늄 15kg과 2차로 1991년 4월에 획득한 플루토늄 11kg, 총 26kg의 플루토늄으로 핵폭발장치와 각종 실험을 마치고 1993년도까지는 핵무기를 완성하여 적게는 1~3발, 많게는 4~5발까지 제조했을 것이라는 추정은 가능하다. 이것이 북한 최초로 만들어진 핵무기다.

---

17) 檜山良昭, 앞의 책, p.227
18) 「Jane's Intelligence Review」(SR No 9), p.14

구분	가동기간	재처리	Pu 획득	20KT 핵무기
1차	'86.9~'89.3(2:6)	1989	15kg	·
2차	'89.6~'91.4(1:10)	1991	11kg	·
계	·	·	26kg	3~5발

6. IAEA의 임시사찰과 한반도 1차 핵위기

1986년부터 가동된 5MWe원자로에서 1991년 4월까지 두 차례에 걸쳐 SF를 인출하고 무기급 플루토늄을 추출하여 90년대 초에는 조잡한 핵무기도 제조했을 가능성까지 추정케 했다. 여기(90년대 초)까지는 핵확산을 저지하는 미국이나 IAEA를 교묘히 속여 올 수 있었다.

그러나 1989년 9월 프랑스의 첩보위성 SPOT와 미국의 첩보위성 LANDSAT가 영변 핵단지의 사진을 공개함으로써 북한 핵개발에 대한 의혹이 부상되었다. 그리고 이때부터 북한의 핵개발에 대한 정보를 어느 정도 파악한 미국은 한반도 비핵화를 실현시키기 위해서는 미국의 전술 핵무기부터 먼저 철수하기로 하고, 1991년 9월 27일 '부시' 미 대통령은 '한국에서 미국의 전술핵을 철수한다'고 선언하자[19] 당시 한국 노태우 대통령은 남한이 핵개발을 하지 않으면 북한도 핵개발을 포기할 것이라 판단하고 「남북 비핵화공동선언」('91.12.31)까지 하기에 이르렀다.

북한도 IAEA와 핵안전협정을 체결하는 등 한반도 비핵화에 화해 분위기를 조성하는 듯, 1985년 NPT에 가입하고 1년 6개월 이내에 IAEA의 안전협정에 서명 비준해야 함에도 6년 반 동안이나 거부해 오던 북

19) 「핵문제 100문100답」, p.100

한은 1992년 1월 30일 IAEA 안전협정에 서명하고 같은 해 4월 9일 북한 최고인민회의에서 비준함으로써 IAEA의 정식 회원국이 되었다.

가. IAEA의 임시 및 특별사찰과 NPT 탈퇴 선언

북한이 IAEA의 회원국이 됨으로써 첫 번째 임무인 핵관련 시설에 대한 '최초보고서(16개소의 핵시설)'를 1992년 5월 4일 IAEA에 제출했다. (부록#2 '최초보고서')

최초보고서 제출 시 북한은 '우리는 핵무기를 만들 필요도 없고, 핵무기를 만들겠다는 의지나 능력도 없다'고 능청을 떨었다.

북한이 최초보고서를 제출함에 따라 IAEA는 북한의 핵관련 시설에 사찰팀을 보내 1992.5.25~1993.2.6까지 총 6회에 걸쳐 임시사찰을 실시했다. 그 결과, 북한이 IAEA에 제출한 최초보고서에 허위 또는 기재누락이 있다고 판단했다.

그래서 1993년 2월 9일 IAEA는 북한에 특별사찰을 요구했는데, 그 내용은 ① 북한은 1989년도에 단 한 번 손상된 폐연료봉을 인출했다고 보고했으나 핵폐기물의 샘플을 분석해 본 결과, 중대한 불일치가 있고, ② 임시사찰 시 새로 발견된 2개소의 시설이 보고서에 누락되어 있다는 내용이다.

이상 두 가지 사항에 대해서 특별사찰이 필요하고 사찰 시작은 1993년 2월 15일로 한정한다고 북한에 정식 통보했다.

북한은 IAEA의 특별사찰 요구일인 2월 15일의 시한을 지난 2월 22일 ① 우리는 핵무기를 개발하지 않고 있다. ② 2개소의 시설은 군사시설이므로 특별사찰에 응할 수 없다고 공식발표했다.

이에 IAEA이사회는 1993년 2월 25일 '특별사찰 수용촉구안'을 통과시켰으며, 3월 25일까지 받아들이지 않으면 UN안보리로 넘어갈 수밖에 없다고 했다. 또 이 시기에 한국은 1993년 3월 9일부터 팀스피리트훈련을 재개한다고 북한에 통보했고, 북한은 같은 날짜로 인민군 최고사령관 명령으로「전국에 걸쳐 모든 인민과 군대에 대해 전쟁준비태세」령을 발하는 등[20] 한반도에 긴장을 고조시키더니, 1993년 3월 12일 북한은 '나라의 최고 이익을 수호하기 위한 조치로써 지난 '85년 가입했던 핵확산금지조약(NPT)에서 탈퇴하겠다'고 선언했다.

탈퇴 이유로 두 가지를 밝혔는데, 첫째는 한·미 양국의 팀스피리트(T/S)훈련이고, 둘째는 IAEA의 특별사찰 강행에 대한 조치라고 했다. 팀스피리트훈련은 1970년대 중반부터 시작되어 매년 계속되는 훈련으로 북한의 NPT 탈퇴와 아무런 관련도 없다. 또 IAEA의 특별사찰이 시행되면 북한의 핵개발 의도가 탄로 날 것을 우려하여 이것을 피하기 위한 수단이고 핵무기 개발을 계속하기 위해서는 NPT 탈퇴선언을 하는 것이 유리하다고 판단했기 때문으로 분석되었다.

그리고 또 하나 북한이 노리는 배경에는 냉전종식 후 미국이 주도하고 있는 세계적 NPT정책에 대한 탈퇴는 NPT체제 존속과 미국에 대한 정면도전이 될 것이므로, 미국은 불가피 북한과의 대화를 하지 않을 수 없을 것이라는 점도 계산한 것으로 분석할 수 있다. 왜냐하면 북한은 그간 여러 차례 미국과의 고위급회담을 요청했으나 매번 묵살당해 왔다는 사실이 이를 말해주고 있다.

---

20) Michael J. Mawarr,「북한 핵 뛰어넘기(North Korea and the Bomb)」, 김태규 역, 서울:홍림출판사, 1996, p.165.

나. 미·북 고위급회담 (제1,2단계)

북한이 IAEA의 특별사찰 요구를 거부하고 NPT 탈퇴를 선언함에 따라 한반도에는 긴장이 고조되어 가다가, 1993년 6월 2일 「제1차 1단계 미·북 고위급회담」이 뉴욕의 유엔주재 미국대표부에서 '로버트 갈루치(Robert Gallucci)' 미 국무부 차관보와 북한 외교부 '강석주' 부부장을 수석대표로 하여 개최되었다. 4차 회의까지 진행된 6월 11일(제4차 회의 날) '북한은 NPT 탈퇴를 유보하고 국제원자력기구의 특별사찰 문제에 대해서는 후속회담에서 논의한다'고 합의함으로써, 북한의 NPT 탈퇴선언 후 3개월이 지나면 효력을 발생하게 되는 NPT조약 제10조의 탈퇴마감일(6.12)을 하루 앞두고 NPT 탈퇴문제는 NPT 복귀가 아니라 탈퇴를 유보하는 선에서 일단락되어 긴장은 다소 누그러져 갔다.

그리고 1개월 후인 1993년 7월 14일 「제1차 2단계 미·북 고위급회담」이 제네바에서 개최되어 3차례까지 회의가 진행되었다. 이 회의에서 북한은 지금까지 전혀 거론되지 않았던 5MWe흑연감속원자로를 경수로형 원자로로 교체하는 문제를 처음으로 제기했고, NPT 탈퇴까지 몰고 갔던 특별사찰에 관해서는 아무런 언급도 받아내지 못한 채 2단계 고위급회담은 끝났다.[21] 그리고 다음 3단계 회담은 2개월 안에 갖기로 합의했다.

그러나 2단계 회담이 끝난 후 3단계 회담은 1년간 열리지 못했고, 1994년 7월에 가서야 열렸다. 그 사이에 한반도에는 긴장의 파고가 반복되었고 1994년 전반기에는 전쟁위기까지 몰고 갔다.

---

21) 이춘근, 「북한 핵의 문제」, 서울:세종연구소, 1995, p.100.

다. 한반도 1차 핵위기 (1994년)

2단계 고위급회담 후 1993년 8월 3일 IAEA 사찰팀이 일반사찰을 위해 일주일 동안 재방북을 했으나 봉인상태 확인과 감시카메라 필름 및 배터리 교체에 한정하고 정상적인 사찰활동을 하지 못하고 일주일 만에 돌아옴으로써 IAEA는 9월 11일 정기이사회에서 북한 핵문제를 UN총회에 추가 의제로 상정하기로 결정했다. 11월 1일 IAEA 사무총장은 UN총회에서 '북한은 일반사찰마저도 거부하고 NPT체제를 부인하고 있으며 사찰의 계속성도 무너질 경각에 처해 있다'고 보고했고, UN총회는 '북한이 IAEA에 즉각 협조할 것'을 140대 1(140:1)로 통과시켰다. 그리고 1993년 11월 3일 한·미 양국은 IAEA가 사찰의 계속성이 파괴되었다고 선언할 경우 UN의 제재가 불가피할 것이라는 것을 공개적으로 거론하기 시작했고, 11월 5일 북한은 '대화는 대화로, 전쟁에는 전쟁으로가 우리의 입장이다'[22]라고 또다시 대결국면의 위기로 몰아가 한반도 위기는 다시 고조되어가기 시작했다.

1993년 11월 7일 클린턴 미 대통령은 NBC와의 회견에서 "미국은 북한의 핵개발을 허용치 않을 것이며, 우리는 그 점에 대해서 매우 단호하다"고 했고, 12월 1일 '레스 애스핀(Les Aspin)' 미 국방부장관은 "클린턴 대통령의 11월 7일 발언은 최종통고다. 북한이 핵보유국이 되도록 놓아두지 않겠다"라고 강조함으로써 한반도에는 또다시 위기가 고조된 가운데, 1993년도 연말이 지나고, 1994년 2월에 접어들면서 IAEA의 강력한 사찰요구와 국제사회의 분위기가 북한에 대한 제재 방향으로 기울자, 북한은 1994년 2월 15일 IAEA측에 신고된 7개 핵시설에 대한 사찰

---

22) Michael J. Mawarr, 앞의 책, pp.224-225.

을 받아들인다고 통고해 왔다.[23] 그리고 한국은 남북 대통령특사 교환을 위한 북한과의 실무접촉을 가질 예정이라고 발표하자 위기는 일단 가라 앉는 듯했다.

IAEA는 1994년 3월 8일 사찰팀 일행을 북한에 보내 일주일간 제7차 일반사찰을 실시했으나 2개소의 의혹시설에 대해서는 접근하지도 못하고 3월 15일 복귀하여 두 가지 중요사항을 IAEA에 보고했다. 하나는 방사화학실험실(재처리시설)이 1년 전에 비해 대폭 확장되고 있다는 사실과, 또 하나는 5MWe흑연감속원자로의 핵연료봉 교체를 준비하고 있음을 확인했다. 이것은 곧 북한에 대한 IAEA의 핵확산 안전조치가 실패하게 되었다는 중요한 사실이다.

그리고 1994년 3월 19일 판문점에서 남북특사 교환 접촉에서 북한 대표 박영수는 한국측 대표인 송영대 차관에게 "전쟁이 나면 서울은 불바다가 될 것이다. 송 차관도 목숨을 보장할 수 없다"고 협박함으로써 회담은 파탄되었다.

제7차 IAEA 사찰팀의 사찰보고 결과와 남북특사 교환 회담결렬 사건으로 워싱턴에서는 '94년도 팀스피리트훈련의 재개와 북한제재 문제를 논의하기 시작했고, 당시 한국의 김영삼 대통령은 "이제 북한에 대한 제재조치가 불가피한 쪽으로 나아가고 있다"고 했다.

1994년 3월 21일 IAEA 이사회는 '북한의 의무준수를 요구'하는 등 대북압박을 가하자, 3월 27일 북한은 '미국은 전쟁이 날 경우, 먼저 패배의 쓴잔을 마시게 되는 쪽은 남한이라는 점을 잊어서는 안 될 것이다'[24]라고 한국을 전쟁의 인질로 협박했다.

1994년 3월 31일 UN안보리는 '북한은 IAEA와의 당초 합의대로 IAEA의 사찰활동을 허락할 것이며, 필요시 안보리의 추가적 고려도 있

---

23) 이춘근, 앞의 책, p.139.
24) Michael J. Mawarr, 앞의 책, pp.258-260.

을 것'이라는 내용의 성명을 발표했다. 4월 중순 5㎿e흑연감속원자로의
가동은 중단되었고, 4월 20일 북한은 핵연료봉 교체작업에 IAEA의 입회
를 허용한다고 통고해 왔다.[25] IAEA는 핵연료봉 교체작업에 입회 시 시
료채취를 요구했으나 거절당하자 IAEA 사찰팀의 파견을 유보하고 있었
는데, 5월 12일 북한이 핵연료봉 제거작업을 시작했다고 통보하자, 5월
17일 IAEA는 사찰팀을 북한에 보내 8일간 사찰활동을 실시하도록 했으
나 핵연료봉 교체작업이 진행 중임을 확인만 하고 시료채취도 못한 채
돌아왔다. IAEA는 북한에 핵연료봉 교체 중지를 요구하고 계속 시 UN
안보리에 회부하겠다고 위협했다.[26] 실제 북한은 1994년 5월 12일부터
IAEA 사찰팀의 입회 없이 북한 단독으로 8,000여 개의 핵연료봉을 모두
인출하고, 그것도 순서 없이 무작위로 섞어버린 후 수조에 보관함으로써
IAEA가 마지막으로 알려고 했던 핵연료봉을 몇 번 교체했는지, 또 무기
급 플루토늄은 얼마나 추출했는지를 확인할 수 없게 만들어버렸다.

　이렇게 되자 UN과 미국을 비롯하여 중국과 러시아까지도 북한을 제
재하는 방향으로 분위기가 이어졌고, 6월 10일 IAEA는 북한에 대한 대
북기술지원프로그램(약56만$ 상당)도 중단하기로 결정했음을 발표하자,
같은 날 북한은 '우리는 UN의 제재를 그 즉시 전쟁선포로 받아들인다는
우리의 입장을 밝혀둔다'[27]라고 전쟁분위기를 고조시켰고, 전쟁 발발을
우려한 서울시민들은 식료품을 사재기 하는 등 북핵문제 발생 이래 한
반도에 전쟁분위기가 최고조에 달했다.

　이때 미국은 UN안보리에 대북제재 초안을 작성하여 각 상임이사국에
회람시키고 있었고, 6월 16일 백악관에서는 북한 영변 핵기지를 공격할
계획을 대통령과 부통령, 국무장관, 갈루치 핵대사 등이 참석한 가운데
국방장관과 합참의장, 주한미군사령관 등이 보고하고 있었다.

────────────

25) 이춘근, 앞의 책, p.150.
26) 이춘근, 위의 책, p.159.
27) Michael J. Mawarr, 앞의 책, p.266.

같은 날 카터 전 대통령이 북한을 방문, 김일성과 회담하여 6월 17일 미국이 제재를 중단하고 경수로를 북한에 제공해주면 북한이 핵개발을 동결하고 특별사찰을 수락하는 것으로 합의가 이루어짐으로써 긴장되었던 한반도의 전쟁분위기는 반전되어 영변 핵기지 공격계획도 무산되고 미·북 제3단계 고위급회담이 열리게 되었다.

7. 미·북 제네바핵합의 (1994.10.21)

「제3단계 미·북 고위급회담」은 1994년 7월부터 시작할 예정이었으나 1994년 7월 8일 김일성의 사망으로 연기되어 8월 5일부터 1차회담이 제네바에서 시작되었고, 2차회담은 9월 23일부터 10월 21일까지 실시되었다. 이때 소위 「미·북 제네바핵합의」가 이루어져 '핵이 없는 한반도의 평화와 안전을 확보한다'는 기본합의문을 1994년 10월 21일 발표했다.

이때 미·북 간에 합의된 내용을 요약하면, 북한은 공사 중에 있는 50MWe 및 200MWe흑연감속원자로 공사를 중단하고 5MWe흑연감속원자로와 방사화학실험실 등 핵관련 시설들을 모두 동결하고 이들 시설은 경수로사업이 완료될 때 해체한다. 그리고 1994년 5월 5MWe흑연감속원자로에서 인출한 8,000여 개의 핵연료봉은 경수로(경수로형 원자로) 건설기간 동안 안전하게 보관하고 북한 내에서 재처리하지 않는다. 미국은 흑연감속원자로를 종국적으로 해체하고 대신 1,000MWe경수로 2기를 제공하며, 첫 번째 경수로가 완공될 때까지 매년 50만 톤의 중유를 제공한다. 경수로의 주요 핵심부품이 인도되기 이전에 IAEA의 재사찰을 실시하며, 미국은 북한에 대해 핵무기 불위협 또는 불사용에 관한 보장을 제공한다. 그리고 북한은 NPT 당사국으로 잔류하며 동 조약상의 안전조치협정을 이행하기로 하였다.

　이상의 합의내용을 보면 북한의 핵시설들은 모두 동결하고 종국적으로 해체될 것이므로 장차 북한은 플루토늄을 더 이상 생산할 수 없게 되어 있다. 즉, 미·북 제네바핵합의로 북한의 미래핵에 대해서는 동결되었다고 할 수 있으나 과거핵에 대해서는 경수로의 핵심부품이 인도되기 이전(건설시작 5년 후 경)에 IAEA가 필요하다고 판단하는 조치를 취한다는 것으로, 북한이 1994년 이전에 만들어졌을 과거핵에 대해서는 몇 년간 유보한다는 내용이다.

　당시 페리 미 국방장관은 북한과의 핵협상에서는 두 가지의 목표를 가지고 있었는데, 그 하나는 과거핵은 찾아내어 '파기'하는 것이고, 또 다른 하나는 미래핵에 대해서는 '동결'하는 것이라고 밝힌 바 있다.[28]

　그런데 1994년 6월 '카터' 전 미 대통령이 방북하여 김일성과 회담 후에 미국의 대북 핵정책의 선후가 바뀌어 버렸다. 실제 미·북 제네바핵합의에서는 미래핵을 먼저 '동결'하고 과거핵 '파기'에 대해서는 5년 정도 후에 실시될 IAEA의 재사찰 시 확인하는 것으로 미루게 되었다. 핵개발 은폐를 위해 NPT 탈퇴까지 했었던 북한이 앞으로 5년이라는 긴 기간 동안에 아무런 조치(은폐)없이 순순히 과거핵을 그대로 내놓으리라는 기대를 건 미·북 제네바핵합의라 할 수 있다.

　미·북 제네바핵합의 사항을 종합적으로 검토해 보면, 미국은 북한의 핵개발 의지를 과소평가한 나머지 북한으로 하여금 핵개발을 원천적으로 포기시켜야겠다는 본질의 접근에서 후퇴하여 현상동결에 그치고 만 합의로, 많은 문제를 내포하고 있는 불완전한 합의라 할 수 있다.

---

28) 1994.4.3 NBC TV 인터뷰 (「軍事硏究」1994년 6월호, p.183)

미국을 비롯한 서방측은 제네바핵합의 이행을 위해 46억$이 소요되는 1,000MWe경수로 2기 건설비용은 한국이 약 35억$, 일본이 10억$, 유럽연합이 8,500만$, 미국이 중유비용 등을 부담하고[29], 국제 컨소시엄을 구성한 KEDO(Korea Energy Development Organization; 한반도에너지개발기구)에서 북한 함경남도 신포·금호지역에 경수로 건설공사를 시작하였고 중유도 북한에게 연간 50만 톤씩 지원되고 있었다. 그리고 북한의 핵시설 동결도 IAEA 요원의 감시 하에 합의된대로 진행되고 있었다.

이렇게 2002년도까지 8년간 미·북 간 핵합의 사항은 이행되고 있었으나 2002년 10월 북한이 농축우라늄 핵무기를 개발하고 있다고 새로운 사실을 시인함으로써, 미·북 제네바핵합의에서 핵을 개발하지 않는다는 조건으로 경수로와 중유공급을 제공해왔던 서방측은, 북한이 이 합의를 위반함으로써 2002년 12월부터 중유공급은 중단되었고 경수로 공사도 2003년 8월(공사 진도 33.4%)부터 중단상태에 들어갔다. 그리고 2003년 8월부터 한반도 비핵화를 위한 6자회담(한국, 미국, 중국, 일본, 러시아, 북한)이 개최되게 되었다.(6자회담 진행은 제3절에서 언급함)

8. 북한의 플루토늄 총 보유량 (2013년 말)

앞 절에서 살펴본 바와 같이, 제1,2차 재처리(1989년, 1991년)를 통해 북한이 획득한 플루토늄의 총량은 26kg이었다. 그 후 1991년 4월 원자로는 재가동되었고 가동기간 중 IAEA의 북한에 대한 특별사찰 요구와 북한의 거부사태 발생으로 1994년 4월까지 3년 동안 가동해 온 원자로

---

29) 한국일보, 1998.8.31.

를 북한이 가동을 중단시키고 IAEA 사찰관의 입회 없이 SF를 인출, 뒤 섞어버렸다. 인출한 SF는 수조에 보관된 상태에서 1994년 미·북 제네바핵합의로 재처리하지 못한 채 동결되었고 각종 핵시설들도 모두 8년 간 동결되었다. 그리고 8년 후인 2002년 10월 북한이 우라늄 핵무기를 개발하고 있다는 사실을 인정함으로써 미·북 제네바핵합의는 깨어졌다.

이렇게 되자 북한은 8년간 동결되었던 핵시설들의 동결을 해제함과 동시에 수조에 보관 중이던 SF를 2003년 6월에 재처리(3차 재처리)하여 16kg의 플루토늄을 획득하게 된다.

그리고 북한은 2003년 3월에 원자로를 재가동하고 6자회담이 진행되는 가운데, 2005년 4월에 가동을 중단, SF를 다시 인출, 재처리(4차 재처리)하여 13kg의 플루토늄을 획득했다. 그리고 2005년 6월에 재가동하여 2007년 7월까지 가동한 후 SF를 또다시 인출, 재처리(5차 재처리)하여 13kg의 플루토늄을 추가로 획득한다. 총 5차례에 걸쳐 재처리한 총 플루토늄의 양은 68kg에 이른다.

<표 4-1> 2007년 말까지 획득한 플루토늄 추출량의 총 재고량

재처리 차수	SF 인출시기	재처리 시기	Pu 추출량	누계	가동기간
1	1989	1989	15kg	15kg	'86.9~'89.3(2:6)
2	1991	1991	11kg	26kg	'89.6~'91.4(1:10)
3	1994	2003	16kg	42kg	'91.4~'94.4(3:0)
4	2005	2005	13kg	55kg	'03.3~'05.4(2:1)
5	2007	2007	13kg	68kg	'05.6~'07.7(2:1)

그리고 후술하겠지만 3차례의 핵실험으로 18kg의 플루토늄을 사용한 것으로 추정(1회에 6kg)함으로써 북한이 추출한 총 플루토늄 재고량 68 kg 중에서 남은 재고량은 2013년 말 현재로 북한은 50kg(68-18kg)의 플

루토늄을 보유하고 있다. 이 양이면 20KT 핵무기 10발 정도를 만들 수 있는 양이다.

9. 북한의 추가적인 플루토늄 획득 시도

2007년 북한은 6자회담의 합의(2·13 합의 및 10·3 합의) 이후 플루토늄 획득계획을 중단한 것으로 국제사회는 판단하고 있었다. 그런데 2010년 '지그프리드 헤커(Siegfried Hecker)' 박사가 방북 시 새로운 소규모 경수로(35MWe)를 건설하고 있음을 목격한 바 있고, 또 2013년 4월에 폐쇄된 5MWe원자로를 재가동하겠다고 선언함에 따라 북한은 중단된 플루토늄 획득계획을 재시도하고 있음을 보여주었다.

가. 소규모 경수로(35MWe) 건설 (2014년 시운전 단계)

2010년 10월 헤커 박사가 방북 시 영변에 설치된 2,000대의 원심분리기를 목격했고, 또 영변단지 내 소규모 경수로(한국형 경수로가 1,000 MWe에 비해)를 2012년 완공 목표로 건설 중임을 목격했다고 했다.[30] 북한 「노동신문」은 이 사실을 2010년 11월 30일 자로 '현재 조선에서는 경수로 건설이 활발히 벌어지고 있고 그 연료 보장을 위해 우라늄 농축공장이 돌아가고 있다'고 발표했다. 소규모 경수로이긴 하나 가동 후 단기간에 핵연료봉을 인출하여 재처리하면 현 북한의 5MWe원자로보다 훨씬 많은 플루토늄을 획득할 수 있다.[31]

이처럼 이 소규모 경수로를 플루토늄 생산용으로 전환하면 연간 여러 발의 플루토늄 핵무기를 만들 수 있는 플루토늄을 생산해 낼 수 있다.

---

30) 조선일보, 2010.12.1
31) 조선일보, 2010.12.1

이 경수로가 2012년 완공한다고 하나 현장을 목격한 헤커 박사는 '2012년 김일성 탄생 100주년까지 경수로 공사를 완성한다고 하나 비현실적이다'라고 지적한 바 있다.[32]

그리고 2014년 7월 '퍼커슨(Charles D. Ferguson)' 미 과학자협회(FAS) 회장에 의하면, '2014년 7월 현재, 소규모 경수로는 시운전단계에 있으므로 늦어도 2016년경 가동이 가능할 것으로 판단된다'고 했다. 그리고 '가동이 되면 연간 무기급 플루토늄 30~40㎏을 생산할 수 있고, 이는 20KT 핵무기 5~6발을 만들 수 있는 양'이라고 했다.[33]

2017년 말부터는 플루토늄 획득이 가능할 것이므로 이때부터 북한의 플루토늄 핵무기 수량은 급격히 증가하게 될 것만은 확실하다.

나. 5MWe원자로의 재가동 (2013.8)

북한은 2007년부터 가동 중단된 5MWe원자로를 6년만인 2013년 4월 재가동하겠다고 선언했다. 이후 8월에 서방측 인공위성이 5MWe원자로에서 수증기가 나는 것을 확인함에 따라 가동이 시작된 것으로 판단했고, 10월에는 온수가 원자로에서 배출되는 것이 또 확인됨으로써 5MWe원자로의 가동이 확실시 되었다. 2014년 9월이면 가동을 시작한 지 1년이 경과되므로 이 원자로 내의 핵연료봉에는 무기급 플루토늄이 7~10㎏ 정도 생성되어 있을 것이다.

북한이 마음만 먹으면 이 폐연료봉을 인출하여 재처리 하면 무기급 플루토늄 7~10㎏을 획득할 수 있다. 이 양이면 20KT 플루토늄 핵무기 1~2발을 만들 수 있는 양이다.

이처럼 북한은 중단되었던 5MWe원자로를 재가동함으로써 2014년 말 이후부터 매년 1~2발의 플루토늄 핵무기 수량을 증가시킬 수 있다.

---

32) 2011.1.23 연합뉴스 기자 인터뷰에서
33) YTN 보도, 세계일보, 2014.7.7

10. 장차 북한의 플루토늄 핵무기 위협

북한은 플루토늄 핵무기 개발을 위해 1986년 플루토늄 생산용 흑연감속로인 5MWe원자로를 제작, 가동하고 여기서 생성된 무기급 플루토늄을 추출하기 위한 재처리시설도 가동하여, 2013년 말 현재 북한이 획득한 플루토늄의 총량은 68kg에 이른다.

3차례의 핵실험에 약 18kg 정도 사용하고, 현재 남은 양은 50kg 정도로 판단된다. 이 플루토늄의 양으로 20KT 플루토늄 핵무기를 제조하면 약 10발 정도 만들 수 있다.

그리고 앞 항에서 언급한 바와 같이, 2013년부터 5MWe원자로의 재가동으로 2014년 말부터는 매년 7~10kg의 플루토늄 획득(1~2발의 핵무기 만들 양)이 가능해졌으며 또 새로이 건설 중인 소규모 경수로(35MWe)에서 2017년 말부터 매년 5~6발의 핵무기를 만들 플루토늄 생산이 가능해지고 있다.

이렇게 되면 북한의 핵무기 수량은 해를 거듭할수록 증가되어 핵 능력은 강화된다. 이는 우리에게는 큰 위협이 아닐 수 없다.

장차 북한이 5MWe흑연감속로와 신설한 35MWe경수로에서 획득할 수 있는 플루토늄의 양은 2017년 말부터는 매년 43kg(8kg+35kg)[34]으로 8발의 플루토늄 핵무기를 만들 수 있는 양이 생산된다. 그래서 현재(2013년

---

34) 5MWe흑연감속로에서 연간 생산되는 플루토늄의 양이 7~10kg인데, 이를 평균 8kg으로 계산하고, 35MWe경수로에서 연간 생산되는 플루토늄 30~40kg을 평균 35kg으로 계산한 것임.

말) 약 10발의 플루토늄 핵무기가 2017년이 되면 23발로 증가되고, 2020년에는 49발의 플루토늄 핵무기를 제조할 수 있다고 추정할 수 있다.

일정량 이상의 핵무기 보유는 핵억제력을 강화시키고 핵 포기의 길은 멀어질 수 있다.

<표 4-2> 장차 북한의 Pu 핵무기 보유량 추정

연도	5MWe 원자로 (평균)	35MWe 경수로 (평균)	누계	비고
2013년 보유	·	·	50kg	·
2014년말	8kg	·	58kg	핵실험(3차례) 후 남은 재고량 Pu 핵무기 10발 분량
2015년말	8kg	·	66kg	·
2016년말	8kg	·	74kg	·
2017년말	8kg	35kg	117kg	Pu 핵무기 약 23발 만들 수 있는 양
2018~2020년 (3년간)	24kg	105kg	246kg	Pu 핵무기 약 49발 만들 수 있는 양

※ 여기 수량은 플루토늄만 계산한 것임. (HEU는 제외)
　20KT Pu탄 1발 제조에 5kg 소요되는 것으로 계산한 것임.

제2절 북한의 우라늄 핵무기 개발

1994년 10월 미·북 제네바핵합의가 이루어질 때까지만 해도 북한은 우라늄 농축 핵개발을 추진할 계획이 없는 것으로 미국은 판단하고 있었다. 그러나 실제 북한은 미·북 제네바핵합의 10개월 전인 1993년 말 파키스탄의 부토 총리가 북한을 방문하고 양국 간의 비밀 군사지원협정35)을 체결했다.

즉, 북한은 파키스탄이 필요로 하는 탄도미사일(노동1호)을 제공하고 파키스탄은 북한에 우라늄 농축 핵개발 기술을 제공하기로 합의한 이후 양국 간 실무자들의 교류가 빈번해졌다.

특히 북한은 미·북 제네바핵합의로 더 이상 핵무기를 개발하지 않기로 합의했으므로 북한의 핵시설들은 모두 동결 상태로 유지되면서, 한편으로는 비밀리에 '농축우라늄 핵무기 개발계획(UEP)'을 추진하고 있었다.

1. 제임스 켈리 특사 방북과 북한의 우라늄 농축 핵개발계획 시인

---

35) 웹, [네이버 지식백과] *'북한과 파키스탄의 군사협력 관계'* (파키스탄 개황, 2011, 외교부): '1990년 10월 파키스탄에 대한 미국의 군사적·경제적 원조가 중단된 후 파키스탄은 북한산 무기를 구입하는 등 북한과의 군사 분야 협력을 재개하였다. 특히 1995년 1월 최광 인민무력부장이 파키스탄을 방문한 이후, 북한의 특별기 취항을 비롯한 비밀 군사협력이 증대하였다'고 설명.
http://terms.naver.com/list.nhn?cid=43819&categoryId=43820

1994년도 미·북 제네바핵합의에 따라 지원되는 경수로공사가 지연되어 오다가 2002년 8월 신포·금호지구에 콘크리트 타설식을 가지면서 2008년경에는 제1호기가 완성될 전망이 보임에 따라, 2005년도 중반에는 원자로의 주요부품이 인도될 것을 예상하여 미·북 간 합의된 북한 핵시설에 대한 핵사찰은 늦어도 2003년 초부터는 시작되어야 한다는 것이 IAEA측의 주장이다. 왜냐하면 남아공화국이 핵무기를 스스로 폐기하고 IAEA의 사찰을 최대한 협조하는 가운데에서도 17개월이 소요된 것을 감안하면, 북한의 핵사찰 소요기간은 그 이상이 될 것으로 예측했기 때문이다. 그리고 2002년 3월 IAEA 대변인은 IAEA가 북한의 모든 핵시설들을 사찰하는 데는 북한이 100% 협조하는 경우라도 3~4년은 걸릴 것이라고 했다.[36]

그러나 북한에서는 주요부품이 인도되는 수개월 전이면 충분하다는 이유로 거부해왔다. 이렇게 미·북 간에 사찰의 시작시기를 두고 티격태격하는 그러한 시기에 '제임스 켈리' 미 국무부 차관보가 미국의 특사로 방북하게 되었다. 한편으로 미국은 수년 전부터 북한이 우라늄 농축 핵개발을 시도하고 있다는 첩보도 입수하고 있었다. 그러나 이때만 해도 미·북 간 대화의 주 의제는 사찰시기 조율 문제일 것으로 예상했는데, 예상 외로 터져나온 것은 북한이 새로운 우라늄 농축 핵개발계획을 수년 전부터 진행시켜 왔음을 스스로 시인하고 나선 것이다.

2002년 10월 4일 제임스 켈리 차관보가 방북한 첫날, 북한 김계관 외무성 부상을 만나, 북한이 수년 전부터 농축우라늄을 이용한 핵개발계획을 진행시켜 왔다고 지적하자, 전혀 그런 일이 없다고 부인했다.

그러나 그 다음날(10.5) 강석주 외무성 제1부상과 만나 회담했을 때, "수년 전부터 우리는 우라늄 핵무기 개발계획을 진행시켜 왔다"고 시인하고 "더 강력한 무기도 갖고 있다"고 오히려 당당하게 응수했다. 2002

---

36) www.joins.com 2002.3.13자 참조

년 10월 16일 북한이 새로운 핵개발을 시인했음을 한국과 미국이 공동 발표함으로써 국제사회에 알려져 충격을 주게 되었다.

1994년 미·북 제네바핵합의 이후 북한의 핵시설들이 모두 동결되고 IAEA가 동결 상태를 계속 확인하고 있음으로 해서 북한은 핵개발을 진전시킬 수가 없어 포기한 것으로 국제사회는 인식하고 있었다. 그러나 미 정보당국자들은 파키스탄의 '부토' 총리가 '93년 말 북한을 방문하여 북한과 파키스탄 간 군사기술 교환을 합의[37]했고, 1997년경 파키스탄의 '샤리프' 정권시대에 상호 무기거래가 이루어져 파키스탄은 북한으로부터 탄도미사일과 탄도미사일 기술을 획득하고 북한은 그 대가로 파키스탄의 우라늄 농축 핵기술을 교환하는 것이 아닌가 하는 의혹에 초점을 맞추고 있었다.

이러한 첩보들을 보유한 제임스 켈리 특사가 방북해서 관련 정보를 제시하자, 새로운 우라늄 농축 핵개발을 선뜻 시인하고 나선 것은 의외였다. 1992년도 IAEA 핵사찰 시부터 계속 핵무기 개발을 부인해왔던 북한이 이번에 비밀리에 추진하고 있던 우라늄 농축 핵무기 개발계획을 즉각 시인한 것은 의도적인 목적 하에 나온 발언으로 해석할 수밖에 없었다.

2. 북한의 우라늄 농축 핵개발계획(UEP)

1994년도 미·북 제네바핵합의가 이루어질 때까지만 해도 북한 내에서 우라늄 농축시설을 찾아볼 수가 없었기 때문에 북한은 플루토늄 핵무기 개발방식을 선택했었다고 판단했었다. 실제 북한 내의 핵관련 시설들은 모두 플루토늄을 획득하는 시설들이었고 이들 시설들은 미·북 제

---

37) 小都元, 「核武裝する 北朝鮮」, 東京:新紀元社, 2003, p.109.

네바핵합의에 따라 모두 동결되어 북한은 더 이상 플루토늄 핵무기를 개발할 수가 없게 되어 있었다.

1994년도 김일성의 사망으로 김정일이 정권을 승계하면서 북한에 불어닥친 경제·정치적 위기 속에서 선군정치 통치이념을 내세워 핵무기 개발을 핵심으로 한 군사력 강화로 위기를 극복하려는 정책 전환으로 플루토늄 핵무기뿐만 아니라 비밀리에 새로운 핵무기 개발이 가능한 농축우라늄 핵무기 개발계획도 추진한 것으로 분석된다.

우라늄 핵무기 개발을 하려면 우라늄을 무기급 우라늄으로 농축(HEU)해야 하고, 또 우라늄 핵무기의 기폭장치 개발이 해결되어야 한다.

가. 우라늄 농축방법과 우라늄 핵무기 기폭장치

우라늄을 농축하는 방법에는 기체원심분리농축방법을 비롯하여 기체확산농축방법, 레이저농축방법, 노즐농축방법 등이 있으나, 기체원심분리농축방법이 타 농축방법에 비해서 농축이 용이하고 저비용이라는 장점이 있다. 특히 우라늄을 농축하는 한 대의 원심분리기는 직경 20~50 ㎝, 높이 1~2m 정도의 소형 알루미늄 원통형이다. 이것은 한 대만 설치하는 것이 아니라 수백 대에서 수천 대까지 설치하는 경우도 있다. 여러 곳에 분리 설치할 수도 있으므로 지하시설과 같은 은밀한 장소에 설치하기가 용이하다. 그래서 북한은 이 기체원심분리농축방법을 채택하여 은밀하게 고농축우라늄(HEU)을 획득하는 우라늄 핵무기 개발을 시도한 것으로 판단된다.

이 기체원심분리농축방법은 U-235와 U-238의 미세한 질량 차이를 이용하는 것으로 우라늄을 기체상태(UF6)로 만들어서 원심분리기에 넣고 초고속으로 회전시키면 미세한 무게(질량) 차이로 U-238은 바깥쪽으로 몰리고, 비교적 가벼운 U-235는 안쪽으로 많이 몰리게 된다. 안쪽으로 많이 몰린 U-235를 다음 원심분리기로 보내 다시 고속회전시키는 이 과정을 여러 번 반복하면, 안쪽으로 몰린 우라늄 속에는 U-235의 비율이 점점 높아지므로 요망되는 비율의 '농축우라늄'을 획득할 수 있게 된다.

90% 이상의 무기급 고농축우라늄을 획득하기 위해서는 많은 수의 원심분리기를 파이프로 연결시켜서 반복 회전시켜야 한다. 원심분리기(P1형) 2,000대를 설치 가동하면 연간 약 20kg의 고농축우라늄을 획득할 수 있어 핵무기 1발(20KT)을 만들 수 있다.

이 농축방법은 1994년 미·북 제네바핵합의 등, 국제협약에서 어떤 핵무기도 개발하지 않겠다고 약속한 북한으로서는 비밀리에 고농축우라늄을 획득하기에 적합한 방법일 수 있다. 이렇게 해서 획득된 무기급 고농축우라늄은 포신형 기폭장치에 결합되어 우라늄 핵무기를 만들 수 있다.

포신형 기폭장치는 우라늄 핵무기 제조에 주로 사용하는 기폭장치 형식이며, 분리된 2개의 미임계질량 상태의 고농축우라늄을 초임계질량 상태가 되도록 하나로 결합시키는 결합형 기폭장치이다.

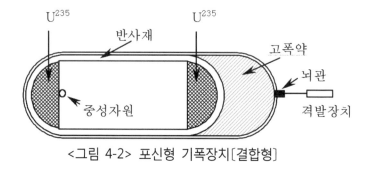

<그림 4-2> 포신형 기폭장치〔결합형〕

<그림 4-2>에서 보는 바와 같이 밀폐된 용기 내부에 미임계질량 상태의 고농축우라늄이 반구형으로 분할하여 둘로 분리되어 있고 그 외부에는 반사재로 둘러싸여 있다. 오른쪽 고농축우라늄의 반구형 뒤쪽에 고성능 폭약이 충진되어 있다. 그리고 폭약에는 뇌관이 부착되어 있고 뇌관은 격발장치로 연결되어 있다. 이 격발장치로 뇌관을 점화시키면 폭약이 폭발하여 그 폭발력이 내부로 지향되므로 오른쪽 반구형의 고농축우라늄을 왼쪽으로 밀어붙여 순식간에 하나의 구형으로 결합하게 된다. 이때가 바로 초임계질량 상태가 되는 순간이고, 이때 구형으로 된 고농축우라늄의 맨 가운데 있는 중성자원에서 중성자가 방출되어 핵분열을 일으켜 핵폭발이 일어나도록 하는 방법이다.

이처럼 우라늄 핵무기 제조는 플루토늄 핵무기 제조에 비해 기술적으로 훨씬 용이하고 또 핵실험을 하지 않아도 된다는 장점이 있다.

나. 북한의 고농축우라늄 획득 과정

제임스 켈리 국무부 차관보가 2002년 10월 방북 시, 북한이 농축우라늄 핵무기 개발을 시인한 내용을 보면, '우리는 수년 전부터 우라늄 핵무기 개발계획을 진행시켜 왔다'고 했다. 2002년 당시로부터 수년 전이면 1990년대 후반일 것으로 추정할 수 있다.

실제 북한은 1996년 초 핵개발의 총책임자인 전병호 당서기가 파키스탄을 방문하여 파키스탄의 부토 총리와 국방장관, 핵전문가 KHAN 박사 등을 만나, 노동1호미사일 수출문제와 우라늄 농축 핵기술 이양문제를 매듭짓고 돌아와서부터 고농축우라늄 핵프로그램을 본격적으로 추진하게 되었다.

이때 파키스탄을 다녀온 전병호 당비서가 당시 황장엽 노동당비서에게 '앞으로 플루토늄은 필요 없다. 우라늄-235로 핵무기를 만들 수 있게 되었다'라고 한 말[38]을 미루어 보면, 북한 우라늄 농축 핵프로그램의 개념계획은 부토 총리 방북(1993년 말) 시 이미 되어 있었고, 1996년 초 전병호 당비서가 파키스탄을 방문 후인 1996년경에 기본계획을 완성하여 본격적으로 추진하게 된 것으로 분석된다.

그리고 1997년부터 1999년 사이에 북한의 우라늄 농축 핵개발계획의 내용을 비롯하여 원심분리기 본체와 원심분리기 제작에 필요한 원자재 도입에 대한 활발한 움직임이 각국 정보기관에 탐지되고 있었다.

· 1997년 여름 소련에서 북한이 마레이징스틸(Maraging Steel; 원심분리기 본체 재작용 자재)[39]을 구매, 항공편으로 파키스탄으로 수송 중, 영국 게트윅공항(Gatwick Airport)에서 금수품목으로 적발 계류되었다.[40]

· 1998년 6월 북한 공작원이 주 파키스탄 참사관 부인(김신애)을 망명우려자로 판단, 암살한 후 파키스탄의 C-130 수송기로 시신을 운송하면서 거기에 원심분리기 샘플을 수송했다.[41]

· 1999년 초 북한의 핵기술자 3명이 핵관련 기술을 전수받기 위해 파키스탄의 「KHAN연구소」에 파견되었다.

· 1999년 10월 KHAN 박사가 방북하여 원심분리기 운영에 관해 기술지도를 했다.

· 2002년 7월 C-130 파키스탄 공군기가 칸연구소에서 가스원심분리기를 싣고 평양에 도착하는 것을 인공위성으로 확인했다고 CIA가 보고

---

38) 동아일보, 2004.2.9
39) maraging steel 이란 강철에 니켈이 18~25% 함유된 초강력 부식방지용 특수강철로 가스원심분리기 제조용 등으로 쓰이는 특수강철로 코콤 수출금지 품목이다.
40) *Daily Telegram*, 1998.11.1
41) *Daily Telegram*, 1998.11.1

했다.

· CIA 보고[42])에 의하면, '미국은 수년 전(1990년대 말)부터 북한이 우라늄 농축에 착수한 것으로 의심해왔다. 2001년 원심분리기에 사용할 자재와 기재를 대량으로 사들이는 것을 확인했다. 최근에는 풀가동할 경우, 연간 우라늄 핵무기 2발 이상 만들 수 있는 충분한 양의 무기급 우라늄을 생산할 수 있는 공장을 건설하는 목표를 가지고 있음을 확인했으며, 2005년경에는 완성될 것이다'라고 했다.

· 2003년 4월 28일자 독일 「슈피겔(*Der Spiegel*)」紙의 보도에 의하면, '2003년 4월 독일에서 고강도 알루미늄파이프 22톤(가스원심분리기 400대 설치 분량)을 싣고 북한으로 가기위해 독일 함부르크항을 출항한 프랑스 화물선이 4월 10일 이집트의 수에즈운하를 통과하기 직전 프랑스 정부에 의해 적발, 물품이 하역되었다'고 했다.

· 한국 정부의 고위당국자는 2002년 10월 17일 "북한은 우라늄 핵무기 개발을 위해 최근 수년 간 파키스탄으로부터 우라늄을 농축할 수 있는 가스원심분리기 등의 장비를 구입해서, 2002년 7,8월경에는 북한 내 어느 비밀시설에서 우라늄 고농축실험까지 실시했음을 미국의 정보기관이 탐지했다"[43])고 했다.

북한이 고강도 알루미늄 자재를 수입하고 있다는 첩보를 미국이 입수함에 따라 계속 감시해 오다가, 결정적으로 1997년부터 1999년도 사이 북한이 파키스탄으로부터 기체원심분리기를 입수하는 것이 포착되었다.

파키스탄은 1998년 초에 북한의 노동1호 탄도미사일 12기와 부품을 수입했다.[44]) 1998년 4월에 파키스탄은 이 노동1호 탄도미사일을 모방한 '가우리미사일(사정거리 1,500㎞, 탄도중량 700㎏)' 시험발사에 성공하

---

42) 2002.11.21 미 의회에 제출한 보고서
43) 小都元, 앞의 책, p.67.
44) 한국일보, 1998.6.18.

고, 1998년 5월 파키스탄은 최초의 우라늄탄 핵실험에 성공했다.

북한은 파키스탄에 노동1호 탄도미사일을 판매하고 또 가우리미사일 개발을 지원하는 대가로 우라늄탄을 개발한 파키스탄의 핵기술을 습득했을 가능성은 충분하다. 특히 파키스탄 핵개발의 아버지라 불리는 '압둘 카디르 칸 (Abdul Qadeer Khan)' 박사가 1997년 이후 열 세 차례 북한을 방문한 것은 북한의 우라늄 핵개발과 무관하지 않을 것이다.

이렇게 북한은 파키스탄으로부터 우라늄 농축기술과 농축기자재를 수입하여 우라늄 농축시설을 비밀리에 일부 제작 설치하여 농축실험을 한 것으로 알려져 있다. 농축시설을 설치한 장소로는 평양 교외에 있는 국가과학원과 양강도의 영저동, 자강도 하갑의 3개소를 지목하고 있으며, 이중 「국립과학원」 실험실이 농축우라늄을 개발하고 있을 가능성이 가장 높다고 미국의 정보당국이 한국에 알려왔다고 전해지고 있다.[45]

3. 북한의 고농축우라늄(HEU) 획득 현황

2002년 10월 Kelly 차관보가 방북 시 강석주 북한 외무 제1부상이 '우리는 수년 전부터 우라늄 핵무기 개발계획을 진행시켜 왔다'고 시인한 그 수년 전이라는 시기는, 1999년 10월 파키스탄의 KHAN 박사가 방북하여 원심분리기 500대의 시험운전을 지도한 그 무렵이었던 것으로 판단되고 있다. 그 이후 원심분리기를 추가로 제작 증설하면서 2000년도부터는 최소한 500대 이상의 원심분리기가 가동되고 있었을 것으로 추정된다.

그러니까 2000년도 말부터는 연간 약 5kg 이상의 무기급 우라늄이 생

---

45) 중앙일보, 2002.10.19자 참조

산되기 시작하여, 2002년도 10월경에는 총 15kg 이상(핵무기 1개 정도 만들 분량)의 무기급 우라늄을 생산 획득했을 것으로 추정하고 있다.

같은 시기인 2002년 10월 24일 국회 정보위에서 한국 국정원장은 "북한이 10~30kg의 농축우라늄을 확보하고 있어 조잡한 핵폭탄 1~3개를 제조할 가능성이 50% 이상이 된다"라고 했다.46) 이 보고는 2002년 말경 북한이 우라늄 핵무기 1발 정도 만들 HEU를 획득했고, 거기에 북한은 과거 플루토늄 핵무기를 개발한 노하우를 가지고 있으며 우라늄 핵무기의 핵폭발장치는 플루토늄 핵폭발장치보다 제작이 용이하기 때문에 1~2년 사이에, 즉 2005년경에는 우라늄 핵무기 개발이 가능하다는 판단은 설득력이 있는 것으로 보였다.

그리고 이때(2002년도) 미 CIA는 '2005년경에는 연간 우라늄 핵무기 2발 이상 만들 수 있는 공장(원심분리기 2,000대 설치)이 완성될 것'이라는 판단을 내렸으나, 당시 원심분리기 제조에 사용할 원자재 및 부속품은 코콤 품목47)으로 국제사회로부터 도입이 제한되어 북한은 2005년도에는 원심분리기 약 1,000대 정도밖에 설치하지 못했다. 그 이후 2010년까지 연간 약 10kg의 HEU를 획득할 수 있는 수준인 것으로 추정해왔다.

---

46) 小都元, 앞의 책, p.71.
47) 코콤(COCOM; Coordnating Committee for Export Control) ; 대공산권수출통제위원희를 말한다. NATO 가맹국과 일본이 조직한, 공산권에의 수출을 제한할 것을 목적으로 한 위원회이다. 1949년에 발족하였으며 본부가 파리에 있어 파리위원회라고도 부른다. 그리고 그 수출통제품목 리스트는 코콤 리스트라 불리는데, 당초 코콤에 의한 수출통제는 400여개 품목을 대상으로 행해졌으나, 가맹국간 협의를 거듭하면서 지난 91년에는 80개 품목군으로 조정됐었다.
   그러나 냉전체제의 종식으로 지난 94년 3월말 자진 해체됐으며 4월부터는 기존 참가 17개국에 러시아가 새로 들어와 신코콤체제를 잠정 발효시킨 바 있고, 이 새로운 체제는 규제대상 품목 및 국가를 대폭 축소, 규제대상은 무기 및 군사적으로 전용 가능한 기술로 주로 북한. 이라크. 이란. 리비아 등 핵확산금지조약(NPT) 저촉 국가 및 고도기술의 수출규제만을 감시하게 되었다.

그랬었는데 2010년 11월 북한은, 미 스탠포드대학 '지그프리드 헤커 (Siegfried Hecker)' 박사를 북한으로 초청, 영변 핵단지 내에 설치된 우라늄 농축시설(원심분리기 설치 시설)을 보여주었다. 헤커 박사는 이 시설을 바라볼 수 있는 2층 통제실에서 '원심분리기 2,000대가 정교하게 설치된 것을 보고 깜짝 놀랐다'며, 초현대식 통제실에서 제어되고 있었음을 확인했다. 그리고 '북한의 과학자로부터 원심분리기 2,000대가 지금 가동 중에 있고, 2,000대의 원심분리기가 가동되면 연간 40kg의 고농축우라늄을 생산할 수 있다는 주장을 들었다'고 했다.[48] 2011년 1월 24일 한국의 연합뉴스 기자가 헤커 박사에게 '2,000대의 원심분리기가 분명한지, 그리고 가동 중에 있었는지, 원심분리기는 P_2형인지'에 대한 확인을 요청한 바, '그렇다'고 답변함으로써 재확인되었다.

이후 2010년부터 영변 핵단지에는 P_2형 원심분리기 2,000대로 HEU 를 생산하는 것으로 판단할 수 있게 되었다. 영변에 설치된 원심분리기 2,000대(P_2형)만으로도 연간 40kg의 고농축우라늄 생산이 가능하다. 그리고 북한의 어딘가에 설치된 비밀 지하시설의 원심분리기 약 1,000대 (P_1형)의 가동으로 연간 10kg의 고농축우라늄(HEU)을 획득할 수 있을 것이다. 그러므로 2010년부터 북한은 총 3,000대(P_1형 및 P_2형)의 원심분리기로부터 매년 50kg의 HEU을 획득(우라늄 핵무기 2발 만들 분량)할 수 있을 것으로 추정된다.

2000년부터 2013년 말까지 북한에서 생산한 HEU의 총량은 <표 4-3>과 같이 275kg에 이른다. 이 HEU 양이면 20KT 우라늄 핵무기 약 13발을 만들 수 있는 분량이다.(20KT 우라늄 핵무기 1발 제조에는 약 20kg의 HEU가 소요된다)

---

48) 조선일보, 2012.3.2

<표 4-3> 2000년~2013년까지 북한의 HEU 획득 현황 (추정)

연도	원심분리기 설치	HEU 획득	누계	비고
1999년	P₁;100대	시운전 성공	-	P₁형 원심분리기 추정
2000년말	P₁;500대	5kg	5kg	1,000대 설치시, 연간 HEU 10kg 획득 기준
2001~2002년말 (2년간)	P₁;500대	5kg×2=10kg	15kg	2002.10, Kelly 특사 방북
2003~2004년말 (2년간)	P₁;500대	5kg×2=10kg	25kg	·
2005~2009년말 (5년간)	2005년부터 P₁형 1,000대 설치	10kg×5=50kg	75kg	·
2010~2013년말 (4년간)	P₁:1,000대 P₂:2,000대	10kg×4=40kg 40kg×4=160 kg 계; 200kg	275 kg	· 2010.10 Hecker박사 방북, P₂형 2,000대 설치, 가동 확인 · P₂형 1,000대 설치시 연간 HEU 20kg 획득
2013년말 총계	P₁, P₂형 계 3,000대	연간 50kg 생산가능 (연간 2발의 U탄 제조 가능 분량)	275 kg	총 13발의 U탄 제조 가능 분량

※ 20KT 우라늄 핵무기 1발 제조에 HEU 20kg이 소요되는 것으로 판단

본 저자는 2013년 말 현재, 약 275kg의 HEU를 북한이 획득한 것으로 분석했다. 그런데 2009년 12월 27일 WP지의 보도에 의하면 북한의 농축프로그램을 직접 지도한 KHAN 박사는 '2002년 당시 북한은 원심분리기 3,000대 이상을 이미 제작하여 우라늄을 농축하기 시작했었다'고

했다. 이것이 사실이라면 2002년부터 2013년 말까지 12년간 북한은 3,000대의 P_1형 원심분리기로 HEU를 생산할 수 있는 양을 본 저자가 계산해 본 결과, 최소한 360kg을 획득했을 수 있고, 최대(P_2형)로는 700kg 이상의 HEU를 획득했을 수 있다.

그리고 2014년 5월 헤커 박사는 북한의 고농축우라늄 보유에 대해 중국 전문가의 말을 인용, '북한은 HEU 100kg을 보유한 것으로 들었다'고 했다. 중국 과학자의 분석(100kg)은 본 저자가 분석한 275kg보다 적은 양이고, KHAN 박사의 분석은 본 저자보다 훨씬 많은 양(360~700kg)이다.

이처럼 북한이 HEU 획득한 양 분석에는 정보의 부족으로 많은 차이를 보이고 있으나 2013년 말 현재, 북한이 수100kg 이상의 HEU를 획득했다는 사실에는 이의의 여지가 없다. 그러므로 북한은 최소한 우라늄 핵무기 10발 이상을 만들 수 있는 HEU를 이미 획득했으며 앞으로 매년 수발씩 늘어날 것으로 추정된다.

4. 북한의 우라늄 핵무기 개발의 위협

북한이 2013년 말까지 생산한 HEU의 총량은 275kg으로, 이것으로 20KT 우라늄 핵무기 제조 시, 약 13발을 만들 수 있을 것으로 판단했다. 그리고 2014년부터는 매년 50kg씩의 HEU을 증산하게 될 것이고, 2017년 말에는 총 475kg의 HEU가 축적되어 약 24발의 우라늄 핵무기를 보유할 수 있을 것이고, 2020년 말에는 총 625kg의 HEU 보유로 20KT 우라늄 핵무기 31발을 만들 수 있는 양을 확보하게 될 것으로 추정된다.

<표 4-4> 장차 북한의 우라늄 핵무기 보유량 추정

연도	HEU 획득량	누계	20KT U 핵무기
2013년 말까지	275kg	275kg	13발
2014~2017년말 (4년간)	50kg×4년=200kg	475kg	24발
2018~2020년말 (3년간)	50kg×3년=150kg	625kg	31발

※ 20KT 우라늄 핵무기 1발 제조에 HEU 20kg 소요되는 것으로 판단

현재 영변 핵단지 내에 원심분리기를 추가로 증설하고 있는 시설이 가동하게 되면 북한의 우라늄 핵무기 보유수는 해마다 더욱 늘어나게 될 것이고, 이는 우리에게 더욱 큰 핵위협이 아닐 수 없다.

제3절 6자회담과 그 전말

1994년 미·북 제네바핵합의에 따라 북한에게 핵무기를 개발하지 않는다는 조건으로 1,000MWe경수로 2기를 제공해주고, 첫 번째 경수로가 완공될 때까지 매년 50만 톤의 중유를 제공키로 합의했었다. 그런데 핵무기를 개발하지 않는다는 협약을 북한이 위반하고 새로운 농축우라늄 핵무기를 비밀리에 개발하고 있음이 확인되자 IAEA 이사국은 2002년 12월분부터 중유지원을 중단한다는 결정을 북한에 통고했다.

2002년 12월 12일 북한 외무성은 북한 스스로가 국제협약을 위반함으로써 일어난 사실은 도외시하고 '제네바핵합의에 따라 연간 50만 톤의 중유공급 제공을 전제로 핵동결조치를 취했는데, 중유공급을 중단하므로 우리(북한)는 이(동결조치)를 해제하고 전력생산에 필요한 핵시설 가동과 건설을 즉시 재개하겠다'고 선언했다.[49] 그리고 2002년 12월 24일 영변 핵기지 내의 각 핵시설에 IAEA가 설치한 봉인을 제거하고, 심지어 전력생산과는 무관한 핵 재처리시설(방사화학실험실)마저 가동한다고 선언했다. 또한 2002년 12월 31일 북한에 남아있는 IAEA 사찰관 2명마저 추방시켜 버리자, 2003년 1월 6일 IAEA는 특별이사회를 소집하여 「북한은 우라늄 농축 핵개발에 대한 해명을 하고 모든 핵프로그램을 폐기할 것이며, IAEA의 사찰을 허용하라」는 결의안을 채택했다. 그리고 UN안보리에 회부될 수순을 밟고 있었다. 이렇게 되자 2003년 1월 10일 북한은 'NPT를 탈퇴한다'는 성명을 발표했다. 이것은 1993년 3월에 IAEA의

---

49) 국방부 編, 「참여정부의 2003년 국방정책」, 2003.7, p.195.

특별사찰 요구에 NPT를 탈퇴한 10년 전의 행동을 되풀이 한 것이다.

이렇게 북한이 1994년 미·북 제네바핵합의로 동결되었던 핵시설을 모두 해제하고 당시 수조에 보관 중이던 8,000여 개의 사용후핵연료봉 마저 재처리(3차 재처리)함으로써 플루토늄 핵무기 개발을 재개하는 방향으로 추진하자, 럼스펠드(Donald Rumsfeld) 미 국방장관은 2003년 2월 5일 '북한은 현재 1~2발의 핵무기를 보유하고 있는 것으로 평가되고 있으며 8,000여 개의 사용후핵연료봉에서 6~8발[50]의 핵무기를 만들 수 있는 플루토늄을 추출할 수 있다'고 경고했으며, 2003년 3월 3일 부시 대통령은 '평화적으로 북핵문제의 해결을 희망하지만 만일 외교적 노력으로 풀리지 않으면 마지막 선택은 군사적인 행동이 될 것'이라고 단호한 입장을 밝힘[51]으로써 북핵문제로 인하여 한반도에 또 한 차례의 위기(제2차 핵위기)가 닥칠 것을 예고하고 있었다.

1. 3자회담 (2003.4.23)

2003년 3월 20일 미국의 이라크전 시작으로 세계의 모든 시선이 이라크전의 추이를 지켜봄에 따라 북핵문제에 대한 관심이 다소 소홀해지는 것이 아닌가 했으나 미국과 중국이 북한과의 3자회담을 추진하여, 중국 베이징에서 2003년 4월 23일부터 25일까지 미·중·북의 3자회담을 개최하고 북핵문제를 논의하게 되었다.

3자회담에서 북한측 대표는 미국측 대표에게 비공식적으로 '우리는 핵무기를 갖고 있다. 하지만 우리는 그것들을 해체할 수 없다. 우리가

---

50) 1989년 3월에 한 번만 SF를 인출하고 1989년 6월부터 1999년 4월 4일까지를 두 번째로 SF를 인출한 것으로 판단하면, 27kg의 플루토늄을 얻을 수 있으므로 6~8발의 핵무기를 만들 수 있다고 한 것으로 판단됨.
51) 국방부 編, 앞의 책, p.198.

그것들을 물리적으로 과시하든가 이전할지 여부는 당신들에게 달려있다'고 핵무기를 보유하고 있음을 밝히면서, 미국을 오히려 협박하는 자세로 '미국은 북한의 체제를 보장하라'고 요구했고, 미국은 '북한이 검증 가능하고, 돌이킬 수 없는 방법으로 핵을 먼저 포기하라'고 요구함으로써 성과 없이 3일 간의 3자회담은 끝나고 말았다.

3자회담이 성과 없이 끝나자 미국은 한국, 중국, 러시아, 일본과 긴밀한 협력으로 북한을 압박하고 나섰다.

파웰(Colin Powell) 미 국무장관은 2002년 4월 29일 '미국은 북핵문제와 관련하여 UN 안전보장이사회와도 협의할 방침'이라고 발표하자, 4월 30일 북한은 '미국이 핵문제를 UN에 끌고가면 부득불 비상시에 취할 행동조치를 취할 수밖에 없다'고 대응하고 나섰다. 그리고 5월 1일 부시 대통령은 이라크전 개시 43일 만에 이라크전투 종료선언을 하면서 '대량살상무기를 추구하는 무법정권들에 대해 미국은 맞서 싸울 것'이라고 단호하게 말함으로써 북한과 이란에 대한 직설적인 경고 메시지를 보냈다. 이후 부시 대통령은 한·미 정상회담(5.14)과 미·일 정상회담(5.23)에서, 북핵문제를 평화적으로 해결하되 북한이 핵문제로 한반도에 긴장과 위협을 증대시키는 경우에 추가적인 조치(further steps)와 보다 강경한 조치(tougher measures)를 강구할 것이라고 합의 발표했고, 2003년 5월 27일에는 중·러 정상회담에서 '북핵문제 해결에 무력사용은 반대하나 북한의 핵프로그램은 폐기할 것을 촉구한다'는 공동성명을 발표했으며, 6월 13일 미국은 '1994년 미·북 제네바핵합의의 이행으로 북한에 지원되는 1,000MWe 2기의 경수로 공사는 8월 말로 중단될 수밖에 없음'을 한국과 일본에 통보했다.

이렇게 주변 4강이 모두 북한의 핵개발을 반대하는 압박을 가하는 한편, 북한에게 주변 4강(미국, 중국, 러시아와 일본)과 남.북이 참여하는 다자회담(6자회담)을 열자고 요구하여, 결국 북한은 세 불리함을 인정하였는지 수락하게 되어, 2003년 8월 27일 중국 베이징에서 제1차 6자회담이 개최되었다.

2. 6자회담의 시작

2003년 8월 27일 베이징에서 제1차 6자회담이 최초로 개최되었을 때, 미국측 수석대표는 '북핵문제는 검증이 가능하고 돌이킬 수 없는 방법으로 완전히 폐기시켜야 하며, 북한은 즉시 NPT에 복귀하고 IAEA의 사찰을 받아야 한다. 북한이 핵개발 포기의사를 분명히 할 경우, 북한의 체제안전에 대한 우려에 관해 논의할 수 있고 국제사회가 북한 주민을 지원하기 위한 포괄적인 조치를 검토할 수 있다'라고 발표했다.

이에 북한측 수석대표는 '미국이 우리를 압살하려는 적대시 정책을 취하고 있으므로 우리는 강력한 억제력을 가져야만 하겠다는 결심을 하게 되었다. 그러나 미국이 적대시 정책을 포기한다면 우리도 핵계획 포기의사를 밝힐 수 있다. 그러기 위해서는 상호 불가침조약을 체결하고 조·미 외교관계를 수립하고 경제제재조치를 해제해야 한다'고 하면서 '우리는 핵보유국임을 공식 선언할 준비가 되어 있고, 핵실험 실시도 고려하고 있다'고 협박성 발언을 했다.[52]

북한이 이처럼 강력한 핵억제력 보유를 표출한 것은 이라크전의 결과를 보고 힘의 논리가 지배하는 국제안보환경 속에서 '핵'이 아니고서는 생존할 수 없다는 것을 판단했을 것으로 분석된다. 그래서 2003년 4월 11일 「노동신문」이 '이라크전쟁은 막강한 군사적 억제력을 갖춰야 한다

---

52) 조선중앙통신 홈페이지 (www.kcna.co.jp) 참조

는 교훈을 남겼다. 앞으로 전쟁억제력을 구비하는데 모든 잠재력을 총동원해야 한다'고 강조한 것만 보아도 알 수 있다.

금번 6자회담에서는 상호 입장 발표만 하고 어떤 합의에 도달하지 못했다. 더욱이 북핵문제의 발단인 농축우라늄 핵무기 개발이나 '94 미·북 제네바핵합의로 동결된 핵시설의 해제와 8,000여 개의 폐연료봉의 재처리 그리고 NPT 탈퇴에 대한 어떤 해결도 보지 못한 채 제1차 회담이 끝났으나 제2차 회담 계속 진행에 대한 합의는 도출했다. 북한은 그들이 말한 것처럼 막강한 군사적 억제력을 갖추는데 시간을 얻기 위함인지는 알 수 없으나 6자회담의 끈을 놓지는 않았다.

3. 제1차 6자회담 이후 6자회담 중단(2008.12)까지

2003년 8월 27일 제1차 회담이 시작된 이후 2008년 12월 제6차 회담이 종료될 때까지 5년 4개월 동안 총 10여 차례의 6자회담과 여러 차례의 수석대표회담이 수시로 개최되었다. 회담기간 동안 북한은 '한반도 비핵화'라는 회담의 목적에 부합하는 합의에 도달하는가 하면, 또 돌변하여 합의와 상반되는 도발적 행태를 서슴지 않았다.

<표 4-5> 6자회담 개최 및 주요사항

구분		개최시기	합의사항	도발적 행태
제1차 회담		2003.8.27~29	·	3차 재처리
제2차 회담		2004.2.25~28	·	·
제3차 회담		2004.6.32~26	·	·
제4차 회담	1단계	2005.7.26~8.7	·	· 4차 재처리 (2005.4)

				· 핵보유선언 (2005.2.10)
	2단계	2005.9.13~19	9 · 19 공동성명	·
제5차 회담	1단계	2005.11.9~11.	·	BDA사건 (2005.11.10)
	2단계	2006.12.18~22	·	핵실험(1차) (2006.10.9)
	3단계	2007.2.8~13	2 · 13 합의	·
제6차 회담	1단계	2007.3.19~22	·	·
	2단계	2007.9.27~30	10 · 3 합의	5차 재처리 (2007.7)
	수석대표 회의	2008.12.	6자회담 중단	· 싱가포르회담 (2008.4.8) · 냉각탑 폭파 (2008.6.27)

6자회담 개최 중 중요 사건 중심으로 시간대 별로 정리해 본다.

가. (3차) 재처리 실시 (2003.10)

제1차 6자회담(2003.8.27~29)에서 성과 없이 끝난 뒤, 북한은 '94년도 제네바핵합의로 수조에 9년간 보관 동결되었던 SF 8,000여 개를 2003년 10월 3일 재처리하여 무기급 플루토늄 약 16kg을 추출했다. 제네바핵합의 이전에 보유했던 플루토늄 26kg과 합하면 북한은 총 42kg(26+16=42)의 플루토늄을 보유, 약 8발 가까운 20KT 핵무기를 만들 수 있는 양을 확보하게 되었다.

이처럼 제1차 6자회담이 실시되어 앞으로 회담이 계속되어 갈 것을 합의한 후에 SF를 재처리하여 핵무기의 원료를 획득하는 이런 도발적 행태에 회담 참가국들은 북한의 의중이 무엇인지 의아해했다.

나. 북한의 핵보유선언 (2005.2.10)

제3차 6자회담이 끝난 이듬해인 2005년 2월 10일 북한 외무성 대변인 성명으로 북한은 핵보유선언과 동시에 6자회담에 무기한 불참하겠다고 선언했다. 제3차 6자회담에서 북한은 핵 동결 대가로 전력 부족분 공급을 요구함에 따라 200만㎾ 전력공급 문제를 차기 실무그룹회의에서 논의하기로 했는데, 2005년 2월 10일 갑작스런 핵보유선언에 또 한 번 참가국들을 의아하게 만들었다.

2005년 7월 9일 미·북 대표가 뉴욕에서 접촉, 6자회담 재개에 합의하고 7월 26일 제4차 6자회담이 개시되었다.

다. (4차) 재처리 실시 (2005.4)

북한은 '핵보유선언(2005.2.10)'에 이어 2005년 4월에 또 한 차례 재처리를 실시했다.

이번(4차) 재처리는 2003년 2월 13일 IAEA 사찰관을 영변 핵기지에서 추방하고 5MWe원자로를 재가동하여 2005년 4월까지 2년 1개월간 가동해 왔는데, 이를 중단시키고 SF를 인출하여 재처리함으로써 무기급 플루토늄 13㎏ 추가 획득으로 총 55㎏을 획득하게 되었다. 이 플루토늄의 양이면 20KT 핵무기 11발을 만들 수 있는 양이다.

북한은 6자회담 진행과정에서 플루토늄 핵무기를 적어도 10발 정도는 확보하고 회담을 진행시키려는 의도가 숨겨져 있지 않나 하는 의심을 갖게 한다.

라. 9·19 공동성명 (2005.9·19)

제4차 1단계 6자회담이 2005년 7월 26일부터 시작하여 8월 7일에 종료하고, 2단계 회의가 9월 13일부터 시작되어 9월 19일에는 한반도 비핵화를 만장일치로 합의하여 소위 「9·19 공동성명」을 발표했다.

이 공동성명에서 북한은 모든 핵무기와 현존하는 핵프로그램을 포기할 것과 조속한 시일 내에 NPT와 IAEA의 안전조치에 복귀할 것을 공약했다.

미국은 한반도에 핵무기를 갖고 있지 않으며, 핵무기 또는 재래식무기로 북한을 공격하거나 침략할 의사가 없다는 것을 확인했다. 그리고 북한에 대한 전력공급과 에너지 지원, 경수로 제공을 논의하기로 합의했다. 합의된 내용은 단계적으로 이행하기로 했다.

이처럼 6개국이 만장일치로 합의한 것은 회담 후 최초의 일이며, 장차 북한의 핵 포기와 관련하여 6자회담의 전망을 지극히 밝게 하는 회담 결과였다.

그리고 계획된 제5차 1단계 6자회담도 11월 9일에 시작하여 9·19 공동성명의 전면적 이행을 위한 6개국의 의지를 재확인하고는 이후 1년여 회담이 중단되고 있었다.

마. 방코델타아시아(BDA)은행 문제 제기 및 해결 (2005.11.9.~2007.6)

북한의 제1차 핵실험 전 해인 2005년 9월 15일, 미국은 중국 마카오 특별행정구에 있는 방코델타아시아은행을 위조지폐 등 불법적인 금융거래를 하는 '돈세탁 우려 대상'은행으로 지정했다.

미국 금융기관에는 거래중단을 지시하고 타국에도 불법금융활동에 유의하라고 통보했다. 그로 인해 북한은 BDA은행에 예치한 2,500만$의 인출을 못하게 되었다. 이렇게 되자 2005년 11월 9일부터 시작된 제5차 1단계 6자회담에서 김계관 북한 대표는 '미국이 방코델타아시아은행에 취한 북한과의 거래금지 조치를 해제하라'고 요구했다.

이 문제는 6자회담의 의제와는 아무런 관련도 없는 문제를 들고 나와 결국은 제5차 1단계 6자회담 회의를 제대로 마치지도 못했고 그 이후 제5차 2단계회의는 1년 1개월 동안 열리지 못했다.

이렇게 되자 6자회담이 열리지 않는 가운데 2006년 4월 13일 북한 수석대표 김계관은 일본에서 '6자회담은 늦어져도 나쁘지 않다, 그 기간 동안 우리는 더 많은 억제력을 확보할 수 있다. BDA 동결자금을 풀어야 6자회담에 나갈 수 있다'고 했다. 즉 이 말은 우리(북한)의 핵무기 증강을 중단시키고 싶으면 BDA 문제를 해결하라는 협박이라 할 수 있다.

그리고 제5차 2단계회의가 2006년 12월 18일 개최되었으나 북한은 여기에서 또 BDA 문제를 우선적으로 해결하자고 들고 나옴에 따라 별도로 미·북 양자회담까지 시도해 보았으나 결국 해결 없이 종료되고 말았다.

제5차 2단계 6자회담이 끝난 후 2006년 말과 2007년 1월 중순 베이징과 베를린에서 미·북 양자회담을 열어 미국은 'BDA 문제는 북핵과는 별개'라는 입장으로 선회하자, BDA 문제는 북핵과는 별도로 해결될 전망이 보였다. 이에 따라 2007년 2월 8일부터 13일까지 제5차 3단계회의가 개최되어 소위 「2·13합의」가 이루어졌고, 미·북 실무그룹(WG)에서 BDA 문제를 다루기로 합의했다.

2007년 3월 19일부터 22일까지 개최된 제6차 1단계 6자회담에서 북한은 북한 인민의 삶을 향상시키는 인도적 차원에서 BDA 자금을 쓰겠다고 미국과 합의함에 따라, 미국의 Hill 수석대표는 BDA 자금 전액을 반환한다고 발표함으로써 1년 3개월간 끌어왔던 BDA 자금문제가 해결되어 6자회담의 본 의제인 북핵 포기 문제를 다루게 될 것으로 전망되었다.

그런데 BDA 자금을 중국의 중앙은행에서 취급하기를 거부함에 따라 제3국의 금융기관을 물색하는 기간이 길어져 제6차 2단계 6자회담이 열리지 못하고 있었다.

2007년 5월 북한 외무성은 'BDA 문제 송금이 실현되면 곧바로 2·13 합의에 따르는 핵시설 가동 중지 조치를 취할 용의가 있다'고 독촉했다. 미국은 BDA 자금을 중개할 은행을 찾기 위해 동분서주한 끝에 러시아의 중앙은행에 이체하기로 러시아와 합의53)함에 따라 2007년 6월 BDA 자금이 북한으로 전달됨으로써 1년 11개월 만에 완전히 해결되었다.

BDA 문제는 사실상 6자회담의 의제와는 아무런 관련도 없는 금융거래 문제임에도 이 문제 해결이 안 되면 6자회담을 속개할 수 없다는 북한의 억지주장에 말려들어 미국은 이것은 별개로 취급한다고 정책방향까지 전환하는 양보로 해결해 주었음에도 그 이후 6자회담은 단 한번만 (제6차 2단계 6자회담) 열렸을 뿐, 그 다음 해인 2008년 말에는 중단되고 지금까지(2014년 말) 열리지 않고 있다.

결국 북한은 시간을 끌면서 핵억제력을 증강시키겠다는 그들의 의도대로 BDA 문제를 최대한 이용하여 6자회담을 지연시켰던 사건이다.

바. 북한의 제1차 핵실험 (2006.10.9)

북한의 핵실험 징후가 나타나자 6자회담의 5개국은 물론 UN을 비롯한 국제사회가 모두 북한의 핵실험 중단을 요구하고 핵실험 시 UN의 제재를 피할 수 없다는 경고가 있었다. 그럼에도 북한은 2006년 10월 9일

---

53) 월스트리트저널 WSJ, 2007.6.11

함경북도 풍계리에서 제1차 지하 핵실험으로 1KT 전후의 플루토늄 핵무기 실험을 단행했다.

UN은 2006년 10월 15일 대북제제 결의안 제1718호(부록#3 'UN안보리 결의 제1718호')를 채택했고, 미국은 2006년 12월 북경에서 미·북 6자회담 대표와 회담을 열어 '북한이 9·19 공동성명에서 합의한 합의사항 이행을 거부할 경우, 추가 제재를 발동하겠다'고 경고했다.[54] 이렇게 됨으로써 한반도에는 또다시 위기가 고조되었다.

한반도 비핵화를 목표로 하는 6자회담이 진행되고 또 9·19 공동성명으로 모든 핵을 포기하겠다고 공동성명으로 합의하고도 정반대의 핵실험을 하는 북한의 처사를 국제사회는 비난 경고를 하는 한편, 6자회담의 속개도 추진하고 있었다.

사. 2·13합의 (2007.2.13)

제5차 3단계 6자회담 회의가 베이징에서 2007년 2월 8일부터 2월 13일까지 개최되었다. 참가국들은 이 회담에서 9·19 공동성명의 이행을 위한 초기단계에서 각국이 취해야 할 조치들에 대해서 2월 13일 합의했다. 그래서 이 합의를 약칭으로 「2·13합의」라고 한다.

9·19 공동성명에서 공약한 내용(북한은 모든 핵무기와 현존하는 핵프로그램을 포기할 것과 조속한 시일 내에 NPT와 IAEA 안전조치에 복귀 그리고 북한에 대한 지원사항 등)은 단계적으로 이행하기로 했으므로, 여기에 맞추어 궁극적으로 북한의 핵 폐기를 위해 3단계로 이행하는 첫 단계의 조치사항을 이번 2·13합의에 포함하게 된 것이다.

2·13 합의내용을 요약하면,

---

54) 2006.12.12, 일본 교토통신 보도

- 1단계는 폐쇄단계(Shutdown)로 북한은 영변에 있는 핵시설들을 폐쇄, 봉인하고 IAEA 요원을 북한으로 복귀시켜 필요한 감시 및 검증활동을 수행케 한다.
- 2단계는 불능화단계(Disablement)로 북한이 그동안 추출한 플루토늄을 포함한 북한의 모든 핵프로그램에 대한 완전한 신고와 모든 현존 핵시설의 불능화 조치를 어떻게 할 것인가를 협의한다.
- 3단계는 핵폐기단계인데, 이 3단계에 대해서는 전혀 논의되지 않았다.
- 그리고 1단계 조치는 60일 이내에 완료하고 또 5개의 실무그룹(한반도 비핵화 그룹, 미·북관계 정상화 그룹, 일·북관계 정상화 그룹, 경제 및 에너지 협력 그룹, 동북아 평화.안보체제 그룹)을 30일 내에 구성하여 9·19 공동성명의 이행을 위한 구체적 계획을 수립한다.
- 북한에 대한 에너지 지원을 위해 1,2단계 조치 중 중유 100만 톤 상당을 지원한다. 단 5만 톤의 중유 지원은 60일 이내에 개시된다.
- 그리고 초기단계 조치가 이행되는 대로 6개국은 장관급회담을 개최한다는 내용들이다.

특히 미·북 관계 정상화 실무그룹에서는 북한을 미국의 테러지원국에서 제외시키는 문제, 대적성국교역법 적용을 중단하는 문제, 미국 내 북한 자산 동결을 해제하는 문제, 미국의 대북 금융거래 재개(BDA 금융제재 포함)의 논의 문제 등을 다루게 됨에 따라 북한은 이 실무그룹에 더 많은 관심을 보였다.

<표 4-6> 9·19 공동성명 이행을 위한 3단계 계획

2·13   4·13   ?

1단계:폐쇄단계	2단계:핵불능단계	3단계:핵폐기단계
-영변 핵시설 폐쇄, 봉인 - IAEA 요원 입북 (감시, 검증 위해)	-모든 핵프로그램 신고 -IAEA의 감시 검증 -현존 핵시설 불능화 조치	모든 핵프로그램 해체 및 폐기
←→ WG구성 (30일내) ←— 60일 —→ 폐쇄단계 조치 완료 중유 5만톤 제공 ←——— 100만톤 중유 지원 ———→		논의하지 않음

이번 2·13 합의문의 내용을 분석해 보면, 1단계 폐쇄단계 조치에는 영변 핵시설의 폐쇄조치에만 합의한 것이고, ① 기존의 핵무기와 핵물질(무기급 플루토늄)에 대한 언급이 전혀 없고, ② 고농축우라늄 시설(원심분리기)에 대한 언급 역시 없다는 것, ③ 2단계의 핵불능화 시기를 북한의 반대로 합의하지 못한 것은, 앞으로 2단계에서 합의를 이루는데 상당한 난관을 예고케 한다는 문제점으로 부각되었다.

1994년도 미·북 제네바핵합의의 협상에 참여했던 '조엘 위트(Joel Wit)' 전 국무부 북한담당관은 이번 2·13 조치의 합의사항을 보고 '북한의 핵무장 해제를 향해 빠른 속도로 나아가고 있는 것 같은 환상을 주지만, 다음단계(2,3단계)에서 무슨 일이 일어날 지는 아무런 보장이 없다'라고 평가했다. 이 평가는 과거 북한과 협상해 본 경험으로 볼 때 북한에 대한 진정성을 의심하는 불신감을 나타낸 평가라 할 수 있다.

아. 10·3합의 (2007.10.3)

「2·13합의(2007.2.13)」는 제5차 6자회담 3단계회의에서 9·19 공동성명의 1단계 폐쇄단계 조치를 합의한 것이고, 「10·3합의」는 제6차 6자회담 2단계회의(9.27~9.30)에서 9·19 공동성명의 2단계 핵불능화단계의 조치에 관한 합의로 10월 3일 발표한 것이다.

내용을 요약하면,

- 북한은 2·13 합의에 따라 포기하기로 되어있는 모든 현존하는 핵시설을 불능화하기로 합의하였다.
- 영변의 5MWe원자로, 재처리시설, 핵연료봉 제조시설의 불능화는 2007년 12월 31일까지 완료한다.
- 미국은 불능화를 위한 전문가그룹을 향후 2주 내에 북한을 방문케 한다.
- 북한은 2·13합의에 따라 모든 자국의 핵프로그램에 대해 완전하고 정확한 신고를 2007년 12월 31일까지 제공한다.
- 북한은 핵물질, 기술, 노하우를 이전하지 않는다는 공약을 재확인했다.
- 미국은 북한에 대한 테러지원국 지정에서 해제하기 위한 과정을 개시한다. 대적성국교역법 적용을 종료하기 위한 과정을 진전시켜 나간다는 공약을 북한의 조치들과 병렬적으로 완수한다.
- 2·13합의에 따라 중유 100만 톤 상당을 북한에 제공한다.
- 적절한 시기에 6자회담 외교장관회의를 북경에서 개최한다.

9·19 공동선언의 2단계 불능화 조치에 관한 합의인 10·3합의는 연내에 영변 3개 핵시설에 대한 불능화를 이행한다고 되어 있고, ① 불능화에 대한 구체적 방법이 명시되어 있지 않아, 돌이킬 수 없는 불능화가 될 수 있을 것인지 의문시 되고, ② 또 북한이 신고하게 되어 있는 모든 핵프로그램 신고 목록에 북한이 만든 핵무기의 수, 추출한 플루토늄의

양과 HEU 포함 여부가 누락되고 있어 핵심내용이 빠진 신고라고 평가되므로, 과연 장차 북한이 완전한 핵 폐기를 할 것인지, 아니면 지연전술을 쓰는 합의인지는 시간의 경과에 따라 확인될 것이다.

자. 2단계 불능화 조치 이행의 난관

2007년 2월, 2·13합의로 영변 핵기지 내의 각종 핵시설은 폐쇄되었고, 2007년 10월, 10·3합의에 따라 불능화 그룹이 북한을 방문, 2007년 12월 말까지 불능화 작업 이행을 협의하기 시작하고, 한편으로는 북한이 추출한 플루토늄을 포함한 모든 핵프로그램에 대한 신고를 2007년 12월 말까지 하도록 하는 것이 2단계(불능화 조치)의 핵심적인 사항이었다.

불능화 이행작업은 북한과 협의가 지연되어 불능화 조치가 늦어지긴 했으나 2008년 5월경에는 계획된 불능화 조치 11개 중 8개는 거의 완료단계에 접어들었다. 나머지 3개(① 폐연료봉 인출, 저장문제, ② 미사용 핵연료봉 처리문제, ③ 5MWe원자로의 제어봉과 구동장치 제거문제)는 아직 처리되지 못했고, 원자로의 냉각탑 폭파를 불능화 조치에 포함시키자는 미국의 요구에 북한은 거듭 거부하고 있는 상태였다.

그리고 2007년 말까지 신고하게 되어 있는 모든 핵프로그램에 대한 신고는 연말까지 이루어지지 못했고 시한을 넘기고 있었다. 특히 신고에 포함시켜야 할 ① 북한이 추출한 플루토늄의 양과 ② UEP문제 ③ 시리아에 핵관련 지원문제 ④ 냉각탑 폭파문제를 북한이 반대하고 시간을 끌자, 미국은 10·3합의에서 테러지원국 해제와 대적성국교역법 종료는 북한의 조치들과 병렬적으로 완수한다는 합의내용을 상기시키고, 2008년 3월 1일 북한이 완전하고 정확한 신고를 하기 전에는 북한이 요구하는 테러지원국 지정 해제와 대적성국교역법 적용 종료는 불가능하다고 통고하고 조속한 신고를 종용했다.

(1) 싱가포르회담 (2008.4.8)

미·북 간의 모든 핵프로그램 신고문제가 2단계의 불능화 조치에 걸림돌이 되자, 미·북 6자회담 수석대표(Hill과 김계관)가 2008년 4월 8일 싱가포르에서 만나 신고문제를 논의한 결과, 북한은 '과거 추출한 플루토늄의 양은 30㎏ 안팎이고 시리아에 핵 지원 문제는 앞으로 하지 않겠다. 그리고 UEP 문제는 개발하지 않고 있다'고 구두로 보고하는 선에서 미국이 양해하고, 또 '5㎿e원자로 냉각탑은 파괴하는 것'으로 북한이 양보하는, 잠정적 합의가 이루어졌다.

(2) 5㎿e원자로 냉각탑 폭파 (2008.6.26)

북한은 2008년 5월 3일 5㎿e원자로 냉각탑 파괴를 하겠다고 공식 발표했다. 6월 26일 모든 핵프로그램에 대한 60페이지 분량의 신고서를 6자회담 의장국인 중국에 제출하였고, 중국은 6자회담국에 회람을 시켰다. 여기에 맞추어 같은 날(6.26) 미국은 테러지원국 지정 해제를 미 의회에 통보(45일이 경과하면 자동 해제됨)하고 대적성국교역법 종료는 미 대통령 승인으로 종료되었다.

북한이 그토록 요구해왔던 두 가지 문제가 해결되자, 그 다음날(2008.6.27) 북한은 CNN을 비롯한 6자회담 참가국 방송사들을 영변으로 초청, 6자회담 대표들이 지켜보고 온 세계에 생중계되는 가운데, 냉각탑을 폭파하였다. 공개적인 냉각탑 폭파를 본 서방측은 북한의 불능화 조치가 성공적으로 진행되어 갈 것으로 기대했다.

2008년 7월 10일, 6자회담 수석대표회의가 열려, 북한이 신고한 모든 핵프로그램에 대한 검증을 어떻게 할 것인가에 대해 논의했으나 합의를 이끌어내지 못했다. 미국은 북한이 추출한 플루토늄의 양을 확인하기 위해서 검증을 할 때는 반드시 시료채취(sampling)를 해야만 된다고 주장했다. 그러나 북한은 시료채취를 하게 되면 북한의 핵기술이 모두 파악된다는 이유로 반대함으로써 검증문제가 새로운 문제로 대두되었다.

시료채취문제로 검증문제가 합의되지 못한 가운데 8월 11일(북한의 테러지원국 지정이 자동 해제되는 날)이 되었으나 미국은 검증문제가 해결되지 않아 테러지원국 지정 해제를 발표하지 않고 보류하고 있었다.

이렇게 되자 북한은 주한미군의 핵 보유 여부에 대해서도 함께 검증해야 된다고 역 제의를 해오면서 검증에 반대해왔다. 그리고 8월 26일 북한 외무성은 '미국이 우리(북한)를 테러지원국에서 해제하지 않으므로 핵불능화 조치를 중단하고, 영변의 핵시설 원상복구를 고려하고 있다'고 발표했다. 9월에 와서 북한 외무성은 북한의 핵시설을 원상복구 하고 있다고 미국에 통보해왔다.

(3) 미국, 테러지원국 지정 해제 (2008.10.11)

이에 미국측 6자회담 Hill 수석대표는 10월 1일, 북한으로 가서 김계관 북한측 수석대표와 만나, 테러지원국 지정 해제를 발표하기로 결정하고 검증문제를 계속 논의하기로 합의했다. 2008년 10월 11일 미국 국무부는 북한의 테러지원국 지정을 해제한다고 발표했다.(20년 9개월 만에 해제)

해제조치 이후 2008년 12월 4일부터 두 차례 6자회담 수석대표회담을 열어, 북한의 모든 핵프로그램에 대한 검증문제를 계속 논의했으나 북한의 거부로 검증의정서 채택에 실패함으로써 더 이상 불능화작업은 이행되지 못하고 신고한 핵프로그램 검증문제는 한걸음도 진척하지 못한 채 2008년도를 넘기게 되었다.

차. 6자회담의 종언

이후 6자회담은 열리지 않았고, 2009년 1월 13일 북한 외무성 대변인은 '100년이 가도 우리가 핵무기를 먼저 내놓는 일은 없을 것이다'라고 발표함으로써, 북한의 핵무기를 포기시키고 한반도를 비핵화하겠다는 6자회담의 전망은 흐려져 갔다.

2009년 4월 14일 북한 외무성은 '우리가 참가하는 6자회담은 더는 필요 없게 되었다. 절대 참가하지 않겠다. 어떤 합의에도 구속되지 않겠다'고 발표했다. 이는 사실상 6자회담 중단 선언이었다.

북한이 농축우라늄 핵무기를 개발하는 계획(UEP)을 진척시키고 있다는 문제로 2003년 8월 27일부터 시작된 6자회담은 2008년 12월 제6차 6자회담 3차 수석대표회의를 마지막으로 5년 4개월만에 중단되었다.

4. 6자회담의 평가

2003년 8월 27일(제1차 6자회담)부터 시작된 6자회담은 2008년 12월 제6차 6자회담 3차 수석대표회의를 마지막으로 5년 4개월간이라는 긴 기간 지속되었으나 결국 아무런 성과(북한 핵 포기, 한반도 비핵화) 없이 끝나버렸다.

지금까지 6자회담의 진행사항을 살펴본 바와 같이 한반도를 비핵화하자는 목표로 시작된 6자회담이 진행되고 있는 동안, 이 목표를 무색케 하는 도발적인 행동을 북한은 서슴지 않고 자행(SF의 재처리 실시, 핵보유선언, 핵실험 등)하는가 하면, 또 한편으로는 한반도 비핵화를 하겠다고 9 · 19 공동선언(2005.9 · 19)를 하고, 이의 이행을 위한 2 · 13합의 (2007.2.13) 그리고 10 · 3합의(2007.10.3)로 북한의 핵시설 불능화 조치가 일부 진행되고, 5MWe원자로 냉각탑을 공개리에 폭파(2008.6.27)시키는 등, 북한은 한반도 비핵화에 기대를 걸게끔 행동했다. 그리고는 또다시 6자회담에서 합의된 사항을 헌신짝같이 버리고 '우리는 핵을 절대 포기하지 않겠다(2009.1.13)', '6자회담에 절대 참가하지 않겠다(2009.4.14)'고 선언함으로써 6자회담은 종말을 고했다.

6자회담이 계속된 5년 4개월 동안 북한은 한반도 비핵화의 목표와는 정반대 방향으로 무기급 플루토늄 생산을 증가시켰고, 또 우라늄 농축계획을 비밀리에 진행시켜 핵보유국의 길로 가고 있음을 알 수 있었다.

6자회담에서 북한은 북한의 입장에 따라 합의했다가 또 합의를 깨고, 또다시 회담하고 또 합의를 거부하는 악순환을 거듭해 온 사실이 드러났다.

이렇게 북한은 6자회담을 이용하여 시간을 벌어, 외적으로는 플루토늄 생산 핵시설들을 폐기하겠다고 합의하고 한반도 비핵화의 길로 가는 척하면서, 내적으로는 비밀리에 우라늄 농축계획(UEP)을 발전시키는 기만적 행위로, 2008년 말 6자회담이 중단될 무렵에는 연간 HEU 20kg을 생산해 낼 수 있는 단계에까지 이르고 있었다.(2010년부터는 연간 50kg의 HEU 생산)

이렇게 미국과 우리, 서방측은 한반도 비핵화에 얻은 것은 하나도 없고, 그 사이(6자회담 기간) 북한은 계획적으로 시간을 벌어 무기급 플루토늄 13kg[55](핵무기 3발 만들 분량)을 추가적으로 획득했고, 또 6자회담

---

55) Pu: 1994년도에 42kg 보유한 상태에서 그대로 유지하다가, 2005년도에 추가 재처리로 13kg을 획득했다.

기간 비밀리에 무기급 우라늄 45kg[56](우라늄 핵무기 2발 만들 분량)을 추가적으로 획득했다. 전체적으로 6자회담 기간 중 북한에 핵무기 5발 (Pu탄 3발 + U탄 2발)을 더 만들게 한, 실패한 회담이라고 평가 절하하는 전문가들도 있다.

 한국 역시 이 기간(6자회담)에 2000년과 2007년 1,2차 남북 정상회담 (김대중-김정일, 노무현-김정일)을 실시하면서 북한에 27억 5,500만$[57] 상당의 현금과 물자를 지원했으나 얻은 것은 아무 것도 없고, 핵보유선언과 핵실험 그리고 미사일 발사의 위협뿐이었다.
 과연 이런 6자회담을 앞으로도 실시할 것인가에 대해 부정적인 견해를 제시하는 전문가들도 다수다.
 만일 6자회담이 재개된다면, 지난번처럼 북한에게 핵무기를 추가로 보유할 시간을 허용하거나 합의사항을 이행하지 않아도 아무런 제재 없이 끌려 다니는 목적 없는 회담이 되어서는 안 된다는 것이 우리가 얻은 교훈이다.

---

56) HEU: 2004년도에 원심분리기 500대로 연간 5kg,
      2005년도부터는 원심분리기 1,000대 설치로 연간 10kg씩 획득
      2008년 말까지 4년간 40kg의 HEU를 획득했다.
      2004년부터 2008년까지 총 45kg(5kg+40kg)의 HEU 획득.
57) 조선일보, 2010.10.5

제4절 북한의 핵실험

북한은 2005년 2월 10일 핵보유선언을 하고, 그 다음 해인 2006년 10월 9일 최초의 핵실험을 했다. 2009년 5월 25일 두 번째 핵실험을 했고, 2013년 2월 12일 세 번째 핵실험을 했다. 금년(2014)도에 와서 4월 말까지 네 번째 핵실험 준비를 완료하고 있으나 국제사회의 압박으로 지금(2014.11월 현재)까지는 중단, 관망하는 상태에 있는 듯하다.

지금까지 3차례의 북한 핵실험의 패턴을 보면, 국제사회와의 어떤 협약이나 합의에 구애됨이 없이 핵실험을 했고, 특히 북한의 요구 조건을 관철하기 위한 협상, 압박, 위협수단 등으로 핵실험을 활용해오고 있다.

1. 제1차 핵실험 (2006.10.9)

제1차 핵실험은 미국을 위시한 국제사회의 강력한 경고에도 불구하고 함경북도 길주군 풍계리에서 지하 핵실험으로 실시되었다.

가. 제1차 핵실험과 핵실험 평가

북한의 제1차 핵실험은 6자회담이 진행되고 있던 와중에 실시되었다. 즉 제5차 1단계 6자회담이 2005년 11월 9일부터 시작되었는데, 이때 김계관 북한대표는 미국의 BDA 은행거래 중단 조치를 해제하라고 요구했다. 이 문제는 6자회담과는 아무런 관련이 없는 문제였으므로 의제로 논의되지 못했고 이로 인해 6자회담도 열리지 못하고 있었다. 이후 BDA 문제가 해결되지 못한 상태에서 북한은 2006년 7월 5일 대포동2호 미사일의 시험발사를 했고, 7월 15일 UN안보리는 북한의 미사일 발사를 규탄하고 북한에 대해 미사일 및 WMD 무기관련 물자와 재정적 지원을 금지하는 등의 「UN안보리 결의 제1695호」를 만장일치로 채택했다.

이렇게 미국과 UN이 북한을 제재하겠다고 나서자 북한은 여기에 반발하면서 2006년 8월부터 핵실험을 준비하는 '벼랑끝전술'을 시도하고 나섰다.

2006년 8월 18일 미국의 ABC방송이 '북한은 함북 길주군 풍계리에서 지하 핵실험을 준비하고 있는 것으로 미 첩보위성이 탐지했다'고 보도했고, 미 백악관은 8월 19일 '북한의 핵실험은 국제사회로부터 세계적 비난을 받을 극도의 도발적 행위가 될 것'이라고 강력히 경고했다.

그럼에도 9월 10일 김정일은 평양 주재 외교관들에게 '미국의 대북정책 변화를 끌어내기 위해 핵무기 추가 개발을 포함한 가능한 모든 수단을 사용할 것'이라고 핵실험에 대한 강한 의지를 분명히 했다고 영국의 텔레그래프紙가 전했다.[58] 그리고 10월 3일 북한 외무성 대변인 성명으로 '과학연구 부문에서 앞으로 안정성이 철저히 담보된 핵실험을 하게 될 것'이라고 핵실험을 예고했다. 10월 7일 미 국방차관은 "내일(10월 8일) 아니면 모레(10월 9일) 북한은 핵실험 할 가능성이 있다"고 핵실험이 임박했음을 전했다.[59]

미국을 비롯한 국제사회가 특히 중국, 러시아, 영국, 프랑스까지도 핵

---

58) 조선일보, 2006.9.11, 영국 데일리 텔레그래프가 9월 10일 평양발로 보도
59) 「*YTN*」 News, 2006.10.7

실험 자제를 촉구했으나 북한은 2006년 10월 9일 10시35분경 함경북도 길주군 풍계리에서 지하 핵실험을 감행했다.

핵실험 후 북한 「조선중앙통신」은 '우리 과학연구 부문에서는 10월 9일 지하 핵실험을 안전하게 성공적으로 진행했다. 과학적 타산과 면밀한 계산에 의해 진행된 이번 핵실험은 방사능 누출과 같은 위험이 전혀 없다는 것이 확인되었다'고 성공적인 지하 핵실험을 했다고 발표했다.

한국 지질자원연구원은 '10월 9일 10시35분33초에 진도규모 3.58~3.7의 진동파를 감지했다'고 발표했다. 미국은 진도규모 4.2, 일본은 4.2~4.9로 발표했는데, 한국보다는 약간 높은 진도규모이나, 통상 1KT 핵실험 시 진도규모 4.0이라는 점에서 보면 이번 북한의 핵실험의 위력은 1KT 내외의 소위력 핵실험으로 판단되고 있다.

<표 4-7> 북한 제1차 핵실험의 진도 규모

국가	진도규모	위력
한국	3.58~3.7	0.4~0.8 KT
미국	4.2	·
일본	4.2~4.9	·
러시아	4.0	5~15 KT
CTBTO[60]	4.0~4.2	·

※ 진도 규모로 정확한 핵무기의 위력 계산은 불가능하다.

당시 핵실험 결과 발표된 핵 위력이 최초의 핵실험으로는 너무나 적은 편이어서 핵실험의 실패가 아닌가 하는 판단도 있고, 또 이번 핵실험에 사용된 핵물질(Pu 또는 U)이 무엇인지에 대해서도 관심이 쏠리고 있다.

그래서 먼저 핵실험에 사용한 핵물질이 무엇인지를 먼저 확인해 본

---

60) Comprehensive Test Ban Treaty Organization (포괄 핵실험 금지 조약 기구)의 약자.

후, 제1차 핵실험의 성공 여부를 분석해 보고자 한다.

(1) 사용된 핵물질은? (Pu / U)

핵폭발은 핵분열물질(Pu이나 U)이 핵분열 시 다종의 새로운 핵분열 생성물질이 생겨난다. 이들 생성물질 중 가벼운 기체물질은 대기로 유출된다. 특히 제논(Xe)과 크립톤(Kr) 원소는 대기 중에는 거의 없는 가벼운 원소로 지하 핵실험 시에도 미세한 틈새로 빠져나와 대기 중으로 확산된다. 또 이들 원소는 다른 물질과 반응을 잘하지 않기 때문에 대기 중에 그대로 부유하게 된다. 이들 원소들을 채집하면 핵실험 여부를 확인하는 증거자료가 되고 또 제논과 크립톤의 비율을 보면 핵실험한 핵원료가 플루토늄인지 우라늄인지를 구별할 수가 있다. 일반적으로 제논이 크립톤보다 비율이 많으면 우라늄 핵무기이고, 크립톤의 비율이 많으면 플루토늄 핵무기로 판단한다.

핵실험 후 한국, 미국, 일본 그리고 영국까지 동원되어 대기에 유출된 제논과 크립톤 원소 채집에 나섰다. 미국은 대기 중에 방사능 물질을 전문적으로 수집 분석하는 특수항공기 WC-135W(Constant Phoenix 콘스턴트 피닉스)기를 동해상으로 비행시켜 채집 분석한 결과, 10월 16일 미 국가정보국장은 '이번 핵실험 강도는 1KT 미만이며 사용한 핵물질은 Pu'이라고 공식 확인 발표했고,[61] 한국은 10월 26일 제논(Xe)을 관측했다고 발표했다. 이로써 이번 북한의 핵실험에 사용한 핵물질은 플루토늄인 것이 확인되었다.

(2) 1차 핵실험의 성공 여부 판단

이번 북한의 1차 핵실험은 1KT 내외의 위력이라는 평가가 바른 판단이라면 일반적인 최초의 핵실험으로는 실패라는 평가가 있다. 이는 최초의 핵실험은 통상 10~30KT 위력을 실험하는데 비하면 그렇다는 것이다.

---

61) 뉴욕타임즈, 2006.10.17

그러나 핵실험 결과는 핵실험의 목적에 따라 성공 또는 실패를 판가름 할 수 있다.

㉮ 핵장치(Nuclear Explosive Device) 실험인가?

㉯ 핵무기(Nuclear Weapon) 실험인가?

㉰ 핵탄두(Nuclear Warhead) 실험인가에 따라,

다른 평가가 나올 수 있다.

첫째, 핵장치 실험은 크기와 중량, 위력 등은 고려하지 않고, 다만 핵폭발이 제대로 일어나는가의 실험인데, 이번 핵실험이 핵장치 실험이 목적이었다면 핵 위력과는 관계없이 핵폭발이 일어났으므로 성공이라 할 수 있다.

두 번째, 핵무기 실험은 최소한 항공기에는 실을 수 있는 정도 이하의 중량과 크기를 고려하고 핵무기로서의 위력을 나타내려면 통상 10~30KT 설계로 핵실험을 하는데(미국의 최초 핵실험은 약 18.6KT였다) 여기에 비하면 나타난 1KT 내외의 소위력은 핵무기 실험으로는 실패였다고 할 수 있다.

그러나 북한이 핵실험 20분 전에 중국에 4KT 위력의 핵실험을 행한다고 통보했다고 했다.[62] 이것이 사실이라면 북한의 핵실험 설계 자체가 4KT 위력을 달성하려고 했으므로 핵폭발 시 위력을 4KT로 조종하는 위력제어(威力制御 Yield Control) 기술을 사용하는 과정에서 제어하는데 약간의 착오가 생기면 위력이 계획보다 낮게 나온다. 1KT 정도가 나왔다 해서 이상할 것은 없다고 지적하는 과학자도 있다.[63]

그리고 미국의 헤커 박사는 북한의 1차 핵실험을 평가하길 '북한이 중국에 4KT 핵실험을 하겠다고 통보한 것은 사실로 확인되었고, 실험결과

---

62) Naver News, 2006.10.11

63) 田岡俊次, 「北朝鮮・中國ハドレダヶ恐イカ」, 東京:朝日新聞社, 2007.4, p.65

위력은 약 1KT로 추정되고, 핵실험은 부분적 성공이라 해도 얕봐서는
안 된다'고 했다.[64]

세 번째, 핵탄두 실험으로 미사일 탄두에 탑재할 수 있는 소형화 실험
도 가정할 수 있으나 최초 핵실험에서부터 소형 소위력 핵무기를 실험
한 나라는 없었다. 또 핵탄두에 탑재할 만큼의 소형, 경량, 소위력 무기
제작은 기술적으로 어렵고, 특히 최초의 핵실험으로 핵폭발의 확실성을
확보하면서 핵탄두 실험 목적으로는 핵 위력이 10KT 이상으로 커질 수
밖에 없으므로, 이번 실험은 핵탄두 소형화 실험에는 접근하지 못한 것
으로 판단된다.

결론적으로 이번 핵실험은 핵무기 실험 목적으로 감행되었으나 계획
된 설계 때문에 핵 위력이 제대로 발휘되지 못한, 절반 성공의 핵실험이
라 할 수 있다. 그러나 북한은 이번 핵실험의 성공, 실패를 떠나서 세계
를 놀라게 한 것만은 확실하고 2005년도에 핵 보유를 선언한 것 역시
허풍이 아니라는 사실을 국제사회에 인식시키는 데는 성공했다고 할 수
있다.

그리고 북한 내부적으로는 북한 주민에게 '우리도 핵을 가졌다'는 '강
성대국'의 자부심을 고취시키고 김정일의 위상을 제고시키는 국내 정치
적 목적 달성에는 도움이 된 핵실험이라 할 수 있다.

나. 핵실험에 대한 미국과 UN의 대북 압박

북한의 핵실험이 확인되자 같은 날(10월 9일) 미국 부시 대통령은 대
북성명을 발표했다. 그 요지는 '북한은 국제사회의 의지를 무시했으며,
여기에 대해 국제사회는 대응할 것이다. 북한은 세계의 미사일기술 확산

---

64) 田岡俊次, 위의 책, p.66

국 가운데 하나다. 북한이 핵무기나 핵물질을 국가나 비국가에 이전하는 것은 미국에 대한 심각한 위협이며 이러한 행위의 결과에 대해 북한이 전적으로 책임져야 한다' 그리고 '미국은 북한의 위협에 직면한 국가를 보호할 것이며, 동맹국의 방위에 모든 노력을 경주할 것이다'라고, 미국 맹방들에 대한 미국의 안보공약을 재확인했다.

미국의 경고에 대해 북한은 외무성 대변인 담화로 10월 11일 '만일 미국이 우리를 계속 못살게 굴면서 압력을 가중시킨다면 이를 선전포고로 간주하고, 연이은 물리적인 대응조치들을 취해 나갈 것이며, 우리는 대화에도 대결에도 다 같이 준비되어 있다'고 했다.

핵실험 5일 후인 10월 14일 UN안보리는 「UN안보리 결의 제1718호」를 만장일치로 채택했다. 결의문의 요지는 '10월 9일 북한의 핵실험에 대해 강력히 규탄하고 WMD 관련 물자, 장비, 기술, 자산의 거래와 이전을 방지하고, 관련 북한 인사의 입국과 경유를 금지하며, 기존의 WMD 및 탄도미사일을 완전 폐기하도록 결정하고, 이 결의안의 이행 여부를 감시하는 상설기구 「제재위원회」를 설치하도록 했다.(부록#3 'UN안보리 결의 제1718호' 참조)

이 UN결의에 대해 북한은 10월 17일 외무성 대변인 성명으로 '누구든지 UN안보리 결의를 내걸고 우리의 자주권과 생존권을 털끝만큼이라도 침해하려 든다면 가차 없이 무자비한 타격을 가할 것이다. 그리고 UN안보리 결의는 우리 공화국에 대한 선전포고다'라고 UN결의에 대한 반발 성명을 발표했다.

그리고 10월 18일 미 부시 대통령은 '북한이 핵무기를 이란이나 테러

조직인 '알 카에다'에 팔려한다면 미국은 이를 중단시킬 것이며, 북한은 그 여파로 매우 중대한 결과에 직면하게 될 것이다. 북한이 핵무기를 이전하려는 움직임이 있다는 정보가 입수되면 우리는 반드시 이전을 막을 것이다'65)라고 북한에 핵 이전을 강력히 경고하는 메시지를 보내고 있다. 미국은 핵실험 전에는 북한의 핵 폐기에 중점을 두었다면, 핵실험 후에는 핵이나 핵기술 이전에 더 많은 관심을 두는 듯하다.

이렇게 미국을 위시한 국제사회와 북한 간 강경 기류가 팽팽히 맞서고 있었으나 2006년 12월 북경에서 미·북 6자회담 대표자회담이 열렸고, 여기에서 미국은 '북한이 9·19 공동성명(2005.9·19) 합의 사항에 대한 이행을 거부할 경우, 추가제재를 발동하겠다'고 또 한 번 대북 경고를 했다.

이렇게 해서 북한의 핵실험에 대한 미국과 국제사회의 단호했던 경고는 다시 6자회담에서 해결하려는 방향으로 기울고 있었다.

2. 제2차 핵실험 (2009.5.25)

북한의 제1차 핵실험(2006.10.9) 후 중단되었던 6자회담은 다시 재개되어 북한 핵시설 불능화단계가 순탄하게 진행되어 갔었는데, 2008년 중반 이후 핵프로그램 검증문제에 북한이 반대함으로써 6자회담은 다시 중단되었다.

2009년 4월 5일 북한은 장거리미사일(은하2호)을 발사하고 50일 후인 2009년 5월 25일 제2차 핵실험을 실시했다.

---

65) 한국일보, 2006.10.20

가. 제2차 핵실험의 배경과 은하2호 발사

북한이 제1차 핵실험 후, 이어서 추가적인 핵실험을 하지 않을지 국제 사회는 우려하고 있었다.

핵실험 10일 후, 미국의 CNN 보도(2006.10.18)는 '북한이 추가 핵실 험을 세 차례 실시할 준비가 되어있다는 뜻을 중국에 통보했으며, 미국 의 정찰위성들에 의해 북한 내 세 곳에서 핵실험 징후가 탐지되었다'고 했다. 또 북한외교부 이근 미주국장은 "2차 핵실험은 자연스러운 것 아 니냐?"고 미국 ABC방송과 인터뷰에서 언급하여, 북한의 제2차 핵실험 이 곧 있을 것으로 전망되자, 미국은 다각도로 북한 핵실험을 경고하는 성명들을 발표했다.

중국은 '탕자쉬안(唐家璇 Tang Jiaxuan)' 국무위원을 북한으로 보내 2006년 10월 19일 오전 김정일과 면담케 하여 '추가적인 핵실험을 하지 말라'는 후진타오(胡錦濤 Hu Jintao) 중국 주석의 구두 메시지를 전달했 다. 이때 김정일은 "미국이 우리를 못 살게 굴지 않으면 추가적인 핵실 험은 자제할 수 있다. 그리고 6자회담에서 금융제재 문제를 논의할 수 있으면 6자회담에도 나가겠다"고 했다.

탕자쉬안 국무위원이 돌아온 후 중국 외교부대변인이 이 내용을 발표 (2006.10.24)[66]함으로써 북한의 추가적인 핵실험은 수면 아래로 가라앉 고, 2007년 2월 6자회담 제5차 3단계회의가 속개되어 BDA은행에 동결 된 북한자금문제를 6자회담의 실무그룹에서 다루기로 하고, 이어서 소위 '2·13합의'를 이루었다. 그리고 6자회담 제6차 1단계회담에서 BDA 자 금문제는 일단 해결되었다.

---

66) 조선일보, 2006.10.25

6자회담 제6차 2단계회담(2007.9.3~30)에서는 소위 '10·3합의'가 이루어져 2007년 12월 말까지는 북한의 핵시설들을 불능화하고 또 북한의 핵프로그램에 대한 정확한 신고를 하도록 합의했다. 그리고 북한이 신고한 핵프로그램 검증문제는 그 이후 두 차례의 6자회담 수석대표회의가 열렸으나 북한의 거부로 한 발자국도 나가지 못함으로써 북한의 핵프로그램에 대한 검증문제는 불가능하게 보였다.

이렇게 6자회담의 전망이 지극히 불투명해지는 와중에, '2009년 4월 5일 11시 20분에 「광명성2호」인공위성을 탑재한 「은하2호 로켓」이 발사되어 발사 9분 02초 만에 광명성2호를 지구궤도 상에 진입시켰다'고 북한 중앙통신이 발표했다.

그러나 북한의 발표와는 달리 3단의 추진로켓 중 3단이 분리되지 못함으로써 인공위성(3단에 탑재된)을 지구궤도에 진입시키는 데는 실패하였으나, 2단로켓 탄체가 태평양 상에 떨어진 지점은 발사장소로부터 3,846km에 이르렀고, 만일 3단로켓만 분리 추진되었다면 이 로켓(은하2호)은 6,000km 이상 비행할 수 있을 것이라는 미사일 전문가들은 추정했다.

이렇게 되자 4월 23일 UN안보리는 북한의 제1차 핵실험 후 북한의 핵실험을 규탄하고 추가적 핵실험과 미사일 발사를 금지하고 각종 대북한 제재조치를 명시한 「UN안보리 결의 제1718호」에 반하는 행위라고 맹비난하는 결의를 안보리 의장성명으로 재확인했다.[67]

이 UN의장성명 결의에 북한 외무성은 4월 29일 'UN안보리가 대북제재를 철회하고 사죄하지 않으면 2차 핵실험과 대륙간탄도미사일 발사시험을 할 것'이라고 핵실험과 미사일 시험발사를 하겠다고 오히려 위협

---

67) 중앙일보, 2009.4.30

했다.

나. 제2차 핵실험과 UN의 강력한 제재 발표 (제1874호)

2009년 4월 5일 은하2호 로켓 발사 이후 관계당국에 의하면 북한이 제1차 핵실험한 같은 장소에서 차량과 인원이 활발히 움직이고 있는 등, 핵실험 준비로 판단되는 징후들이 탐지되고 있다는 보도가 있었다.

그리고 5월 8일 북한 외무성 대변인은 '이미 밝힌 대로 우리는 핵억제력을 강화해 나갈 것'이라고 했다.

2009년 5월 25일 함경북도 길주군 풍계리 인근에서 북한이 지하 핵실험한 지진파를 09시 54분 43초에 한국 기상청 국가지진센터에서 관측함으로써 제2차 핵실험이 실시되었음이 확인되었다.

이때 관측된 리히터 규모 진도는 4.4로, 1차 핵실험 때 진도규모 3.6보다 0.8이나 더 증가되었다. 미국 지질연구소 등 외국의 관측 규모도 모두 증가를 보이고 있어, 제2차 핵실험의 위력은 제1차 때보다는 훨씬 커진 것으로 판단되었다.

<표 4-8> 북한 제1,2차 핵실험의 규모

핵실험	진도 확인국	진도규모	증감	위력(추정)
1차	한국지질연구소	3.6	·	0.8KT
2차	한국지질연구소	4.4	+0.8	3~5KT
	미국지질연구소	4.7	+0.4	·
	일본	5.3	+0.4~1.1	·
	러시아	·	·	10~20KT
	CTBTO	4.52	+0.42	낮은 한자리 수

제2차 핵실험의 위력 판단은 각국이 상이하나 일반적으로 4~5KT가 적정한 평가라고 보고 있다. 참고로 과거 구 소련이 자국에서 약 100회에 이르는 핵실험 데이터를 발표한 바에 의하면 진도규모가 4일 때 1KT 위력, 진도규모가 5일 때 32KT 위력이라 했다. 이 데이터를 적용하면 이번 한국지질연구소의 진도규모 4.4는 12.8KT, 미국지질연구소의 진도규모 4.7은 22.4KT에 이른다. 이를 이용하여 한국 국방부는 5월 25일 국회 국방위에서 최대 20KT가 될 것이라고 답변한 바 있다.

제2차 핵실험 후(5.25) 북한 조선중앙TV는, '우리의 과학자와 기술자의 요구에 따라 자위적 핵억제력을 강화하기 위해 2009년 5월 25일 또한 차례 지하 핵실험을 성과적으로 진행되었다… 이번 핵실험은 폭발력과 조종기술에 있어서 새로운 높은 단계에서 안전하게 진행되었으며 시험결과 핵무기의 위력을 더욱 높이고, 핵기술을 끊임없이 발전시켜 나갈 수 있는 과학기술 문제들을 원만히 해결하게 되었다… 이번 핵실험의 성공은 우리 군대와 인민을 크게 고무하고 있다'라고 성공적인 핵실험이었다고 자화자찬하고 있다.

북한의 제2차 핵실험에 대해 2009년 6월 12일 UN안보리 이사국 15개국은 「UN안보리 결의 제1874호」를 만장일치로 가결 채택했다. 제1874호의 결의 내용은 북한의 제1차 핵실험 후 나온 UN안보리 결의 1718호보다는 월등히 강경한 내용을 포함하고 있다.(부록#4 'UN안보리 결의 1874호' 참조)

주요 내용을 요약하면,

- 북한의 핵실험을 강력히 규탄함과 동시에 추가적인 핵실험과 탄도미사일 기술을 이용한 발사를 금지한다.
- 북한의 모든 무기 수출을 금지한다(소총류라도 UN에 사전 신고해야 한다)는 무기금수조치,

- WMD, 미사일 관련 금융거래를 금지하는 금융제재조치,
- 북한을 왕래하는 의심되는 선박은 공해 상에서도 검색 가능하고 불능 시 인근 항구로 유도 검색하는 선박검색제재조치,
- 그리고 7인의 전문가 패널을 구성하여 이 제재조치의 이행여부를 감시 하기로 했다.

UN안보리 결의 1874호의 대북제재 결의가 발표되자, 북한 외무성은 다음날(2009.6.13) 반발성명을 발표했다. 이 성명의 전문에는 '우리의 핵 보유는 미국의 적대시 정책과 핵위협으로 인한 불가피한 길이었다. 핵 포기란 절대로 철두철미 있을 수 없고 우리의 핵무기를 누가 인정하는 가마는가 하는 것은 우리에게 상관이 없다'라고 언급하고, 본문에는, ① 새로 추출되는 플루토늄 전량을 무기화한다. (당시 폐연료봉은 ⅓ 이상 이 재처리되고 있었다) ②우라늄 농축작업에 착수한다. 자체 경수로 건 설이 결정된 데, 핵연료 보장을 위한 우라늄 농축기술 개발이 성공적으 로 진행되어 시험단계에 들어섰다. ③봉쇄를 시도하는 경우, 우리는 전 쟁 행위로 간주, 단호히 군사적으로 대응한다.

북한의 반발에 대해 미 국무장관은 '북한의 계속되고 있는 도발은 매 우 유감스럽고 북한의 고립은 주민들에게도 이익이 되지 않을 것이다. UN안보리 결의는 북한의 도발에 대해 국제사회가 던지는 메시지로 강 력히 집행하겠다. 그리고 선박검색 조치로 북한의 대량살상무기 확산을 막는데 총력을 기울이겠다'고 밝혔다.

다. 제2차 핵실험 분석 및 평가

⒜ 제1차 핵실험 때보다는 진도규모가 크고, 따라서 핵폭발력(위력)도 커 진 것은 분명하다. 이는 장차 대위력의 핵무기 제조도 가능하다는 평가

다.

⒝ 제1차 때의 핵실험에서의 문제점들을 많이 보완했을 것이므로 핵기술 면에서 많은 발전이 있었다고 추정할 수 있다.

⒞ 미국과 UN안보리의 압박과 중국의 만류에도 불구하고 핵실험을 강행한 것은 핵보유국의 지위를 확보하여 미국과의 유리한 협상을 유도, 북한의 당면한 문제를 해결하는 수단으로 이용하려 할 것이다.

⒟ 진일보된 핵실험으로 김정일의 선군정치를 확고히 하고, 군대와 인민을 고무시켜 김정일체제를 확고히 하고자 한 의도가 있었을 것이다.

⒠ 다만, UN안보리의 제재와 미국의 강력한 압박성 성명이 거듭되었음에도 북한의 핵실험이나 미사일시험을 저지하지 못한데 대한 새로운 대책이 요구되고 있다.

3. 제3차 핵실험

제2차 핵실험(2009년 5월)으로 힘을 얻은 김정일은 그 이듬해에 '천안함 폭침사건(2010.3.26)'과 '연평도 포격사건(2010.11.23)'을 일으켜 한반도에 긴장을 한층 높여 가더니, 2011년부터는 태도를 바꾸어 미·북 고위급회담을 두 차례나 실시했다. 2011년 12월 김정일은 사망했고 정권을 승계한 김정은은 2012년 2월 제3차 미·북 고위급회담을 속개하여 소위 「2·29합의」에 도달함으로써 6자회담 재개 가능성을 보였다.

그러나 2·29합의 불과 16일 만에 합의를 파탄내고 김정은은 '은하3호' 미사일을 두 차례(4월과 12월)나 발사했고 이어서 2013년 2월 12일 제3차 핵실험을 단행했다.

제3차 핵실험은 1.2차 핵실험 때와 똑같이 먼저 미사일시험을 하고 다음에 핵실험을 하는 패턴을 그대로 답습하고 있다.

가. 제3차 핵실험의 배경

제2차 핵실험(2009.5.25) 후 미국과 서방측이 북한의 연이은 핵실험 가능성을 경계하고 경고를 거듭 발표하고 있을 때, 2009년 8월 26일 김정일은 '미국이 대화에 응하지 않고 제재를 강화할 경우 더 강력한 3차 핵실험을 감행할 결사의 각오를 가져야 한다'고 제3차 핵실험을 예고했다.

그러자 2009년 9월 24일 UN안보리는 '핵무기 없는 세계'를 건설하기 위해 국제적 평화와 안전을 위협하는 대량살상무기와 투발수단의 확산을 막자는 「UN안보리 결의 제1887호」를 채택했다.

일주일 후인 9월 30일 북한 외무성은 UN안보리 결의 1887호를 반박하는 성명을 발표했다. '우리는 핵 포기를 꿈에도 생각할 수 없고 미국의 대 조선 고립 압살 책동에 악용되는 NPT에는 절대로 들어가지 않겠다'고 했다.[68]

이렇게 UN과 북한이 핵문제를 놓고 티격태격하자 중국 후진타오 주석은 '다이빙궈(戴秉国 Dai Bingguo)' 외교담당 국무위원을 주석 특사로 2009년 9월 16일 북한으로 보냈고, 또 '원자바오(溫家寶 Wen Jiabao)' 총리를 10월 14일 북한으로 보내 김정일에게 핵실험 중지와 6자회담 속개를 설득한 바, 김정일은 '선(先) 미·북 대화를 조건으로 6자회담을 수용하겠다'[69]는 뜻을 밝힘으로써 이때부터 6자회담 재개를 위한 미·북 회담이 논의되기 시작했다.

그런데 북한은 2010년 3월 26일 천안함 폭침사건과 11월 23일 연평도 포격사건을 자행함으로써 한반도는 어느 때보다도 긴장이 고조되었고, 이로 인해 미·북 회담 논의도 중단되었다. 그리고 2011년 7월 28

---

68) 2009.9.24 UN 안보국, 통일뉴스, 2009.10.1
69) 조선일보, 2009.10.7

일과 10월 24일, 6자회담을 위한 1,2차 미·북 고위급회담이 뉴욕과 제네바에서 열렸다. 이후 12월 17일 김정일이 사망하고 김정은이 그 뒤를 승계(2011.12.30)한 후, 2012년 2월 23일 제3차 미·북 회담이 속개되어 미국은 북한에 24만 톤의 영양식품(식량)을 제공하고 북한은 우라늄 농축 핵개발계획과 미사일시험을 유예하며 IAEA 사찰단의 감시에 동의한다는, 소위 '2·29합의사항'[70]을 도출, 6자회담의 재개가 가시화되는 듯했다.

그런데 2·29합의로부터 불과 2주 후인 2012년 3월 16일 북한은 '광명성3호 인공위성을, 4월 12일로부터 4월 16일 사이에 발사하겠다'고 발표함에 따라 2·29합의사항은 물론 UN안보리 결의 제1718호와 제1874호를 위반하는 심각한 북한의 도발적 행위라고 국제사회는 맹비난하고 나섰다.

2012년 4월 13일 북한은 광명성3호 인공위성을 탑재한 은하3호 탄도미사일을 계획대로 발사하였으나 실패했고, UN안보리는 2012년 4월 16일 의장성명 발표로 4월 13일 미사일 발사에 대해 북한을 강력히 규탄하고 어떠한 추가적인 미사일 발사도 중단할 것을 요구했다.

그럼에도 2012년 12월 12일 북한은 또다시 개량된 은하3호 탄도미사일(2차)을 발사하여 광명성3호 2호기 인공위성을 지구궤도에 진입시키는데 성공했다.

이에 UN안보리는 2013년 1월 22일 북한의 재차 미사일 발사를 강력 규탄하고 탄도미사일 기술을 이용한 추가 발사를 중단할 것과 추가발사시는 중대한 조치를 취할 것이라는 「UN안보리 결의 제2087호」를 채택 발표했다. 이 UN결의에 대해 북한 외무성은 2013년 1월 23일 '미국의 가중되는 대 조선 적대시 정책으로 6자회담, 9·19공동성명은 사멸되고 조선반도 비핵화는 종말을 고했다… 미국의 제재 압박 책동에 대처해 핵

---

70) 2012.2.29 합의 발표

억제력을 포함한 자위적인 군사력을 질량적으로 확대 강화하는 임의의 물리적 대응조치들을 취하게 될 것'이라고 제3차 핵실험의 가능성을 시사하고 나섰다.

그리고 그 다음날인 1월 24일 북한 국방위원회는 '우리가 계속 발사하는 위성과 장거리로켓 그리고 우리가 실행하는 높은 수준의 핵실험도 미국을 표적으로 하는 것이다'라는, 지금까지의 우주개발의 평화 이용을 위하여 로켓을 발사한다는 종래의 원론적인 발언에서 벗어나 핵실험과 로켓 발사는 직접 미국을 겨냥한 것이라는 북한의 속마음을 분명히 드러낸 발표는 이례적이었다.

이때부터 북한의 3차 핵실험이 있을 것으로 예상되는 가운데 2월 6일 한국 합참의장(정승조)은 국회 국방위에서 '완전한 수소폭탄, 전(前) 단계의 위력이 증강된 Boosted Weapon(강화핵무기)이라는 단계가 있는데, 그런 부분을 (3차 핵실험에서는) 실험할 가능성을 배제하지 않고 있다'고 했다.[71]

2월 11일 북한은 중국과 미국에 핵실험 할 것을 통보[72]했고, 북한은 다음날인 2013년 2월 12일 11시 57분경 1,2차 핵실험 때와 같은 장소인 함북 길주군 풍계리 핵실험장에서 3차 핵실험을 단행했다.

그리고 당일 오후 2시 43분에 북한 중앙통신은 '이번 핵실험은 이전보다 폭발력은 크면서 소형화, 경량화된 원자탄을 사용해 높은 수준에서 안전하고 완벽하게 진행됐다. 그리고 다종화된 우리 핵억제력의 우수한 성능이 물리적으로 과시됐다'고 발표했다.

---

71) 조선일보, 2013.2.7
72) 「군사연구」, 2013년 4월호, p.32

미국의 오바마 대통령은 2월 12일 21시(현지시간) '북한이 전날 감행한 핵실험은 도발이라고 규정하고, 이란 핵과 더불어 위협으로 규정하며 … 미국은 별도로 WMD 저지를 위한 미국 자체의 제재를 검토하겠다'고 경고했다. UN안보리는 당일 긴급 소집되어 「UN안보리 결의 제2094호」를 2013년 3월 8일 만장일치로 채택하여 발표했다.(부록#5 'UN안보리 결의 제2094호' 참조)

이처럼 북한은 제3차 핵실험을 하겠다고 위협하면서 한반도에 비인도적 도발 행위로 긴장을 고조시키다가, 세가 불리하면 미·북 회담을 하고 거기서 핵실험과 미사일 실험을 않겠다고 약속하고는 하루아침에 돌변하여 또다시 미사일과 핵실험을 서슴없이 자행하는 패턴을 답습하고 있는데도, 여기에 대한 국제사회의 경고와 제재는 실효를 거두지 못하고 있다. 그럼으로써 북한은 그 사이 시간을 벌어 핵과 미사일 분야의 문제점을 개선 보완 발전시켜 북한이 주장하듯 '핵억제력을 포함한 자위적인 군사력을 질량적으로 확대 강화하는 조치들을 취해나가고 있음'을 제3차 핵실험에서 확인할 수 있다.

나. 제3차 핵실험의 분석 및 평가

제3차 핵실험(2013.2.12, 11:57) 당일 오후 2시 43분에 발표된 북한의 중앙통신 내용을 보면 3가지로 요약할 수 있다. 첫째로 1,2차 핵실험 때보다 폭발력이 커졌다는 것, 두 번째로 소형화 경량화된 핵무기를 실험했다는 것, 세 번째는 다종화된 핵무기를 실험했다는 것이다.

과연 북한이 발표한대로 이 3가지가 모두 이번 실험에서 달성되었는지를 분석해 보고자 한다.

⒜ 이전보다 폭발력(위력)은 증대되었나?

3차 핵실험 시 한국의 지진관측소(KSRS)에서는 11시 57분 경 진도규모 4.9의 진동파를 감지했다고 발표했다. 한국 기상청은 5.1의 진도규모를 감지했다고 했다. 외국의 경우 미국은 5.1, 일본은 5.2, 독일은 5.2라고 진동파의 크기를 각각 발표했다.

이를 이전(1,2차 핵실험)과 비교해 보면 아래 도표와 같다.

<표 4-9> 북한 제1,2,3차 핵실험의 규모 비교

핵실험	진도규모 (한국)	위력 (한국)	핵원료	미 랜드연구소 발표
제1차 (2006.10.9)	3.6	0.8KT	Pu	1KT
제2차 (2009.5.25)	4.5	3KT	Pu	2~6KT
제3차 (2013.2.12)	4.9	6~7KT	?[73]	5~15KT

제3차 핵실험 결과 감지된 진도규모는 1,2차 핵실험 때보다는 커졌다. 이 진도규모를 폭발력(KT)으로 환산해 보면, 한국은 약 6~7KT로 분석하나, 미국의 핵전문가 헤커 박사는 최대로 14KT, UN의 CTBTO(포괄적 핵실험 금지기구)는 16.2KT, 그리고 독일 지질자원연구소는 40KT에 이른다고 각각 분석했다. 외국의 분석은 한국의 분석보다는 많은, 10KT 이상으로 분석하고 있다.

전반적으로 이번 핵실험 시 나타난 위력은 1차 핵실험 때보다는 6~7배, 2차 핵실험 때보다는 2배 이상 증대되었다고 분석된다.

(b) 다종화된 핵무기(사용된 핵연료는 Pu과 U 또는 강화핵폭탄) 실험을 했나?

제3차 핵실험 후 한국과 미국, 일본, IAEA 등은 지상, 해상, 공중으로

---

73) 2013.9.25 중국의 리빈(李彬) 교수는 3차 핵실험에서는 Pu이 사용되었다고 추정했다.

방사능물질 포집에 나섰다. 특히 미국의 방사능 포집 전문기인
WC-135W(콘스탄틴 피닉스)기가 핵실험 장소 근거리에 투입하여 대기
표본을 수집하고 있었으므로 2~3일 후면 그 결과를 판단할 수 있을 것
으로 예상했다.

그러나 수 일이 지나도록 한국 등 세계 여러 곳에서도 이 방사능물질
을 발견하지 못해 사용된 핵연료가 플루토늄인지 우라늄인지를 확인하
지 못하고 있다. 아마도 핵실험 갱도를 엄중히 밀폐했기 때문인 것으로
추정된다.

핵실험 50여 일이 지난 후 일본과 러시아에서 제논(Xe)을 발견했다고
CTBTO가 발표[74]했으나 이것만으로는 핵실험 시 어떤 핵분열물질을 사
용했는지는 알 수 없다고 덧붙였다.

그러므로 이번 3차 핵실험에 사용된 핵물질을 지금으로서는 판별할
수가 없다. 그리고 2월 6일 한국의 합참의장이 국회 답변에서 '강화핵무
기(Boosted Weapon)의 실험일 가능성도 배제할 수 없다'고 한 이 실험
도 북한이 발표한 '다종화된 핵실험'의 범주에 속한다. 만일 강화핵폭탄
을 실험했었다면 그 위력이 6~7KT보다는 월등히 강화된 수 십 KT 이상
의 위력이 나타났을 것인데. 그러지 못한 것을 보면 이번 핵실험에서는
강화핵무기 실험은 실시되지 못한 것으로 분석된다.

(c) 소형화, 경량화된 핵무기 실험이었나?

소형화 및 경량화 여부는 북한의 발표만으로는 확인할 수가 없다. 다
만 고농축우라늄(HEU)을 이번 핵실험에 사용했었다면 소형화 및 경량화
에 다가섰음을 판가름할 수 있는데, 제논과 크립톤의 채집 실패로 이 문
제도 지금으로써는 북한 발표만으로는 분석이 불가능한 상태다.

한국의 국정원장은 3차 핵실험 당일 국회 정보위에서 '북한의 주장과

---

74) 세계일보. 2013.4.24

같이 핵탄두의 소형화, 경량화 단계에는 아직 이르지 못한 것으로 파악하고 있다'고 했다.[75] 그러나 1차 핵실험(2006.10.9)으로부터 3차 핵실험(2013.2.12)에 이르기까지 6년여가 지난 연구개발 기간을 고려하면 소형 경량화는 어느 정도 상당한 수준까지 도달되었을 가능성을 배제할 수 없다.('제5절 '북한의 소형 및 경량화 핵탄두 개발' 참조)

그리고 북한이 3차 핵실험에서 경량화 실험을 시도했다면 최소한 탄도미사일에 탑재할 수 있는 700~1,000kg 정도의 소형·경량화 실험을 목표로 했을 수도 있다. 왜냐하면 1,2차 핵실험에서 핵폭발 기폭실험과 핵 위력 증가실험은 성공했기 때문에, 똑같은 실험을 위해 플루토늄을 소모시켜가면서 핵실험을 할 이유가 없지 않았겠는가? 핵실험 후 북한은 경량화 실험을 했다고 발표한 것을 미루어보면 이번 3차 핵실험은 경량화 실험을 했을 가능성을 배제할 수 없다.

만일 (추정이지만) 경량화 실험을 실시하고 6~7KT의 위력이 달성되었다면 3차 핵실험은 의미있는 실험일 수 있다.

제3차 핵실험에 대한 총체적 평가를 해 보면, 북한이 핵실험 후 발표한 3가지 실험 중,

- 핵실험의 폭발력의 증대문제는 해결되었다 할 수 있고,
- 소형·경량화는 확인은 되지 않으나 플루토늄 핵무기에 대한 소형·경량화 실험만은 어느 정도 달성되었을 가능성을 배제할 수 없다.
- 그리고 다종화된 핵실험은 방사능물질(Xe, Kr) 포집의 실패로 플루토늄 또는 우라늄 핵물질 사용 판단은 불가능하나 플루토늄의 사용 가능성에 무게가 실린다. 그리고 주목받은 강화핵폭탄 실험은 없었던 것으로 전문가들은 추정하고 있다.
- 그러므로 이번에 실시하지 못한 실험(다종화된 실험)들을 위해 다음 핵

75) 조선일보, 2013.2.13

실험을 계획할 가능성은 크다 할 수 있다.

다. 제3차 핵실험 이후의 북한의 핵개발 전망

김정일 정권을 새로이 승계한 김정은은 미국을 위시한 국제사회의 경고와 제재 그리고 중국의 간곡한 설득에도 불구하고 은하3호미사일을 재차 발사하여 광명성3호 위성을 지구궤도 상에 진입시키고 더 나아가 제3차 핵실험까지 강행한 그 과정을 분석해 보면, 북한 즉, 김정은의 핵실험과 미사일 시험발사에 대한 전망이 보인다.

제3차 핵실험 열흘 후인 2013년 2월 21일 북한 중앙통신은 「김정은 최고사령관은 미국의 핵공갈에는 타협이나 후퇴가 아니라 실질적 대응조치로 나가야 한다. 우리가 최후에 선택한 것이 바로 '핵에는 핵으로 대항해야 한다'는 전략적 결단이었다」고 보도했다. 이를 보면 김정은의 강력한 핵보유 의지와 대미 핵전략 그리고 한반도의 통일 핵전략까지도 읽을 수 있는 대목이라 할 수 있다. 이후 이를 뒷받침할 수 있는 북한의 조치들을 보면 더욱 확연해진다.

2013년 3월 8일 UN안보리에서 북한의 핵실험에 대한 제재조치로 제2094호를 채택했고, 또 매년 실시하는 한미연합훈련에 미국의 B-52와 B-2 전략폭격기가 참가한다는 발표에 북한은 3월 30일 '전시상황돌입태세'를 발표하는가 하면, 3일 후(4월 2일)에는 영변 핵단지 내의 핵시설들을 재가동하겠다고 발표했고, 그 이틀 후(4월 4일)에는 북한 총참모부 대변인 발표로 '소형화, 경량화, 다종화된 우리식의 첨단 핵타격 수단으로 짓부셔버리겠다'고 한국과 미국에 서슴지 않고 핵 협박을 가해오고 있다.

이런 김정은 집권 후의 강경 발언들을 보면 김정일이 사망(2011.12.17)하기 전인 2011년 11월 8일 김정은에게 남겼다는 「김정일의 유훈(총44개 항목)」[76] 중, 핵 관련 유훈을 보면,

- 핵과 장거리미사일, 생화학무기를 끊임없이 발전시키고 충분히 보유하는 것이 조선반도의 평화를 유지하는 길임을 명심하라.
- 6자회담은 우리의 핵을 없애는 회의가 아니라 우리의 핵 보유를 전 세계에 공식화하는 회의로 만들라. 그리고 국제적 제재를 풀게 하는 회의가 되도록 해야 한다.
- 미국과 심리적 대결에서 반드시 이겨야하며, 합법적인 핵보유국으로 당당히 올라섬으로써 조선반도에서 미국의 영향력을 약화시켜야 한다.

(방점은 저자가 첨가한 것임)

는 것으로, 대량살상무기(WMD)의 충분한 확보와 6자회담의 활용방법 그리고 반드시 핵보유국이 되어야 한다는 내용은 김정일의 유훈임과 동시에 북한의 '국가생존전략'이라 할 수 있다.

김정은은 북한 정권을 승계한 지 불과 1년 반밖에 되지 않는 짧은 기간에 장거리미사일 시험사격의 성공과 3차 핵실험을 진척시키는 과정을 보면, 김정일의 유훈을 잘 받들어 진행시켜 나가고 있다고 분석된다.

장차 김정은은 김정일의 유훈에 따라 국제사회로부터 온갖 규탄과 제재, 압력에도 서슴지 않고 핵보유국으로 인정받을 때까지 소형·경량화되고 다종화된 충분한 핵무기 물량 확보를 위해 앞으로 수차례의 핵실험으로 이어갈 것이며, 또 이미 개발된 장거리미사일(ICBM)에 대한 추가적인 시험사격은 대미 핵억제력이 완전히 달성될 때까지 계속될 것으로 추정된다.

---

76) 중앙일보, 2013.1.29

제5절 북한의 소형 및 경량화 핵탄두 개발

북한이 최초의 핵무기를 보유했을 것으로 추정된 때는 1993년 무렵으로, 미국의 국방장관(William J. Perry)은 '아마도 1~2발의 핵무기를 북한은 보유하고 있을 것이다'라고 했다. 그리고 이 무렵 북한은 SCUD-B/C 탄도미사일과 노동1호 탄도미사일까지 보유하고 있었다. 즉 북한은 핵무기가 완성되기 전부터 탄도미사일을 개발 보유했기 때문에 핵무기 완성 시 탄도미사일을 핵투발수단으로 사용하려 했을 것이다.

북한이 제작한 탄도미사일은 소련의 SCUD를 모델로 복사한 것이고 이 모델은 소련에서 핵투발수단으로 사용되어왔기 때문에 북한은 당연히 핵투발수단으로 활용하려 했을 것이고, 당시 북한에는 소련의 핵과 미사일 기술자들이 개발에 참여하고 있었으므로 자연스럽게 핵투발수단으로 탄도미사일을 개발했을 것이다.

그리고 각종 핵투발수단 중 가장 안전한 수단이 탄도미사일이기 때문에 이 탄도미사일에 탑재할 수 있는 정도의 소형 및 경량화된 핵탄두 개발이 현안으로 대두되었을 것은 분명하다. 그러므로 핵개발 당시부터 소형·경량화 핵탄두 개발을 위한 별도의 활동이 있었을 것으로 추정할 수 있다.

1. 북한이 개발하려는 핵탄두의 소형·경량화 규모는?

현재 북한이 보유한 탄도미사일 탄두에 핵탄두를 탑재하려면 핵탄두의 중량(경량화)과 크기(직경, 소형화)를 어느 정도로 할 것인지 기준의 설정이 필요하다.

각종 미사일의 직경과 중량은 아래 도표와 같다.

<표 4-10> 각종 미사일 탄두의 직경과 중량

구분	KN-02	SCUD-B /C	노동1호	대포동1호	KN-08	대포동2호 (은하)
탄두 형태						
직경 (m)	0.65~0.76	0.88	1.2	0.88	1.0	1.3
중량 (kg)	200	985/700	770	700	750~1,000	650~1,000

직경은 KN-02를 제외하고 가장 작은 것이 0.88m이고, 가장 큰 것이 1.3m 정도이다. 중량은 가장 가벼운 것이 700kg, 가장 무거운 것이 1.3톤 정도임을 알 수 있다. 그러므로 소형의 기준은, 탄두직경 약 80cm로 하고, 경량화(탄두무게)의 기준은 약 0.7ton으로 기준을 설정하고, 이 정도의 소형·경량화가 달성된다면 KN-02를 제외한 북한의 각종 미사일은 모두 핵탑재가 가능할 수 있을 것이다.

아마도 북한은 이 정도의 기준과 유사한 수준에서 당의 명령에 따라 소형·경량화를 위해 필사의 연구를 진행하고 있었을 것으로 쉽게 추정할 수 있다.

2. 핵탄두 중량의 경량화 핵심은?

북한이 3차 핵실험에서는 아마도 플루토늄의 핵탄두를 소형화하는 실험도 했을 것으로 추정은 되나 결과는 알 수 없다.

미국이 1945년 8월 9일 나가사키에 투하한 핵폭탄은 약 20KT 위력의 플루토늄 핵폭탄이었는데 이 플루토늄 핵폭탄의 총 중량은 무려 4.9ton (직경 152㎝, 전장 3.5m)에 달하는 거대한 폭탄(일명 'Fat Man')이었다. 이 폭탄을 그대로는 북한의 어떤 탄도미사일에도 탑재시킬 수가 없다. 탑재시키려면 직경 80㎝ 이내로, 중량은 700kg 이내로 감소시켜야만 가능하다. 우선 중량을 4.9ton에서 700kg 이내로, 즉 1/7로 대폭 감소시키는 것이 큰 과제가 될 것이다.

이 Fat Man의 폭탄구조를 보면 5겹으로 되어있다.

<그림 4-3> Fat Man의 폭탄구조

중성자 발생장치
핵물질(Pu)
TAMPER
기폭약
폭탄 외피

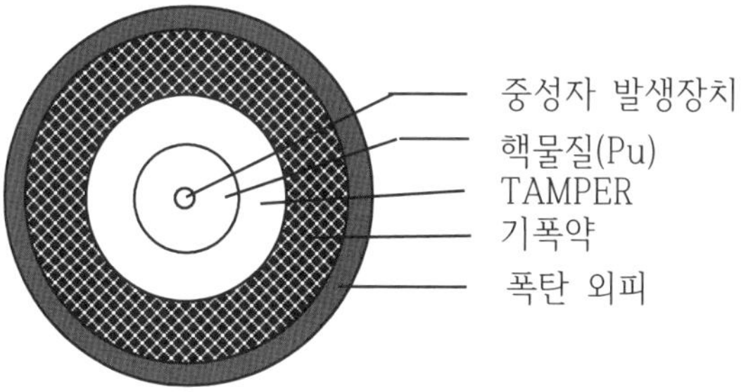

여기서 가장 많은 중량을 차지하는 것이 폭탄의 외피와 기폭약의 중량이 전체 중량의 2/3 이상을 차지하고 있으므로 여기서 중량을 감소시켜야 한다.

폭탄의 외피는 당시 일본군의 고사포에도 파괴되지 않을 정도의 두께 9.5㎜의 장갑판을 사용했으므로 무게를 더했고, 기폭약으로 군용 TNT를 사용함으로써 이 무게가 전체 무게의 절반을 차지할 정도였다. Tamper 로는 무거운 금속인 천연우라늄(비중 19)을 감싸고 있었으니 이 무게 또한 상당했다. 중성자 발생장치는 비교적 가벼운 폴로늄(Polonium, 원자번호 84번, 원소기호는 Po)과 베릴륨(Beryllium, 원자번호는 4번, 원소기호는 Be)을 사용했다. 오늘날 개발된 가벼운 소재나 자재들로 무거운 물질들과 대체하면 쉽게 경량화할 수 있다고 한다.

구분	Fat Man(4.9t)	경량화 대체 방안
폭탄 외피	9.5㎜의 장갑판	항공기 기체에 사용하는 가벼운 특수알루미늄제 금속
기폭약	TNT(초속 6,640㎧)	경량이고 고속인 HMX 폭약(9,100㎧)
TAMPER	천연우라늄(비중 19)	가벼운 베릴륨(비중 1.8)

이렇게 경량화하면 Fat Man 4.9ton의 중량은 절반 이하로 감소시킬 수 있다고 한다.

북한이 이와 같은 경량화 대책을 취했는지는 알 수 없으나 1993년 미국의 대량파괴무기 분석기술평가 관리가 언급하기를 '북한이 만든 최초의 핵무기는 아마도 미국의 최초 핵무기보다 상당히 소형이고 더 가벼워진 핵무기를 제작했을 것이다'라고 했다.[77] 그리고 1994년 핵전문가들은 북한이 만든 핵무기의 중량을 2~3ton으로 추정하고 경량화를 계속 추진 중이라고 판단하고 있었다.[78]

북한 핵무기의 중량은 2~3ton으로 추정한 것이 1994년이었다. 그로

77) 「Jane's Intelligence Review」(SR No 9), p.14
78) 장준익, 「북한 핵·미사일 전쟁」, 서울:서문당, 1999, p.231

부터 20년이 지난 지금은 상당히 경량화 되었을 것으로 추정한다 해도 무리한 것은 아닐 것이다.

핵무기를 새로이 개발하는 핵후발국가에서는 소형·경량화 하는데 필요한 충분한 정보자료와 각종 신소재들이 개발되어 있고 또 외국 기술자의 도움을 받으면 소형화 문제는 그리 어렵지 않게 해결될 수 있다고 핵전문가들은 말하고 있다.

500㎞ 이상의 사거리를 비행하는 탄도미사일의 탄두는 대기권을 넘어 우주로 넘어갔다가 대기권으로 재진입 시 고열에 견디는 내열강판의 개발 획득문제가 더욱 어려운 과제 중의 하나이다.

3. 북한의 소형화 및 경량화의 지금 수준은?

북한의 핵탄두가 소형화, 경량화 되었다고 확인은 지금까지 되지 않고 있으나 오늘날 발달된 과학의 추세나 정보력을 가진 인사들의 발언 또는 개발기간의 시간적 여건 그리고 핵개발국의 지원 등을 종합적으로 분석해 보면 어느 정도의 판단은 가능하다.

· 1945년 미국의 최초 핵실험 이후 핵기술의 급진적 진전과 탄두의 재질 소재들(티타늄, 강화알루미늄 등)이 많이 개발됨으로써 핵무기의 소형화를 가속화시켰다고 할 수 있다.
· 파키스탄의 경우, 핵실험 후 2년 만에 소형·경량화에 성공한 바 있다. 북한과 파키스탄의 핵 커넥션을 고려하면 파키스탄의 소형·경량화 기술이 북한에 이전되었을 가능성은 충분하다 할 수 있다.
· 일반적으로 핵후발국들이 핵실험 후 2~4년 후면 소형·경량화에 성공한 예를 시간적으로 계산해 보면, 북한은 2006년 10월에 제1차 핵실험

을 했고 지금(2014년)은 핵실험 한 지 8년이 경과했다. 시간적으로 개발기간은 충분하다는 점에서 보면 북한의 소형·경량화는 가능하다고 판단할 수 있다.

· 북한에서 핵관련 부서에서 근무했던 김일도(金一道) 씨[79]에 의하면 '4 kg의 플루토늄으로 1ton짜리 핵탄두를 만들었다고 김정일에게 보고했고, 현재 0.5ton짜리 핵탄두를 제조 중에 있다'고 했다.[80]

· 북한 정보에 비교적 밝은 국방부의 정보관계관은 2010년(1차 핵실험 후 4년차) '핵탄두 소형화는 머지않은 시간 내에 가능하리라고 본다'는 긍정적인 발언을 했고,

· 그로부터 1년 후인 2011년 6월 13일, 당시 김관진 국방부장관은 국회 국방위에서 '북한의 소형화는 성공했을 것으로 추정한다'는 진일보된 발언을 했다.[81]

· 그리고 제3차 핵실험 후 북한은 '이번 핵실험은 이전보다 폭발력은 크면서 소형화, 경량화된 원자탄을 사용해 높은 수준에서 안전하고 완벽하게 진행됐다'고 발표[82]함으로써 소형화, 경량화되었음을 발표했다.

· 2013년 4월 4일, 북한 인민군 총참모부는 '미국의 대조선 적대시 정책과 분별없는 핵위협은 소형화, 경량화, 다종화된 우리식의 첨단 핵타격 수단으로 미국을 핵공격하겠다'[83]고 핵공갈을 하는 가운데 소형화, 경량화 되었음을 넌지시 발표하고 있다. 물론 북한이 허세를 부리는 핵공갈이라고 치부할 수도 있으나 지금까지의 여러 가지 정황으로 볼 때 확실하게 부정하기가 어렵다.

· ISIS의 올브라이트(David Albright) 소장의 2013년 2월 보고서에서 「북한이 자체 개발한 중거리 노동미사일에 소형 핵탄두를 탑재할 수 있

79) 북한 최고인민회의 제11기(임기: 2003년 8월~2008년 7월) 대의원이자 「제2경제위원회」 산하 「해양공업연구소」(미사일 등 무기 제조 및 판매) 연구원(박사)으로 경북중학교를 졸업했고, 6·25 전쟁을 전후해 北韓에 납북됐으며, 北韓에 가족을 남겨 두고 2005년 5월 제3국을 통해 혼자 망명.

80) 송승호, "北韓 최고인민회의 대의원 韓國에 망명, 核개발에 대한 중대 증언", 「월간조선」, 2005년 8월호, p.21

81) 동아일보, 2011.06.13자.

82) 북한 조선중앙통신이 2013년 2월 12일 발표

83) 연합뉴스, 2013.04.04

는 능력을 이미 확보했다」

• 가장 최근인 2014년 10월 24일 스캐퍼로티(Curtis Scaparrotti) 한미
  연합사령관은 미 국방부 기자회견에서 '북한은 핵탄두를 소형화하고 미
  사일에 탑재하고 발사할 수 있는 능력을 가진 것으로 본다', '북한은 현
  재 ICBM을 발사할 능력을 갖추고 있고 ICBM인 KN-08을 발사할 수 있
  는 발사대를 갖추고 있다'[84] 고 했다.

이상과 같은 판단 내용들을 종합해 보면, 북한의 핵탄두 소형화, 경량
화는 완성되었다고 해도 과언이 아닐 것이다. 오늘날 북한의 공산체제상
핵실험한 지 8년이 경과된 지금까지, 특히 대미 핵억제력을 달성하기 위
해 ICBM(KN-08, 은하3호 장거리미사일)을 개발해 놓고도 지금까지 탄
두의 소형·경량화만은 되지 않았다면 이해하기 힘든 부분이다.

문제는 긍정적 측면이나 부정적 측면으로 볼 때 모두다 우리로서는
추정하는 내용이다. 그렇다면 우리로서는 우리의 대비태세를 위해서도
긍정적으로 보고, 즉 북한의 핵탄두는 소형화, 경량화 되어 탄도미사일
에 탑재할 수 있다고 가정하고 대비태세를 갖추는 것이 바람직하다 하
겠다.

---

[84] 연합뉴스, 2014.10.25

제6절 북한 핵무기 총 재고량의 위협

앞서 제2장에서 북한 핵무기의 플루토늄과 우라늄에 대한 각각의 재고량을 판단해 보았다.

북한은 그후 3차례의 핵실험을 통해서 핵무기 실험(Nuclear Weapon Test)으로는 성공했고, 또 소형·경량화 그리고 다종화 실험도 성공적으로 실시했다고 북한은 주장하고 있으나 확인은 되지 않고 있다. 다만 1차에서부터 3차 핵실험까지의 6년의 기간을 고려하고, 세계 각국의 정보망에 의하면 소형·경량화는 이미 이루어졌다는 판단이 지배적이다. 또한 제3차 핵실험 시 가능성을 지적했던 강화핵폭탄의 개발은 시간문제이고, 수소탄 개발도 머지않은 장래의 일로 추정하고 있다.(제5장 참조)

그리고 2013년 말까지 생산된 북한 핵물질의 총량은 무기급 플루토늄 50kg, 고농축우라늄 275kg에 이른다. 이들 핵물질로 20KT 핵무기 제조 시에는 플루토늄탄 10발, 우라늄탄 13발, 총 23발의 핵무기를 만들 수 있는 양이다.

<표 4-11> 2013년 말 북한 핵무기의 총 재고량

연도	Pu 양 (무기수)	HEU 양 (무기수)	계(20KT 기준)
2013년말	50kg (10발)	275kg (13발)	23발

20KT 한 발의 핵무기는 통상 100만 명의 인원을 사상시킬 수 있는 위력을 갖고 있다. 이런 핵무기 23발을 23개소의 표적에 1발씩 투하한다고 가정하면, 총 2,300만 명을 사상시킬 수 있다는 어마어마한 대량살

상무기이다.

이런 대량살상무기를 만들 핵물질을 북한은 오늘도 기존 핵시설에서 계속 생산하고 있을 뿐만 아니라 추가적으로 핵물질 생산시설(35MWe경수로, HEU 확장시설)을 건설하고 있으며 가동도 임박하고 있다.

이들 기존 시설과 추가 시설에서 획득되는 핵물질 양을 추정 계산해 보면, 2017년 말부터는 재고량이 47발로 늘어나고 2020년 말에는 80발에 이른다.

<표 4-12> 북한 핵무기의 미래 재고량 (추정)

연도	Pu 양 (무기수)	HEU 양 (무기수)	계(20KT 기준)
2017년말	117kg (23발)	475kg (24발)	47발
2020년말	246kg (49발)	625kg (31발)	80발

2020년 말 재고량 80발에는 HEU의 추가 확장시설에서 생산되는 양은 포함되지 않았다. 이 생산량까지 합하면 약 100발의 핵무기를 보유하게 될 것으로 추정된다.

북한 핵무기의 현 보유량(2013년 기준) 23발, 그리고 2020년도에는 약 100발까지 보유하게 될 것으로 추정되는 보유량은 오늘날의 인도, 파키스탄의 핵무기 보유량과 유사한 양이다.

북한은 이처럼 핵보유량을 매년 늘이고 있는데, 핵이 없는 우리는 어떤 대비책을 마련하고 있는지 궁금하다.

제5장   강화핵폭탄과 수소핵폭탄

북한은 2010년 5월과 6월에 북한의 핵과 관련된 군사적으로 중요한 의미를 갖는 내용을 되풀이 주장하고 나섰다. 하나는 '핵융합반응을 성공시키는 자랑찬 성과를 이룩했다'[1]는 것이고, 또 하나는 '새롭게 발전된 방법으로 핵억제력[2]을 더욱 강화해 나갈 것'이라는 것이다.

만일 그들이 주장한대로 핵융합반응을 성공시켰고, 어떤 새로운 방법으로 핵억제력을 더욱 강화시킬 수 있고, 거기에 장거리미사일까지 성공하게 된다면 장차 북한의 핵억제력은 현재보다는 엄청나게 크게 강화될 것이고, 이로 인해 한국의 국가안보는 국가존망의 위기로 다가갈 수 있다는 중요한 의미를 갖게 된다.

북한이 핵융합반응에 성공했다는 발표가 있자 한국정부 고위당국자는 '터무니없는 발표'라고 일축해 버렸다. 그러나 군사적 측면에서는 간과할 수 없는 중요한 대목으로 받아들이지 않을 수 없다. 만의 하나에 대비하는 국가안보에서는 작은 가능성만 보여도 그냥 넘어갈 수 없는 것이다. 왜냐하면 핵융합반응 성공이라는 뜻에는 핵융합 기술의 일부가 핵융합무기 개발에 이용될 수도 있기 때문이다. 특히 핵선진국에서는 핵분열무기 개발 후 2~3년 내에 핵융합반응을 핵분열무기에 활용하여 핵분열 효율을 크게 높이고 있는가 하면, 핵분열무기 개발 후, 2년 8개월 내지 8년 6개월 사이에 핵융합무기(수소탄)를 개발해왔다는 사실이다. 그

---

1) 노동신문, 2010.5.12
2) '억제력'과 '억제력'은 같은 단어이나, 한국에는 억제력이라 하고, 일본과 북한은 억제력이라 사용한다.

러므로 북한 스스로 성공했다고 자랑하는 핵융합반응을 군사적으로 활용하지 않고 그대로 내버려 둘 것인가?

　2010년 11월 2일 당시 한국 국방부장관은 국회 국방위에서 '핵융합의 경우 기초적 수준의 연구는 시작됐으리라 생각한다'고 했다. 이 답변내용으로 볼 때 국방부 측에서도 북한의 핵융합반응 성공 발표를 핵융합 무기 개발과 연관하여 주목하고 있음을 알 수 있다.

제1절 핵융합반응을 활용한 핵무기

북한이 핵융합반응을 핵무기에 활용할 것인가 하는 것은 우리에게는 초미의 관심사다.

핵무기를 분류하면 아래 도표와 같다.

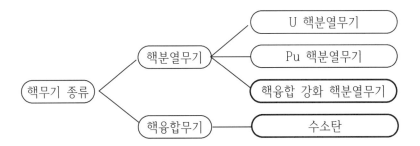

이 도표에서 보는 바와 같이 핵무기는 크게 두 가지로 분류된다. 즉 무거운 원소의 핵을 분열시킴으로써 발생되는 에너지를 군사적으로 이용한 핵분열무기와 가벼운 원소핵을 결합(융합)시킴으로써 발생하는 에너지를 이용하는 핵융합무기(수소탄)로 분류된다.

핵분열무기에는 우라늄 원소를 사용하는 우라늄 핵무기와 플루토늄 원소를 사용하는 플루토늄 핵무기가 있음은 잘 알고 있다. 그 이외에 우라늄과 플루토늄 핵분열무기에 핵융합반응을 추가 활용하면 핵 위력이 증가되는 핵분열무기가 있는데, 이를 '핵융합 강화 핵분열무기(통상 '강화핵무기'라 함)'라고 한다.[3]

---

3) Lambert M. Surhone, Mariam T. Tennoe, Susan F. Henssonow (ed), 「Teller-Ulam Design」,

　우리는 핵무기의 종류에서 핵융합 강화핵무기와 핵융합무기(수소탄)의 명칭만 봐도 핵융합반응을 이용하는 핵무기임을 알 수 있다.

　그리고 북한이 6월 16일 발표한 '새롭게 발전된 방법으로 핵억제력을 더욱 강화해 나갈 것'이라는 내용은, 북한의 현재 핵억제력의 기본은 플루토늄 핵무기와 우라늄 핵무기인데, 두 핵무기보다 강력한 핵무기는 핵융합반응을 이용하는 강화핵무기와 수소탄이외는 없다. 그러므로 북한이 말하는 핵억제력을 더욱 강화하겠다는 것은 핵융합반응을 이용하여 강화핵무기와 수소탄을 개발하여 핵억제력을 더욱 강화하겠다는 의미일 것으로 풀이된다.

　그렇다면 북한은 과연 이들 무기를 추가로 개발하여 핵억제력을 더욱 강화할 수 있을 것인지, 핵억제력이 더욱 강화된다면 우리 국가안보에 어떤 영향을 미칠 것인지를 검토해 보지 않을 수 없다. 그래서 북한의 이들 무기 개발 가능성부터 먼저 검토해보고자 한다.

　TN USA:VDM Publising House Ltd., 2010, p.3; 'Fusion Boosted Fission Bomb (핵융합 강화 분열무기)'

제2절 강화핵무기(Fusion Boosted Fission Bomb)

1. 강화핵무기의 개념

1945년도 일본에 투하한 우라늄 핵무기와 플루토늄 핵무기에 내장되었던 핵분열물질인 우라늄과 플루토늄 중 각각 1.4%와 14%만이 핵분열을 했고[4] 나머지 대부분은 핵분열을 하지 못했다. 이처럼 핵분열을 하지 못한 80~90% 이상의 핵분열물질(미핵분열물질)을 추가로 핵분열을 시켜 그 위력을 증대시켜 보려는 시도가 강화핵무기의 기본개념이다.

핵분열무기에 핵융합물질(2중수소와 3중수소)을 주입하여 핵융합반응을 일으키면 이때 고속중성자가 발생되는데 이 고속중성자가 남은 미핵분열물질을 추가적으로 핵분열을 일으키게 할 수 있다.

이처럼 핵융합물질을 이용하여 핵분열반응을 증가시켜 줌으로써 핵위력을 증가시키게 된다. 이를 '핵강화 Boosting'이라 하고, 이 방법을 이용하여 핵위력을 증가시킨 핵분열무기를 '핵융합 강화핵무기(Fusion Boosted Fission Bomb)'라 한다.

일반 핵분열무기와 강화핵무기의 구조상 차이점은 아래 그림처럼, 일반 핵분열무기는 맨 중심부에 중성자원(중성자 발생장치)을 배치하나,

---

4) 지식활동가그룹21, 「핵무기스캔들」, 서울:문화발전, 2013, P.214

강화핵무기는 맨 중심부에 2중수소와 3중수소 가스를 주입하고 중성자원은 핵분열물질 그 외곽에 설치하는 것만 다를 뿐, 그 이외는 일반 핵분열무기 구조와 꼭 같다.

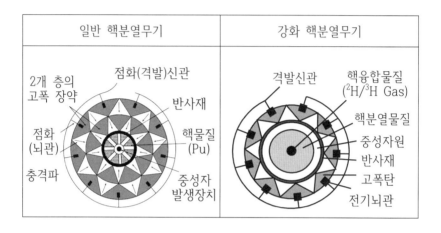

일반 핵분열무기의 폭발과정은 먼저 점화신관(전기뇌관)이 작동하면 고폭장약(implosion)의 폭발력이 내부로 그 압력이 추진된다. 이때 분리되었던 핵분열물질(Pu)의 조각들이 모두 안쪽으로 몰리면서 완전한 구형(球型)으로 형성되고 초임계질량 상태가 된다. 이때 중성자원에서 중성자가 발산되어 핵분열물질을 충격함으로써 연쇄반응이 일어나 핵폭발이 일어나게 된다.

강화핵무기는 먼저 핵분열물질의 핵폭발로 인하여 1억도 이상의 초고열이 발생한다. 이 초고열은 맨 중심부에 있는 핵융합물질을 반응시켜 핵융합을 시키고 아울러 고속중성자를 발생시킨다. 이때 새로이 발생된 고속중성자는 핵분열 연쇄반응 시 핵분열을 하지 못한 미핵분열물질에 추가적으로 충격을 가해 핵분열을 일으킴으로써 핵분열 양의 증가로 핵위력이 증가된다.[5]

그러므로 핵분열무기에 이 핵융합반응을 이용하면 같은 질량의 핵분열물질을 사용해도 훨씬 큰 위력을 발휘할 수 있으므로 경제적이고, 한정된 질량의 핵분열물질로 핵무기 수를 늘일 수도 있는 이점이 있다.

또 이 핵융합 강화핵무기는 수소탄보다는 훨씬 제조하기가 용이하기 때문에 오늘날 핵무기 보유 선진국들은 모두 이를 이용하고 있다. 소련은 핵무기를 개발한 지 2년만인 1951년도에 강화핵무기(RDS-2)를 실용화했다.[6)]

한국 합참의장은 북한이 제3차 핵실험(2013.2.14)하기 이틀 전 국회 국방위에서 '이번 북한이 실시할 핵실험에서 완전한 수소폭탄 전 단계의 위력이 증강된 Boosted Weapon(강화핵무기)이라는 단계가 있는데, 그런 부분을 실험할 가능성을 배제하지 않고 있다'라고 북한의 강화핵무기 개발에 큰 관심을 보였다.

2. 북한의 강화핵무기 개발 가능성

북한이 핵융합반응을 이용하는 강화핵무기 개발 가능성에 대한 긍정적 측면을 열거해 보면,

- 북한은 1989년도부터 핵융합반응 연구를 시작하여 20년간의 연구 끝에 성공했을 정도로 핵융합반응 기술 획득에 강한 의욕을 보여왔다.
- 소련이 붕괴될 시기(1990년대 초) 소련의 핵과학자들을 입북시켰으므로 이들로부터 강화핵무기 관련 기술정보를 획득했을 가능성이 있다.
- 1998년 5월 28일 파키스탄이 실시한 5번의 핵실험 중 1회는 강화핵무기 실험이었고, 이때 북한의 핵과학자들이 이곳에 참여했었으므로 강화

---

5) Lambert M. Surhone, Mariam T. Tennoe, Susan F. Henssonow (ed), 앞의 책, p.3
6) Lambert M. Surhone, Mariam T. Tennoe, Susan F. Henssonow (ed), 위의 책, p.19

핵무기와 관련된 핵기술 정보를 획득했을 가능성이 있다.
- 핵 선진국의 경우 핵실험 후 2~3년 내에 강화핵무기를 개발하고 있다. 북한은 1차 핵실험 후 2014년 현재까지 8년이 경과했으므로 기간적으로 볼 때 개발할 가능성이 있다.
- 강화핵무기 제조 시 필수원소인 2중수소와 3중수소는 북한에서 획득 가능한 물질이다.

이런 점들을 감안해 보면,「북한은 가까운 장래에 강화핵무기를 개발할 가능성이 있다」는 개연성은 충분하다. 1998년도 파키스탄 핵실험 시 강화핵무기 기술정보를 획득했다면 이미 북한은 강화핵무기를 개발했을 가능성도 배제할 수 없다.

제3절 핵융합무기(수소탄)의 개발 가능성

1. 핵융합반응의 개념

핵융합반응이라 함은 말 그대로 두 개의 원자핵끼리 융합반응을 통해서 하나의 새로운 원소의 핵이 되는 현상을 말한다.

두 개의 핵이 반응하여 새로운 하나의 핵이 된 후 질량은, 반응 전의 두 개 핵의 질량을 합한 것보다 감소(질량감손)한다. 이 감소된 질량만큼 에너지가 방출되고, 이 방출된 에너지를 군사적으로 이용하면 핵융합무기가 된다.[7]

자연계에 존재하는 92개의 원소 중 가장 가벼운 원소가 수소(H)다. 이 수소 원소는 경수소(^{1}H), 이중수소(^{2}H), 삼중수소(^{3}H)의 3개 동위원소가 있다. 핵융합무기에 사용되는 핵융합물질은 수소원소의 3가지 동위원소 중 2중수소(^{2}H)와 3중수소(^{3}H)가 핵융합 시 가장 많은 에너지를 방출하므로 이를 사용한다.

자연계에 존재하는 전체 수소원소 중에 대부분(99.984%)이 경수소(^{1}H)이고 2중수소는 0.0156%, 3중수소는 10^{-17}%로 거의 없는 상태다. 2중수소는 일반 담수나 바닷물에서 채취가 가능하나 3중수소는 리튬($_3$Li) 원소에서 획득하게 된다. 리튬원소는 고체상태로 자연계에 존재한다.

---

7) 「原子力讀本」, 東硏出版, 1990, pp.26~27

리튬원소에 중성자를 반응시키면 헬륨($_2^4He$) 원소와 3중수소(^{3}H)를 얻을 수 있다.

$$_3^6Li \ + \ \text{ⓝ} \ \rightarrow \ _2^4He \ + \boxed{_1^3H}$$

그리고 리튬원소는 2중수소와 잘 화합하여 '중수소화 리튬(^{6}Li^{2}H)' 화합물이 된다. 이 중수소화 리튬화합물에 중성자를 반응시키면 헬륨(He) 원소와 3중수소가 생겨나고, ^{6}Li에 화합하고 있던 2중수소와 만나 핵융합반응을 일으킬 준비를 하게 된다.

$$_3^6Li_1^2H \ + \ \text{ⓝ} \ \rightarrow \ _2^4He \ + \boxed{_1^3H \ + \ _1^2H}$$

이들 두 개의 핵이 핵융합반응을 일으킬 요건(초고열과 고압)을 갖추어 주면,

$$_1^2H \ + \ _1^3H \rightarrow \ _2^4He \ + \ \text{ⓝ} \rightarrow 14.07 \, MeV$$

2중수소와 3중수소는 헬륨($_2^4He$) 핵으로 변환되고, 한 개의 고속중성자가 발생한다. 동시에 14.07MeV [8])의 에너지가 방출된다.[9] 그러나 두 개의 수소핵을 융합시키는 자체가 대단히 어렵다.

왜냐하면 수소 원자핵은 전기적으로 ⊕인 양자와 전기를 띄지 않는 중성자로 구성되어 있기 때문에 수소 원자핵 자체는 전기적으로 ⊕이다.

---

8) MeV ; 전자볼트(기호 eV)는 에너지의 단위로, 전자 하나가 1 볼트의 전위를 거슬러 올라갈 때 드는 일로 정의하며 MeV는 메가 전자볼트 (=10^6 eV) 를 나타낸다.

9) 웹, 『*위키백과*』 "핵연료" 항목 참고 (D + T → n(14.07 MeV) + 4He(3.52 MeV))

두 개의 핵이 융합하려면 가까이 근접시켜야 하는데, 전기적으로 ⊕인 두 개의 수소핵은 근접하면 서로 반발하게 되므로 근접을 시킬 수가 없다. 그러나 '1조 분의 1'㎝까지만 근접시키면 상호 핵력(核力)이 작용해서 핵융합을 이룰 수 있다.

그러므로 상호 반발력을 초과하는 강력한 어떤 세력(힘)으로 핵력이 작용하는 거리까지 근접시켜주기만 하면 되는데, 이를 위해서는 1억도 이상의 초고온과 고압이 필요하다.[10)

그런데 1억도 이상의 초고온은 화학적으로는 얻을 수가 없다. 그러나 무거운 원소가 핵분열 시, 즉 핵폭탄(원자탄)이 폭발할 때 1억도 이상의 초고온을 발생한다는 것과 폐쇄된 공간 내에서 초고온은 초고압을 형성한다는 것을 우리는 잘 알고 있다.

참고로 핵분열 시 발생하는 초고온에 대해서 간략히 알아보자.

자연계에 존재하는 원소 중 가장 무거운 원소가 우라늄 원소이다. 우라늄핵에 중성자가 충격을 가하면 각기 다른 두 개 원소의 핵으로 분열하면서 2~3개의 중성자 방출로 연쇄반응을 일으켜 핵폭발이 일어난다. 이때 1억도 이상의 초고온을 발생하게 된다.

이처럼 핵분열 시 방출하는 초고온을 핵융합에 활용하면 핵융합반응을 일으키게 하는 요건을 만들어 주게 된다. 그러므로 핵분열무기는 핵융합무기의 기폭제로써 사용될 수 있다. 핵분열무기가 없으면 핵융합무기는 만들 수 없다. 오늘날 핵분열무기 보유국의 다음 수순은 핵융합무기를 개발해 가는 것이다.

핵분열무기를 보유하고 있는 북한에서 핵융합반응을 성공시켰다는 발표는 군사적으로 핵융합무기 개발로 다가가고 있다는 메시지로 볼 수

---

10)「原子力讀本」, p.62

있다

2. 핵융합무기 개발의 4대 요건

핵융합무기를 개발하려면 4가지의 요건이 구비되어야만 가능하다.

① 핵분열무기는 수소폭탄의 기폭제라고 앞에서 언급했듯이, 핵융합에 필요한 1억도 이상의 초고온을 얻기 위해 핵분열무기의 보유는 핵융합무기의 기본 필수요건이다. 북한은 2006년도에 최초 핵실험을 했고, 지금은 20발 이상의 핵분열무기를 보유하고 있다.

② 핵융합반응을 일으킬 수 있는 기술이 있어야 가능하다. 북한은 2010년 5월에 핵융합반응에 성공했다고 발표했다.

③ 핵융합무기의 원료인 리튬과 2중수소의 획득이 가능해야 한다. 북한은 이들 원소의 획득이 가능하다.

④ 핵융합무기의 설계는 <그림 5-1>[11]과 같이 1

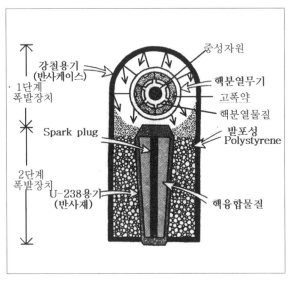

<그림 5-1> Teller-Ulam의 추정 설계도

---

11) Lambert M. Surhone, Mariam T. Tennoe, Susan F. Henssonow (ed), 앞

단계 핵분열무기의 폭발장치와 2단계 핵융합 폭발장치의 종합적인 메커니즘이 완성되어야 한다. 북한의 핵융합무기 2개 단계 폭발장치 개발에 대한 정보는 아직 알려진 바 없다.

위의 4가지 요건 중 3가지 요건은 필수적으로 구비해야 하고, 마지막 4번째의 핵융합무기 설계도에 따른 1,2단계의 연계된 종합적인 메커니즘 기술이 완성될 때 핵융합무기가 완성될 수 있다. 이 4번째 요건이 가장 어려운 기술이다.

3. 북한의 핵융합무기 개발 가능성

북한은 앞에서 언급한 4가지 기본 요건 중 3가지는 모두 갖추고 있다. 그러나 4번째 요건인 핵융합무기의 종합적인 메커니즘 기술의 완성 정도는 정보가 없어 단언하기 어렵다. 다만 수소탄 보유 5개국들이 핵분열무기 최초 핵실험 후 핵융합무기 핵실험까지의 개발기간을 보면, 최소 2년 8개월, 최장 8년 6개월이 소요되었다.[12] 북한은 2006년 최초 핵실험에서 지금(2014년)까지 8년이 경과되었고 2020년이 되면 14년이 경과되므로, 개발기간으로 볼 때 이때쯤에는 충분히 개발 가능성이 있다는 개연성은 있다.(예외로 인도는 24년 만에 수소탄 실험을 했다.[13])

의 책, pp.2~10, 「原子力讀本」, p.63

12) Lambert M. Surhone, Mariam T. Tennoe, Susan F. Henssonow (ed), 앞의 책, pp.8~21

13) Lambert M. Surhone, Mariam T. Tennoe, Susan F. Henssonow (ed), 위의 책, p.11

제4절 강화핵무기와 수소탄 개발 가능성의 소결론

북한이 '핵융합반응을 성공했다', '더욱 강력한 핵억제력을 갖게 될 것'이라고 발표한 내용을 분석해 본 결과, 북한은 핵융합반응 성공으로 강화핵무기는 가까운 장래에 개발할 수 있을 것이고, 핵융합무기(수소탄)는 수 년 후에는 개발할 가능성이 있다는 결론에 도달할 수 있다.

이러한 결론의 도달에는 확실한 정보에 근거한 것은 아니나 북한의 핵기술 능력이나 핵억제력 강화의 의욕 그리고 선진 핵국의 핵융합무기 개발기간, 북한의 핵개발 관련 발표내용 등을 고려해서 얻은 결론이다.

우리가 국가안보 문제에 있어서 과대평가는 금물이나 어떠한 사소한 가능성도 무시해서는 결코 안 된다는 경구에서 보면, 결론의 개연성은 충분하다 하겠다.

만일 어느 날 북한이 핵융합무기(수소탄)를 개발했다는 발표나 수소탄 실험을 실시하겠다는 발표를 한다면 우리는 어떻게 대처할 것인가? 수소탄의 위력은 일반적으로 메가톤(백만KT)급의 대 위력무기다. 이런 상황의 가능성을 진단한 이상, 이런 일이 다가오기 전에 적절한 대비책을 반드시 마련해 놓아야 한다.

이런 때 가장 적절한 국가적·군사적 경구가 "유비무환(有備無患)"이다.

제6장   북한의 탄도미사일 개발 현황

핵폭탄이나 핵탄두도 핵무기임에는 틀림없으나 이를 운반할 수 있는 운반수단을 갖지 못할 때 이들 핵무기를 목표지역으로 보낼 수 없으므로 적에게 군사적 위협이 되는 핵무기가 되지 못한다. 그러므로 핵무기는 그 운반수단과 하나의 시스템으로 이루어질 때 완전한 의미에서의 핵무기라 할 수 있다.

핵무기의 운반수단에는 항공기(전술기, 전략폭격기), 포, 로켓, 미사일(탄도미사일, 순항미사일), 핵지뢰(ADM) 등이 있으나 현재 북한이 핵무기를 운반할 수 있는 가용 수단은 항공기와 탄도미사일이다.

항공기로는 IL-28과 MIG-29기 정도가 가용하나 전술적 운용에 한정될 것이고, 북한이 개발하여 실전배치하고 있는 단거리, 중거리 및 장거리 탄도미사일과 대륙간 탄도미사일(ICBM)에 핵탄두를 탑재할 수 있다면 가장 이상적인 전술적·전략적 핵 운반수단이 될 수 있을 것이다.

북한 탄도미사일 개발의 시작은 1975년도 IRT-2000 소형 연구용원자로에서 소량의 플루토늄을 생산할 수 있음을 확인했던 같은 시기에 북한의 탄도미사일 개발도 시작되었다. 이때부터 핵무기의 투발수단으로써 탄도미사일의 개발을 시작했는지는 확인할 수 없으나 이보다는 10여 년 전인 1960년대 초부터 북한은 구 소련으로부터 당시로서는 신무기인 가종 미사일과 로켓을 지원받으면서부터 미사일에 대한 새로운 인식과 기술을 습득하게 되어 미사일 개발에 대한 연구를 시작했을 것으로 추정된다. 그리고 북한의 탄도미사일 개발이 본격적으로 시작된 것은 1975년 중·조 합작으로 단거리 탄도미사일 개발을 시작한 때부터다. 이때부터는 재래식무기뿐만 아니라 핵탄두의 투발수단으로써도 연구개발 했을 것으로 보인다.

북한 탄도미사일의 개발 현황을 시대 순으로 확인해 본다.

제1절　DF-61 탄도미사일 개발

1975년 4월 17일부터 김일성은 모택동의 초청으로 중국을 방문하였으며 이때 수행한 당시 인민무력부장 오진우는 단거리 탄도미사일 개발 기술을 북한에 지원해 줄 것을 중국에 요청했다. 당시 중국에도 1,000km 미만의 실전용 단거리 탄도미사일이 필요하다는 견해가 일치되어 이 기회에 북한과 공동으로 단거리 탄도미사일 개발에 합의하였다.[1] 그래서 '조·중 단거리 탄도미사일 공동연구팀'이 구성되고, 책임자로는 중국의 '첸 실란(Chen Xilan)' 장군이 임명되어 「DF-61(東風-61)」이라는 명칭의 단거리 탄도미사일을 공동으로 개발하기 시작하였다.[2]

DF-61 탄도미사일의 개략적인 제원은 사정거리 600km, 탄두중량 1,000kg, 액체연료를 사용하는 1단로켓으로, 관성유도장치(System)로　개발하기로　구상하였다.[3] 이 DF-61 탄도미사일 개발계획에는 북한의 기술자들도 참여하여 약 1년간 공

DF-61 탄도미사일의 제원

사정거리	600km
탄두중량	1,000kg
전　　장	9m
직　　경	1m
유도장치	관성유도
연　　료	액체연료
로　　켓	1단로켓

---

1) 「軍事硏究」1994년 6월호, ジャパン.ミリタリ.レビュー 發行, p.100,
　　Joseph S. Bermudez Jr., "북한군의 미사일 개발", 국방대학원안보문제연구소 안보학
　　술토론회(1994.9.1) 자료집 「북한군의 특수무기 능력과 개발전망」, p.49.
2) Joseph S. Bermudez Jr., 위의 글, p.50.
3) Joseph S. Bermudez Jr., 위의 글, p.50.
　　「軍事硏究」, 東京;ジャパン.ミリタリ.レビュー , 1994년 6월호, p.34.
　　金元奉,「北朝鮮 人民軍の 全貌」, 東京:三修社, 1996.12, p.130.

동으로 개발이 진행되었으나 중국의 국내 사정(문화혁명)으로 처음에는 보류되었다가 나중에 첸 실란 장군이 정치적으로 축출됨으로써 이 탄도미사일 개발계획은 1978년에 취소되어 남한 전체를 사정권 내에 두는 북한의 탄도미사일 개발이라는 꿈은 깨어지고 말았다.

이 DF-61 계획의 좌절은 북한으로 하여금 독자적으로 미사일 개발의 의지를 더 높이는 계기가 되어 소련으로부터 탄도미사일 기술을 제공받으려고 노력하였으나 소련 역시 정치적 이유로 탄도미사일 기술 제공을 거부하기에 이르렀다. 이렇게 되자 북한은 1979년부터 부득이 독자적으로 DF-61 수준의 탄도미사일을 개발해야겠다는 야심찬 계획을 수립하고 핵무기 개발과 동시에 국가적 핵심사업으로 추진하게 되었다.

제2절   SCUD-B/C 개량형 탄도미사일 개발

북한이 남한 전체를 사정권에 둘 수 있는 탄도미사일을 개발하겠다는 의도로 북한과 중국이 공동으로 1975년부터 개발을 시작한 DF-61 탄도미사일이 1978년에 무산되자, 북한은 1979년도부터 독자적인 탄도미사일 개발계획에 착수하게 된다. 그러나 제1절에서 언급한 바와 같이, 당시 구 소련과 중국은 정치적인 이유로 지대지 탄도미사일을 제공하지 않음으로써 북한으로서는 관성유도방식의 탄도미사일을 개발할만한 인력이나 기술을 그때까지는 보유하지 못하고 있었다.

이러한 여건 하에서 탄도미사일을 북한이 독자적으로 개발한다는 것은 당시(1979년)로서는 어려운 문제였지만 더 이상 지체할 수가 없었다. 왜냐하면 핵무기 개발과 화학무기 개발은 이미 시작되었는데, 그 운반수단인 탄도미사일 개발만이 DF-61의 개발 중단으로 지체되고 있었기 때문이다.

초조해진 북한은 1980년에 이집트와 「탄도미사일 공동개발 협정」을 체결하고[4] 소련제 SCUD-B 탄도미사일 수 기(基)와 차량이동발사대(MAZ-543)를 제공받기로 합의함에 따라 SCUD 탄도미사일 개발의 길이 열리게 되었다.

---

4) 「제2次 朝鮮戰爭」, 앞의 책, p.124.

1. SCUD-B 개량형 탄도미사일 개발

이집트와의 협약에 따라 북한은 평양 부근에 위치하고 있는 미사일 연구개발시설을 더 확충하고 함경북도 화대군에 미사일시험 시설 등을 설치하였다.[5] 그리고 1981년 북한은 이집트로부터 소련제 SCUD-B 탄도미사일 2기와 차량이동발사대 MAZ-543P(8륜 대형트럭 및 발사대)를 비밀리에 인수받아 이를 분해하여 역추적 공법으로 설계도를 작성하였다.[6] 이 설계도에 따라 SCUD-B 탄도미사일을 복제하는데 3년이 소요되었고 1984년 4월과 9월에 화대군 미사일시험장에서 3번 이상의 시험 발사를 실시하여 동해 상에 낙하시킴으로써 미사일 복제 시제품생산에 성공하였다.

북한이 SCUD-B 탄도미사일을 복제한 목적은 역추적 설계과정을 통해서 SCUD-B 탄도미사일의 설계내용을 파악하고 또 미사일 제작과정에서 미사일 제작기술을 습득하고 마지막 시험발사를 통해서 미사일 개발의 가능성을 확인하는데 있었다.

가능성을 확인한 북한은 미사일 개발에 자신을 얻어 SCUD-B 탄도미사일 원 설계에 약간의 수정을 가해서 새로운 미사일의 시제품을 생산하여 1985년 시험사격을 실시해 본 결과, 사정거리가 SCUD-B 탄도미사일보다 20~40km 연장되는 성과를 거두었다.[7] 이 새로운 미사일의 성

---

5) Joseph S. Bermudez Jr., 앞의 글, p.52.

6) 「Jane's Intelligence Review」(SR No 9), IHS Global Ltd., Printed in the UK, p.56,

    Joseph S. Bermudez Jr., 앞의 글, p.51,

    「제2次 朝鮮戰爭」, 앞의 책, p.124,

    한국통일원 관계자는 이집트로부터 SCUD-B 미사일 2기를 도입 역설계했다고 밝혔다. (세계일보, 1993.7.9)

7) 「軍事研究」1994년 8월호, p.51.

능을 소련제 SCUD-B 탄도미사일과 비교해 보면, 탄두중량과 외형은 동일하나 사정거리가 증가된 개량형 탄도미사일이라 하여 서방측에서는 이를 「SCUD-B 개량형 탄도미사일」이라 칭하였다. 이 SCUD-B 개량형 탄도미사일의 사정거리가 20~40㎞ 연장된 것은 SCUD-B 탄도미사일의 로켓엔진(모터)을 개량한 것으로 분석되고 있다.

<표 6-1> 'SCUD-B'와 'SCUD-B 개량형' 탄도미사일의 비교

구 분	SCUD-B 미사일	SCUD-B 改 미사일
사 거 리	300km	320~340km
탄두중량	825~985kg	좌측과 동일
C E P	500~1,000m	"
전 장	11.25m	"
직 경	0.88m	"

북한이 이렇게 SCUD-B 개량형 탄도미사일 개발에 성공하자, 여기에 가장 민감하게 접근한 나라가 이란이었다. 이란은 당시 이라크와 1980년부터 계속 전쟁 중이었는데, 상대국 도시를 직접 공격할 수 있는 탄도미사일이 요구되고 있었다. 이라크는 소련으로부터 SCUD-B 탄도미사일을 직접 공급받을 수 있었으나 이란은 리비아와 시리아로부터 SCUD-B 탄도미사일 소량만을 역수입할 수밖에 없는 처지였다.[8]

이러한 시기에 북한이 SCUD-B 개량형 탄도미사일을 생산하게 되자, 이란은 1985년 후반에 북한과 「탄도미사일개발협정」을 체결[9]하고 SCUD-B 개량형 탄도미사일을 북한으로부터 대량 구매하기로 했다.

Joseph S. Bermudez Jr., 앞의 글, p.53.
8) 「軍事硏究」1994년 6월호, p.100.
9) 「軍事硏究」,위의 책 p.100,
　　Joseph S. Bermudez Jr., 앞의 글, p.53.

이때 체결된 미사일개발협정은, ①탄도미사일 기술을 상호 지원한다, ②이란은 북한의 미사일 개발계획에 자금을 지원한다, ③이란은 SCUD-B 개량형 탄도미사일의 구매에 우선권을 갖는다는 내용이었다.

이 협정에 따라 이란으로부터 지원받은 미사일 개발 자금은 북한의 미사일 개발에 큰 활력이 되어 1986년부터 양산에 들어가 월 4~5기 또는 8~12기까지 생산하기에 이르렀다.[10]

1987년부터 1988년 2월까지 생산된 미사일 약 100기를 이란에 수출하게 되었으며, 1988년 이란은 소위 '도시들 간의 폭격'이라는 이라크와의 미사일 공격전에 북한제 SCUD-B 개량형 탄도미사일을 사용할 수 있었다.[11]

그리고 북한은 1985년도에 SCUD-B 개량형 탄도미사일을 생산하면서 이 미사일을 장비한 북한 최초의 미사일부대를 창설하여 배치함으로써 한국 수도권은 물론 대전-군산선까지 북한의 SCUD-B 개량형 탄도미사일의 사정권 내에 들어가게 되었다.

2. SCUD-C 개량형 탄도미사일 개발

북한은 SCUD-B 개량형 탄도미사일 개발로 한국이 보유하지 못한 사정거리 320~340km의 탄도미사일을 보유함으로써 한국의 절반 이상을 사정권 내에 둘 수 있어 군사적으로 큰 이점을 확보했음에도, 이에 만족하지 않고 한국 전체를 사정권 내에 둘 수 있는 장사정의 탄도미사일을 개발해야겠다는 목적으로 1988년부터 본격적인 장사정 탄도미사일 개발계획에 착수했다.

---

10) 「軍事研究」, 위의 책, p.100.
   Joseph S. Bermudez Jr., 앞의 글, p.53.
11) Joseph S. Bermudez Jr., 위의 글, p.54.

북한의 사정거리 연장 개발계획에는 두 가지 안이 검토되었는데, 하나는 SCUD-B 탄도미사일의 System에서 간단한 개량으로 사정거리를 연장하는 안이고, 다른 하나는 SCUD-B 개량형 탄도미사일 개발에서 얻은 기술을 토대로 하여 새로운 미사일 System의 장사정 탄도미사일을 개발하는 안이었다.[12] 이 두 가지 안은 각각 별도로 진행시켰는데, 첫째 안은 「SCUD-C 개량형 탄도미사일」로 나타나고, 둘째 안은 「노동1호 탄도미사일」로 나타나게 된다.

첫째 안은 SCUD-B 탄도미사일 System의 간단한 개량으로 사정거리를 연장시키는 것으로, 그 개념은 이러하다. 즉 사정거리를 연장시키려면 미사일의 최종 발사속도를 증가시켜야 하는데, 이를 위해서는 SCUD-B 개량형 탄도미사일의 연료탱크와 산화제탱크를 확장시켜 그 용량을 증가시키는 것과 탄두의 중량을 감소시킴으로써 사정거리를 연장시킨다는 개념이었다.

※ 참고 : 탄도미사일이 발사되면 내장된 유도장치는 미사일의 속도와 목표까지 도달할 비행각도를 결정한 후 로켓엔진의 작동을 중지(제어)시키게 되는데, 이때의 로켓 속도를 미사일의 최종속도라고 한다. 이 최종속도는 사정거리를 결정하게 된다. SCUD-B 탄도미사일의 최종속도는 1,7km/s로 사정거리는 300km이고, 또 최종속도가 2.2km/s인 미사일의 사정거리는 600km에 달한다. 최종속도가 2.8km/s 정도인 미사일은 사정거리가 1,300km에 이르게 된다. 이처럼 미사일의 최종속도는 사정거리를 결정하게 된다. 최종 발사속도(Vf)는 다음 공식으로 계산된다.

$$Vf = Ve \times \ln(mo/mf)$$

※ Vf : 최종발사속도
　Ve : 엔진이 가스를 모두 분사시켰을 때의 속도

---

12) Joseph S. Bermudez Jr., 위의 글, p.54.

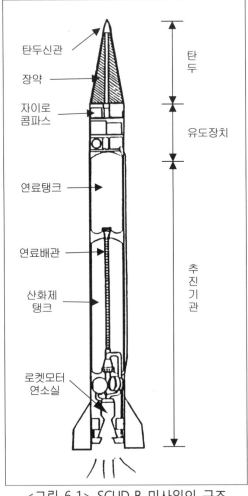

<그림 6-1> SCUD-B 미사일의 구조

탄두신관
장약
자이로 콤파스
연료탱크
연료배관
산화제 탱크
로켓모터 연소실

탄두
유도장치
추진기관

mf : 모든 연료가 연소되었을 때 로켓의 몸체와 탄두의 최종중량

mo : 발사 직전의 미사일의 총 중량, 즉 최종속도는 연료의 용량이 커야만 빨라진다는 것을 알 수 있다. <전략연구('97.3.28) 참조>

이 미사일의 개략개념은 간단한 것 같지만 실제로는 미사일의 전체 중량의 증가로 무게중심이 달라지므로 이 미사일 전체가 순조롭게 장거리 비행을 하기 위해서는 정밀한 개조작업이 요구되었다.

그래서 1988년부터 미사일 사정거리 연장개량사업은 평양시 승호구역 독골동에 위치한 미사일공장(1987년 1월에 건설)에서 시작되었다.[13] 1989년 후반에 이르러 북한은 SCUD-B 개량형 탄도미사일의 탄체 직경은 늘리지 않고 탄체의 중앙부분의 연료 및 산화제 탱크 부분만을 1m 연장하여 연료와 산화제의 탱크 용량을 증가시키고, 탄두 중량은 985kg에서 700kg으로 감소시키고, 명중률을 높이기 위해서 관성

---

13) 小學館 編, 「SAPIO (1993.10.14)」, p.26.

유도방식을 약간 개선시킨 미사일의 시제품을 제작 완료하게 된다.[14]

이 시제품에 대한 최초의 발사시험은 1990년 6월 함북 화대군 시험장에서 발사하여 동해에 낙하시킴으로써 성공을 거두었다.[15] 이때 발사된 미사일의 성능은 사정거리가 600km에 달하고 탄두중량은 700kg이며, 명중률은 다소 개량되었다고 하나 사정거리의 연장에 따라 CEP는 1~2km 되는 것으로 분석하고 있다. 이 새로운 미사일은 소련의 초기 SCUD-C 탄도미사일의 사정거리(550km)보다 약간 증가되었고 또 소련의 SCUD-C 탄도미사일과 구분하기 위해서「SCUD-C 개량형 탄도미사일」로 명명하게 되었다.

이 SCUD-C 개량형 탄도미사일과 SCUD-B 개량형 탄도미사일을 비교해 보면, 탄체의 직경은 동일하고 길이만 1m 길어진 것 외에 외형에 달라진 것은 없으나 사정거리가 거의 배로 연장되었다는 사실이다.

<표 6-2> SCUD-C 개량형 및 SCUD-B 개량형 탄도미사일의 비교[16]

구 분	사정거리	탄 두	CEP	전 장	직 경
SCUD-C개량형	600km	700kg	1~2km	12.25m	0.88m
SCUD-B개량형	340km	985kg	0.5~1km	11.25m	0.88m

사정거리 600km의 의미는 제주도를 포함한 한국 전역이 사정권 내에 들어감으로써 한국으로서는 북한의 미사일 위협에 완전히 노출되게 되었고, 북한으로서는 1975년 이래 사정거리 600km 탄도미사일 개발의 꿈(DF-61)을 15년 만에 실현시켰다 할 수 있다.

사정거리 600km에 달하는 SCUD-C 개량형 탄도미사일의 개발이 알려지자 이란은 1990년 가을, 북한과의 새로운 미사일협정을 체결했고, 그

---

14) Joseph S. Bermudez Jr., 앞의 글, p.55.
15) Joseph S. Bermudez Jr., 위의 글, p.55.
16) 檜山良昭,「金日成の 核ミサイル」, 東京:光文社, 1994, p.3.

다음 해인 1991년 4월에 북한은 시리아와도 SCUD-C 개량형 탄도미사일을 공급하는 협정을 체결하였다. 이에 따라 북한은 SCUD-C 개량형 탄도미사일 생산을 1991년도부터 매월 4~8기를 생산하는 양산체제로 전환하였으며, 이때부터 이란과 시리아에 수출하기 시작하여 이란에 약 100기, 시리아에도 1991년 4월부터 약 60기의 미사일과 이동발사대차량(TEL:12대)을 수출한 것으로 알려지고 있다.[17]

그리고 북한군은 1991년도부터 SCUD-C 개량형 탄도미사일을 실전배치하기 시작하여 미사일연대를 미사일여단으로 증편하였다.[18]

---

17) 「제2次 朝鮮戰爭」, 앞의 책, p.126, 서울신문, 1997.8.28.
18) 「軍事硏究」, 앞의 책, p.34,
   金元奉, 앞의 책, p.132.

제3절 노동1호 탄도미사일 개발

(1993.5.29 시험발사)

북한은 1988년부터 장사정 탄도미사일 개발을 두 개 방향으로 시작하여, 그 하나인 SCUD-C 개량형 탄도미사일은 1990년에 완성되었으나, SCUD미사일 System과는 전혀 다른 새로운 System의 미사일 개발에 착수하였던 또 다른 하나는, 개발에 많은 시간이 소요되었다.

SCUD미사일 System과는 다른 System으로 1,000km 이상의 사정거리를 얻으려면 SCUD미사일 System의 기본적 추력에 추가적인 추력을 얻어야 가능하다. 이 추가적인 추력을 얻는 방법에는 '다단계(多段階)로켓 방식'과 '집속(集束)로켓 방식' 등이 가용하다.

다단계로켓 방식은 제1단 로켓 위에 또 하나의 로켓(제2단 로켓)을 장착하여 제1단 로켓을 발사하면 제2단 로켓과 탄두가 함께 비행 중 어느 시점에서 제2단 로켓을 다시 발사함으로써 또 한 번 추력을 얻어 사정거리가 연장되는 방식이다. 이 방식은 사정거리와 탄두중량에 따라 2단계 또는 3단계의 다단계로켓 방식을 선택하게 되는데, 일반적으로 중거리 및 장거리미사일에 이용되는 방식으로 대륙간 탄도탄이나 인공위성을 쏘아 올리는 로켓은 대개 다단계로켓 방식을 사용한다.

집속로켓(Cluster) 방식은 1단 로켓의 내부 또는 외부에 로켓엔진 여러 개를 집속시켜서 동시에 점화시킴으로써 최초부터 강력한 추력을 얻어 사정거리를 연장하는 로켓 방식인데, 이 방식으로 1단 로켓을 개발하는 경우 다단계로켓 방식에 비해 개발은 용이하나 다단계에 비해 사정거리가 짧다. 그래서 이 방식은 중거리 탄도미사일에 많이 사용하는 방식이다.

북한이 SCUD-C 개량형보다 긴 장사정의 미사일 개발을 위해서 선택한 방식은 '집속로켓 방식'을 채택한 것으로 분석된다. 집속로켓 방식은 다단계로켓 방식에 비해 쉬운 방법이라고는 하나 집속시킨 수 개의 로켓엔진을 동시에 점화시켜 모두 동일한 추력을 배출해야 하는 등 고도한 기술이 요구되는데, 북한은 이때까지만 해도 이러한 고도한 기술과 기술자를 갖지 못하고 있었다. 그래서 북한은 소련 붕괴 후 경제적으로 곤경에 처한 구 소련의 미사일 관련 기술자들을 다수 스카우트하여 비밀리에 북한으로 입국시켰다. 이들 중에는 구 소련의 SCUD미사일과 중거리미사일을 전담하는 기관인 '마케예프 설계국'과, 로켓엔진(모터)을 전담하는 기관인 '이사예프 설계국' 및 '고스베르크 설계국' 소속의 기술자들 그리고 미사일 내열재료의 전문기술자들이 포함되어 있었는데,[19] 이들 모두 북한의 집속로켓 및 다단계로켓 개발에 참여했을 것으로 보인다.

1992년 8월 17일 '발렌틴 스테파노프(Valentin Stefanoff)' 러시아 국방산업위원회 로켓우주기술 총국장은 프라우다紙와의 인터뷰에서 '구 소련의 탄도학, 자이로스코프, 엔진 및 연료관계의 전문가들이 포함된 미사일 기술자들이 비밀리에 북한에 입국하였다'고 공개한 바 있다.[20] 이후 1993년 10월에는 러시아의 로켓 전문가 집단이 북한으로 밀항하려다 모스크바 공항에서 모두 체포된 사건도 보도된 바 있다.[21] 이처럼 북

---

19)「軍事研究」, 앞의 책, p.104.
　　　Joseph S. Bermudez Jr., 앞의 글, p.56.
20) 조선일보, 1994.6.18.
21)「軍事研究」, 앞의 책, p.104.

한은 장거리미사일 분야의 부족한 기술을 보완하기 위해서 러시아의 관련 기술자들을 밀입국시켜 장사정 미사일 개발에 참여시켰다.

1991년 김일성은 중국을 직접 방문하여 미사일 기술지원을 정식으로 요청하였다.[22] 이 요청에 중국은 이례적으로 구체적인 미사일 관련 기술을 제공하였다. 즉 중국의 미사일 개발의 주무부서인 '항공우주부'와 '국가과학기술위원회'로부터 북한 미사일 기술자들이 기술연수를 받았으며,[23] 미사일 제작기관인 '보리과학유한공사'와 '국방항공총공사' 등으로부터 기술을 제공받은 바 있다.

이와 같이 중국으로부터의 공식적인 기술 지원과 러시아로부터의 밀입국 기술자들에 의해서 북한의 미사일 개발은 급진전되어 1993년 5월 29일 새로운 미사일이 완성되어 함경북도 화대군 무수단리 대포동 미사일시험장에서 시험발사에 성공하게 되었다. 이 새로운 미사일이 바로 「노동1호 탄도미사일」이다. 이때 발사된 노동1호 탄도미사일은 동해안의 북위 39°40', 동경 135°45' 부근 해상에 낙하되었고, 이때 북한 해군의 프리깃함 1척과 소해정 1척이 이곳에 대기하면서 관측하고 있었다. 미사일의 발사지점으로부터 낙하지점까지의 거리는 약 500km인데 미국 CIA는 최대 사정거리가 620miles(약 1,000km)라고 발표했다.[24] 이것은 노동1호미사일의 탄도(비행하는 궤적)를 보고 산출 계산해 낸 것이다.

노동1호 탄도미사일의 제원은 미국의 국방정보국과 중앙정보국 등의 정보당국이 합동으로 발표한 바에 의하면 '노동1호 탄도미사일은 4개의 로켓모터를 사용하는 1단 로켓으로, 길이 15.2m, 동체 직경 1.2m, 탄두 770kg, 사정거리는 1,300km이며, 명중률(CEP)은 약 3~4km로 저조한 편이다'[25]라고 했다.

---

22) 「軍事研究」1996년 10월호, p.176.
23) 위의 책, p.176.
24) 檜山良昭, 앞의 책, p.28.

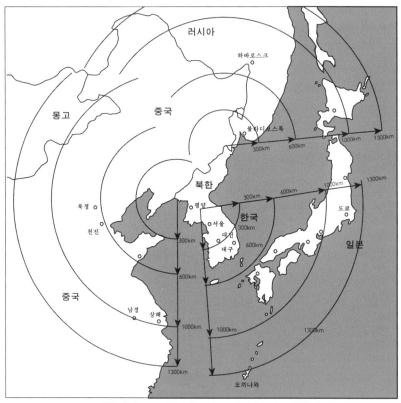

<그림 6-2> 노동1호 탄도미사일의 사정권

노동1호 탄도미사일의 실전배치를 위해서 북한은 이동발사대차량 (TEL)을 새로이 제작하였는데, 1994년 8월부터 실전배치 시험을 실시했고, 1997년 3월부터 이동발사대차량이 군사 인공위성에 의해서 관측되었고, 최근(2013년 말)까지 약 200기 이상의 노동1호 탄도미사일이 실전배치되어 있다고 보도되고 있다.

노동1호 탄도미사일의 CEP가 3~4km나 되므로 1,300km 떨어진 표적에 재래식탄두를 탑재하여 사용하는 경우, 명중시키기가 어려우므로 군사적

---

25) *Jane's Defense Weekly*, 1997.5.28.

표적에 대한 위협은 그리 크지 않다고 판단할 수 있으나, 재래식탄두라 하더라도 인구 밀집된 대도시에 투하 시는 시민에게 미치는 심리적 효과가 대단히 컸었다는 것이 이란-이라크 전쟁과 걸프전에서 증명된 바 있다.

　더욱이 핵이나 화학탄을 탑재하는 경우는 상황이 전혀 달라진다. 핵이나 화학탄의 가공할 대량 파괴력과 살상력은 미사일의 명중률 오차를 훨씬 상회할 뿐만 아니라 현대무기로도 탄도미사일에 대한 방어는 매우 어렵다는 사실을 감안하면 노동1호 탄도미사일의 실전배치는 우리에게 현실적으로 큰 위협이 되고 있다. 특히 사정거리가 1,300㎞에 이르면 한반도전쟁 시 한국방위를 지원하게 될 미군의 주요한 군사시설들이 위치하고 있는 일본 전 열도가 북한의 미사일 공격 사정권 내에 놓이게 된다는 것은 미국의 한반도 전략에도 큰 영향을 미칠 것으로 보인다. 그리고 사정거리가 1,300㎞이나 고사계사격(lofted trajectory)으로 한국 내 사격도 가능하다.

　이 노동1호 탄도미사일 시험발사로 가장 놀란 것은 일본이다. 이때까지만 해도 일본은 북한 탄도미사일의 사정권 외에 있었으므로 북한의 탄도미사일에 대해서 큰 위협으로 느끼지 않고 있었으나 1,300㎞에 달하는 노동1호 탄도미사일의 사정거리는 일본의 '오키나와'를 제외한 일본 본토 전체가 사정권 내에 들어가게 된다는 사실에 놀랐다. 또 이 당시(1993년)는 북한이 2~3개의 핵무기를 완성했을 가능성이 높다는 서방측의 분석이 나오고 있었을 때인지라 일본은 장차 핵을 탑재한 탄도미사일 공격 가능성이 현실로 다가옴에 따라 탄도미사일방어체제(MD)를 갖추기 시작했다.

제4절 대포동1호 탄도미사일 개발

1993년 5월 노동1호 탄도미사일 시험발사 이후 북한이 또 다른 장사정 탄도미사일 개발을 시도하고 있을 것으로 추정하고 있었는데, 그 다음해인 1994년 2월 미국의 첩보위성이 탐지한 바에 의하면 북한의 대포동 미사일센터 내에 있는 '산음연구소(山陰硏究所)'라는 미사일 연구시설에서 북한 최초의 2단로켓 형태의 새로운 미사일 2기가 제작 중인 것이 확인됨으로써 북한이 노동1호 탄도미사일보다 더 장사정의 탄도미사일을 개발하고 있음이 확인되었다.

정보당국이 새로이 발견한 2기의 탄도미사일 중, 탄체가 작고 길이가 짧은 미사일을 이 지역의 명칭을 따서 「대포동1호 탄도미사일」로, 그리고 더 길고 탄체가 큰 미사일을 「대포동2호 탄도미사일」로 명명하게 되었다.[26]

북한은 노동1호 탄도미사일 개발이 거의 완성단계에 접어들어 발사시험을 시작하려던 1990년경부터는 더 장사정의 탄도미사일 개발을 위해 다단계로켓 방식의 미사일 연구개발을 시작하고 있었다.

대포동 탄도미사일 개발에는 외국의 미사일 전문가들이 많이 참여한 증거들이 있다. 이들 외국인 기술자 중에는 중거리미사일의 전문가와 로켓엔진 전문가 그리고 로켓 내열재료(耐熱材料) 전문가들이 포함되어 있었다. 대포동 탄도미사일과 같은 수준의 장거리미사일 개발에는 다단계로켓이 요구되기 때문에 강력한 추력을 낼 수 있는 새로운 로켓엔진 개

---

26) *Air Space Daily* 紙, 1994.10.1.
조선일보, 1994.3.20.

발과 장사정에서 오는 오차를 감소시키기 위한 정밀한 관성유도장치의 개발 그리고 대기권으로 재진입시에 발생하는 고열에 견딜 수 있는 탄두의 내열문제가 해결되어야 하는데, 이러한 분야에 전문기술자인 러시아 및 구 동독 기술자 30~50여 명을 1990년부터 1992년 사이에 비밀리에 입북시켜 대포동 탄도미사일 개발에 참여시키고 있었다.[27]

북한은 지금까지 개발한 SCUD-B/C 개량형 탄도미사일과 노동1호 탄도미사일 개발과정에서 습득한 기술과 외국인 기술자의 참여로 대포동 탄도미사일 개발이 상당히 진전되고 있을 것으로 보이는 정보가 입수되었다. 1994년 6월 14일 대포동 미사일센터의 산음동 미사일 연구시설에서 대포동 탄도미사일의 추진체로 추정되는 로켓의 수직분사시험을 실시하는 것이 첩보위성에 의해서 다시 식별되었고,[28] 이로부터 6개월 후인 1994년 12월에도 같은 장소에서 로켓엔진을 시험하는 것이 러시아의 정보당국에 의해서도 확인된 바 있다.[29]

1996년 9월 10일 러시아가 한국측에 전달한 러시아 정보당국 보고서의 자료에 의하면 '대포동1호 탄도미사일의 제원은 2단로켓 방식으로, 제1단계 로켓은 노동1호 탄도미사일 로켓을 사용하고, 제2단계 로켓은 SCUD-B 개량형 탄도미사일을 사용하는 미사일로, 사정거리는 1,700~2,100km, 탄두는 1,000kg까지 탑재 가능하며, 전체의 길이는 23.3m가 되고, 직경은 제1단이 1.2m, 제2단은 0.88m로 북한 최초의 2단로켓 탄도미사일이다'[30]라는 첩보였다.

그로부터 2년 후인 1998년 8월 31일 12:07에 북한의 대포동 미사일

27) 檜山良昭, 앞의 책, p.2,
    「軍事研究」1994년 8월호, p.57,
    「軍事研究」1994년 6월호, p.104.
28) 조선일보, 1994.7.1.
29) 서울신문, 1995.9.11.
30) 러시아 당국이 한국에 제공한 제원임. (서울신문, 1995.9.11)

사격장에서 새로운 다단계 미사일이 발사되어 일본 열도를 지나 일본 아오모리(靑森)현 미사와(三擇) 동북방 580㎞ 지점의 북태평양 상에 낙하함으로써 대포동1호 탄도미사일임이 확인되었다.

1998년 9월 4일 북한은 중앙통신으로 '다단식 운반 로켓에 의한 최초의 인공위성 '광명성1호'를 발사, 궤도진입에 성공했다'고 발표하고, 이어서 "'광명성1호' 인공위성은 궤도에 진입하여 27메가헤르츠(㎒)의 단파대역으로 김일성 노래를 방송하고 모르스 신호를 보내고 있다'고 주장했다.

그러나 다단계로켓이 발사된 것은 확인되었으나 인공위성에서 송신하고 있다는 27㎒의 노래나 모르스 신호를 포착했다는 보고는 지금까지 세계 어느 곳에서도 확인되지 않고 또 궤도를 돌고 있다는 어떤 소속 불명의 인공위성도 관측되지 않고 있다고 미국의 통합우주사령부에서 발표한 바 있다.31) 그래서 1998년 9월 15일 미 국무성과 국방성은 '북한이 위성을 궤도에 진입시키는데 실패한 것 같다'고 발표하였다.

결과적으로 북한이 발사한 '광명성1호'라는 로켓은 인공위성 발사가 아닌 대포동1호 탄도미사일의 발사시험이며, 탄두에 인공위성을 장착 발사시킴으로써 미사일 발사시험에 대한 세계의 비난을 피하고 대신 인공위성을 발사할 수 있는 미사일 능력을 세계에 과시하려는 것으로 분석되었다.

인공위성 발사든, 미사일 발사든, 모두 로켓 발사체를 이용하는 것이므로 본질은 같다. 로켓의 선단에 위성을 장착하면 위성발사 로켓이 되고, 탄두를 장착하면 탄도미사일이 되는 것이다.

이번 북한이 발사한 미사일은 대포동1호 탄도미사일(2단로켓)에 인공위성을 탑재한 3단로켓이었으나 인공위성을 탑재한 제3단 로켓이 발사에 실패함으로써 1단과 2단의 대포동1호 탄도미사일의 발사만 성공한

---

31) 「軍事硏究」 1998년 11월호. p.38.

것으로 보인다.

이번 발사과정에서 주목되는 것은,
(a) 발사지점으로부터 탄두 낙하지점까지의 사정거리가 1,380㎞(한국 발표)
또는 1,646㎞(북한 발표)로 노동1호 탄도미사일(1,300㎞)보다는 장사정
이고,
(b) 로켓은 2단로켓(북한은 3단이라고 발표했으나, 3단 발사는 실패)으로
노동1호의 1단로켓보다는 다단계로켓이라는 점,
(c) 탄체와 탄두가 분리되는 실험에 성공하였다는 점,
(d) 발사과정의 영상을 보면, 로켓의 분사배기가 여러 개가 아니고 단일 노
즐을 가진 것으로 보였는데, 이는 강력한 새로운 로켓엔진을 개발한 것
으로 판단할 수 있다.

이상의 여러 가지 정황을 종합해 보면, 당시 다단계 미사일의 발사체
는 대포동1호 탄도미사일로 판단되며, 이미 앞 항에서 판단한 제원과 별
차이가 없다. 다만 강력한 새로운 로켓엔진의 개발과 동시에 다단계로켓
을 발사할 수 있는 미사일 기술이 상당히 진전된 점이라 할 수 있다.

그리고 1999년도 일본 「방위백서」에서 북한의 대포동1호 탄도미사일
을 정밀 분석한 결과에 의하면, '북한이 발사한 대포동1호 탄도미사일의
첫 번째 분리체(1단)는 동해에, 두 번째와 세 번째의 분리체는 신리꾸(三
陸) 앞바다에 떨어졌다. 세 번째 분리체(3단)에서 나온 작은 물체는 잠시
비행했으나 위성궤도에 진입하지 못했고, 이 비행체는 인공위성이 아니
라 탄도미사일의 사정거리를 늘이기 위한 기술점검용 미사일이었다'고
발표한 것을 미루어 보면, 북한이 인공위성 발사라고 주장하는 광명성1
호는 대포동1호 탄도미사일 실험을 위장한 것이 분명하다.
한국 국방부는 대포동1호 탄도미사일의 사정거리를 2,000㎞~2,500㎞

로 추정 발표하고 있다.[32)

\<표 6-3\> 대포동1호 탄도미사일 제원[33)

출 처	사정거리 (km)	탄두 (kg)	길이 (m)	직경 (m)	추진방식	기 타
러시아 정보당국	1,700~ 2,100	770~ 1,000	1단:12.0 2단:11.3	1단:1.2 2단:0.88	2단추진	'96.9.10 한국에 통보
시험발사 결 과	탄착 1,380~ 1,646	-	-	-	2단추진	'98.8.31발사
한국 국방백서 (2000)	2,000~ 2,500	500~ 700	-	-	2단추진	「국방정책2003」 은 2,000km로 추정

※ 북한은 3단로켓이라고 발표했고 일본도 3단로켓이라고 분석했다.

---

32) 국방부 편, 「국방백서(2000)」, p.45.
33) 러시아 당국이 한국에 제공한 제원임. (서울신문, 1995.9.11)

제5절 대포동2호 탄도미사일 개발 (2006.7.5 시험발사)

대포동2호 탄도미사일은 대포동1호 탄도미사일과는 달리 사정거리를 더 연장시키기 위해 제1단의 추진체 엔진을 여러 개로 묶어서 사용하는 집속형(cluster) 형태를 사용하는 것이 다르다. 이후 여러 차례의 시험발사를 진행하면서 발사체 추력의 증강 등, 개량을 거듭하여 대포동2호의 버전으로 발전, 대륙간 탄도미사일 수준으로 개발하려고 시도하고 있다.

1994년 2월 미 첩보위성이 대포동 미사일센터에 2기의 다단계로켓 형태의 새로운 미사일이 제작 중임을 확인하고, 이중 탄체가 크고 길이가 긴 미사일을 '대포동2호'라고 명명한 바 있다.

첩보위성이 확인한 대포동2호 탄도미사일의 외형으로 제원을 계산해 본 결과와 각종 정보를 가지고 분석한 내용들을 근거로 대포동2호 탄도미사일에 대한 추정된 사정거리를 보면,

(a) 미 국가첩보분석(NIE) 보고서는 '북한이 알라스카와 하와이 열도일부를 충분히 공격할 수 있는 대포동2호 탄도미사일을 개발 중인 것으로 판단하고 있다'[34]고 했다.

(b) 미 국방정보국(DIA)에서 컴퓨터로 모의실험한 결과, 역시 대포동2호 탄도미사일의 사정거리는 4,300~6,000㎞로 추정했으며, 이는 태평양의 괌도와 알라스카 정도를 위협할 수 있을 것으로 평가했다.[35]

(c) 러시아 정보당국은 '대포동2호 탄도미사일은 2단로켓으로 1단의 직경

---

34) 워싱턴타임스, 1995.5.14.
35) 서울신문, 1995.9.11.

은 2,4m, 길이는 16.2m인 미확인 1단추진체 위에 2단로켓의 직경은 1.2m, 길이 16m의 노동1호를 얹고 1,000kg의 탄두를 실을 수 있도록 제작'되었으며, 사정거리는 4,300~6,000km가 될 것으로 분석한, 비교적 상세한 자료를 제시했다. 그리고 '이 탄도미사일에 관성항법장치의 안전성 확보와 탄두중량 조절, 연료분사장치 개발 등의 몇 가지 기술적인 보완작업을 마치면 미국 본토를 직접 공격할 수 있는 사정거리 9,600km에 이를 것으로 판단하고 있다'고 했다.[36]

(d) 영국의 「*Jane's Intelligence Review*」지는 '대포동2호 탄도미사일은 전장 32m의 2단로켓으로 제1단 로켓의 직경은 2,4m, 길이는 18m이며, 제2단 로켓의 직경은 1.3m, 길이 14m로, 제2단 로켓은 노동1호 탄도미사일과 대등하다. 탄두중량은 1,000kg이고 사정거리는 4,000km에 달할 것이고, 대담한 추정으로는 9,600km에 이를 것이다'[37]라고 했다.

(e) 한국 국방부는 사정거리가 6,700km에 이를 것으로 추정 발표했다.[38]

그리고 대포동2호 탄도미사일의 미확인 추진체(1단로켓)는 중국의 대륙간 탄도미사일인 동풍4호 탄도미사일(CSS-3)의 1단로켓과 유사한 것으로 추정하는 견해도 있다.[39] 그 이유는 1990년 김일성이 중국을 방문하여 미사일 기술지원을 요청한 이래 북한은 중국으로부터 미사일 관련 구체적인 기술지원을 받아왔다는 점과, 또 인공위성에서 확인된 대포동2호 탄도미사일의 외형으로 제원을 계산해 보면 중국의 동풍4호 탄도미사일의 성능에 필적하고, 또 연료분사장치, 추진체 등 주요 구성품이 거의 유사하기 때문이라는 것이다.[40]

---

36) 러시아 정보보고서 (서울신문, 1995.9.11)
37) 「軍事硏究」1994년 6월호, p.103,104,
　　　한국전략문제연구소 편, 「전략연구」(통권 제9호), 1993.3, p.272.
38) 국방부 편,「국방백서」(1999), p.46.
39) 檜山良昭, 앞의 책, p.23.
40) 「軍事硏究」1996년 1월호, p.176.

<표 6-4> 대포동2호 탄도미사일과
중국의 동풍3,4호 탄도미사일의 비교

미사일	사정거리 (km)	전장 (m)	직경 (1단)	탄두 (kg)	추진체	유도방식	추진방식
대포동2호	4,300~ 6,000	32	2.40m	1,000	액체연료	관성유도	2단로켓
동풍4호 (CSS-3)	7,000	31	2.25m	2,200	액체연료	관성유도	2단로켓

2002년도 일본 「방위백서」에 의하면 '대포동2호 탄도미사일은 신형 부스터를 1단계, 노동1호를 2단계로 이용한 2단 미사일로, 사정거리는 3,500~6,000km로 개발 중이고, 또 파생형(3단계)을 개발할 가능성도 있으며 북한은 탄도미사일의 장사정화가 진전될 것으로 판단된다'[41]라고 분석했다.

이렇게 대포동2호 탄도미사일의 사정거리가 미 본토에까지 미칠 것인가를 분석하고 있을 무렵 10개월 전 대포동1호 탄도미사일 시험사격을 한 그 무수단리 미사일시험장에 새로운 다단계 미사일을 발사하기 위한 발사대가 조립되고 있는 것이 미 첩보위성이 확인하였다.

특히 새로 준비하고 있는 발사대의 높이가 종전의 발사대 23m(대포동1호 발사대)보다 10m나 더 높은 33m인 것을 확인[42]하고는 사정거리가 지금까지 분석한 바와 같이 미국의 알라스카와 하와이까지 사정이 닿을 6,000km가 될 것으로 판단[43]됨에 따라 미국 영토의 일부가 처음으로 북한의 탄도미사일의 사정권 내에 들어가게 된다는 미국의 안보상 중요한 의미를 갖게 되었다.

---

41) 防衛廳 編,「防衛白書」平成14年, 東京:防衛廳, 2002.9, p.55.
42) 惠谷治,「金正日 大圖鑑」, 東京:小學館, 2000.6, p.13.
43) 연합뉴스, 1999.7.9.

그래서 미국은 북한의 대포동2호 탄도미사일의 시험발사를 중단시키기 위한 '미·북 고위급회담'을 제의하여 1999년 6월 23일부터 3차에 걸쳐 회담을 실시하였으며, 1999년 9월 9일 '미국의 대북제재 완화 및 미·북 대화가 지속하는 한 미사일 시험발사를 유보하기로 합의'하였다. 그러나 미·북 미사일 시험발사 유보 후에도 북한의 대포동2호 탄도미사일 엔진시험은 계속되고 있음을 인공위성을 통해 미국은 계속 확인하고 있었다.

북한이 미사일 시험발사를 유보한 합의 이면에는 대포동1호 탄도미사일보다 장사정이라는 목표를 달성하기 위해서는, 1단 발사체의 추력을 높이기 위해 노동1호 탄도미사일의 엔진 4개를 클러스터형(4개를 한 다발로 묶어 사용)으로 제작하고, 2단은 노동1호 탄도미사일 엔진 1개를 사용하는 '개량형 대포동2호 탄도미사일'을 제작하고 시험하는데 필요한 시간을 벌기 위한 것일 가능성도 있었다.[44]

미·북간 미사일 발사유보를 합의한 지 6년 9개월 만인 2006년 7월 5일 무수단리 미사일시험장에서 북한은 대포동2호 발사체의 첫 시험발사를 실시했다. 그러나 발사 43초 만에 추진체가 공중폭발하면서 8조각으로 분리돼 동해상에 추락함으로써 시험발사는 실패로 끝났다. 추정만 해 왔던 대포동2호의 실체는 확인도 되지 않은 채 끝나버렸다.

UN 안전보장이사회는 북한의 대포동 탄도미사일 발사와 관련하여 '북한은 탄도미사일 계획에 관련한 모든 활동을 정지하고 또한 미사일 발사 모라토리엄에 관한 기존 약속을 재차 확인할 것을 요구한다'라는 내용의 「UN안보리 결의 제1695호」(2006.7.15)를 채택했다.

---

44) 외교연구원 편, 「2012 정책연구과제2」, 외교안보연구소, 2006.7.5

제6절 대포동2호 미사일의 버전
은하시리즈 탄도미사일 개발

대포동2호의 버전인 '은하'시리즈 탄도미사일은 대포동2호의 1단 추진체처럼 엔진을 모두 집속형으로 하고 추력을 증강시키기 위해 사용되는 엔진을 업그레이드시키고 있는 것이 다를 뿐이다. 그리고 이때부터 북한은 발사체의 명칭을 '은하○호'로 사용하고 있다.

1. 은하2호 탄도미사일 시험발사 (2009.4.5)

북한은 대포동2호 탄도미사일의 최초 발사시험(2006.7.5)에서 실패함에 따라 그 동안 실패의 문제점을 파악, 개선.보완하여 2009년 4월 초 무수단리 미사일시험장에는 새로운 개량형 대포동2호 발사를 준비하고 있었다. 이번에 준비한 발사체는 지난번의 발사체 대포동2호보다는 약간 개량된 것이나 대동소이한 3단 탄도미사일로「은하2호」라고 명명했다.

이번 발사를 앞두고 북한은 이례적으로 '광명성2호' 발사를 준비 중이라고 2009년 2월 24일 예고했다. 그리고 3월 11일에는 ICAO(국제민간항공기구)와 IMO(국제해사기구)에 추진체의 1단(무수단리에서 650㎞ 떨어진 동해상)과 2단(무수단리에서 3,600㎞ 떨어진 태평양상)의 낙하지역까지 예고하고, 4월 1일에는 미국, 중국, 러시아에 발사일자를 통보했다.

2009년 4월 5일 11시 30분에 '광명성2호'의 인공위성을 탑재한 '은하2호' 발사체는 발사되었다. 발사 후 북한의 중앙통신(4월 5일)은 '3단로켓인 '은하2호 로켓'은 11시 20분(실제는 11시 30분)에 발사되어 9분 02초 만에 '광명성2호'가 지구궤도에 진입했다'고 발표했다.

하지만 뒤이어 NORAD(북미우주항공사령부)에서 발표된 내용은 '1단계 추진체는 동해에 낙하했고, 나머지 추진체와 탑재물은 태평양 상에 낙하한 것으로 파악된다. 그러나 어떤 물체도 지구궤도에 진입하지는 못했다'고 북한이 주장하는 광명성2호의 지구궤도 진입을 부정했다.

한.미 당국은 '1단로켓은 발사장에서 500여㎞ 떨어진 동해상에 낙하했고, 2단로켓은 발사장에서 3,200여㎞ 떨어진 태평양 상에 낙하되었다'고 발표했다.

4월 12일 「Space Flight Now」는 '초기 분석 3,000㎞보다는 800㎞ 더 날아가 3,846㎞ 지점에 낙하되었고, 3단 추진체가 제대로 분리 가동되지 않았다'고 했다.

그리고 4월 14일 한국 국방장관은 '위성(광명성2호)은 지구궤도 진입에 실패했고 2,3단계는 분리되었으나 낙하지점은 확인되지 않고 있다'고 했다.

2009년 4월 5일 북한이 발사한 개량된 '은하2호' 로켓의 발사경과를 종합해보면,

  ⒜ 북한이 주장한 인공위성(광명성2호)의 지구궤도 진입은 실패되었다.
  ⒝ 1,2단계는 정상 작동되었다.
  ⒞ 2,3단계 분리와 3단계(인공위성 탑재)의 가동(분사)이 제대로 작동되지 않았다.
  ⒟ 2단 발사체가 태평양 상의 낙하지점이 3,846㎞라면 1,2단 만으로도 약 5,000㎞ 비행이 가능했을 것으로 추정된다.

(e) 만일 3단로켓이 정상 가동(분사추진)되었더라면 약 6,000㎞ 이상 비행
    이 가능했을 것으로 추정하고 있다.

(f) 북한이 발표한 1,2단의 추진체 낙하 예상지점은 실제 낙하된 지점과는
    거의 유사했다.

(g) 이번에 사용한 1단 추진체는 지난번 실패한 대포동2호의 1단 추진체와
    같이 노동1호 엔진 4개를 집속한 것이었고 2단은 노동1호 엔진 1개를
    사용한 것으로 추정했다.

이 분석을 토대로 1998년 8월 31일 발사한 대포동1호와 비교해 보면,

\<표 6-5\> 대포동1호와 대포동2호 탄도미사일의 비교

미사일	발사	1단낙하 (km)	2단낙하 (km)	3단분리	인공위성 진입	사정거리 (추정,km)	총중량 (톤)
대포동1호	1998.8.3	253	1,646	분리됐으나 20초 후 낙하	(광명성1호) 실패	2,500	30여
은하2호 대포동2호	2009.4.5	500	3,846	분리됐으나 점화실패로 낙하	(광명성2호) 실패	6,000 이상	60~70 여
발사전 예상 낙하지역 발표		650	3,600	·	·	·	·

\<표 6-5\>와 같이 1단과 2단의 추진체 낙하지점이 2배나 길어졌음을
알 수 있다. 이는 사정거리 역시 2배 이상으로 늘어났음을 의미한다. 이
번 실험에서 인공위성(광명성2호)을 궤도에 진입시키는 데는 실패했으나
다단계로켓을 발사, 사정거리를 연장시키는 ICBM 개발시험이라는 측면
에서는 일부분 성공적이라 할 수 있다.

이번 북한의 대포동2호(은하2호) 발사를 보고 '게이츠(Robert M.
Gates)'미 국방장관은 "인공위성은 실패했으나 우리에게 실제적 위협이

될 수 있음을 상기시켰다. 이 위협에 대비한 미사일방어(MD) 능력 향상에 지원을 계속해야겠다"고 했다. 게이츠 장관의 이 발언은 멀지않은 장래에 북한의 ICBM이 개발되어 미 본토까지 비행시킬 수 있는 잠재력이 있음을 예견한 것으로 이해된다.

그리고 2009년 6월 12일 UN안보리는 북한의 미사일 실험을 규탄하면서 '어떠한 핵실험 또는 탄도미사일 기술을 사용한 발사도 더 이상 실시하지 않도록 요구한다'라는 「UN안보리 결의 1874호」를 채택했다.

제2차 대포동2호(은하2호) 실험으로 1,2,3단의 분리는 되었으나 3단의 추진체가 가동되지 않아 추락되었다. 그러나 사정거리는 6,000km까지 가능할 것이라는 전망이 보였다.

2. 은하3호(1차) 탄도미사일 발사 (2012.4.13)

가. 은하3호(1차) 탄도미사일 발사 배경

2008년 12월 6자회담이 중단되자 6자회담 재개를 위한 미·북 고위급회담이 2011년 7월 28일부터 제1차 회담이 뉴욕에서 개최되었고 제2차 회담(2011.10.24~25) 후 2011년 12월 17일 김정일이 사망하고, 제3차 회담(2012.2.23~24)이 있은 후 북한 외무성 김계관 제1부상과 글린 데이비스 미 대북정책 특별대표가 북경에서 다시 만나 미·북 간의 합의가 이루어져 2012년 2월 29일에 합의 결과('2·29합의'라 함)를 발표했다.

합의 내용은 미국이 북한에 영양지원(식량지원)을 하는 조건 하에서 북한은 (a) 핵 및 미사일 실험 중단, (b) IAEA 사찰단 북한으로 복귀, (c)

농축우라늄 프로그램 중단을 사전 조치하는데 합의했다. 이로써 중단된 6자회담이 조만간 재개될 것으로 보였다.

　이 합의일로부터 불과 16일 만인 2012년 3월 16일 북한의 '조선우주공간기술위원회'의 대변인 담화에서「김일성 주석 (100회) 생일을 맞으며 자체의 힘과 기술로 제작된 실용위성을 쏘아 올리게 된다. 이번 쏘아 올리는 광명성3호는 극궤도를 따라 도는 지구관측 위성으로, 운반로켓 '은하3호'는 평양북도 철산군 서해위성발사장에서 남쪽 방향으로 4월 12일부터 16일 사이에 발사된다. 우리는 평화적인 과학기술위성 발사와 관련해 해당한 국제적 규정과 관례들을 원만히 지킬 것이며 투명성을 최대로 보장할 것」이라 했다. 그리고 같은 날 북한은 ICAO(국제민간항공기구)와 IMO(국제해사기구) 등 국제기구에 로켓의 1단과 2단의 추진체가 낙하할 지역의 추정 좌표를 통보했다. (1단로켓은 한국의 변산반도 서쪽 140㎞, 2단로켓은 필리핀 동쪽 190㎞ 공해 상에 낙하할 것)

　이처럼 미·북 간에 핵과 미사일 시험 중단을 합의한 지 얼마 되지 않아 허를 찔린 미국을 위시한 국제사회는 또 한 번 북한으로부터 농락당한 데 분노하면서 규탄의 소리가 거세어졌다. 이에 북한은 위성을 쏘아 올리는 것은 미·북 간 합의에 저촉되지 않는다고 항변하고 나섰다. '합의문에 '인공위성'이라는 표현이 어디에도 없다. 인공위성 발사는 미·북 합의와는 별개의 것'이라는 억지를 부렸다. 당시 미국 수석대표는 북측대표에게 '인공위성 발사도 합의 위반'이라는 것을 분명히 밝혔으나 미·북 합의문에는 인공위성이라는 문구를 명시하지 않았다. 북한은 이를 빌미로 말로만 한 것은 구속력이 없다는 주장이다.

　3월 17일 북한 '조선우주공간기술위원회'는 다른 나라의 권위있는 우주과학기술부문 전문가들과 기자들을 초청하여 서해위성발사장과 위성

관제종합지휘소 등을 참관시키고 지구관측위성 '광명성3호'의 발사 실황을 보여줄 것이라고 북한 중앙통신이 밝혔다. 이는 국제사회의 비난을 모면하기 위한 전술로 보였다. 그리고 한, 미, 일, EU 그리고 UN 사무총장 등의 강력한 비난에 대해 3월 18일 '우리의 평화적 우주이용 권리를 부정하고 자주권을 침해하려는 비열한 행위이며 과학연구와 경제발전을 목적으로 하는 위성발사는 특정국가의 독점물이 아니다'라고 북한은 미사일 시험발사가 아니라 어디까지나 실용위성이라는 변명을 늘어놓았다.

그리고 3월 28일 북한의 조선우주공간기술위원회 부국장은 광명성3호 위성에 대해 발표했다. '광명성3호 위성은 질량 100㎏, 수명은 2년이며 위성에는 촬영기가 설치되어 사진을 비롯한 관측자료들을 위성관제종합지휘소에 보내온다'고 실용위성 발사임을 애써 강조함으로써 국제사회의 비난을 피해보려 했다.

4월 4일 조총련 기관지 「조선신보」는 '광명성3호 발사를 시비질하는 미국의 언동은 시곗바늘이 2009년 4월 이후로 옮겨지도록 유도하는 것이나 같다. 2009년 5월에는 조선이 UN안보리 제재에 대한 자위적 조치로써 두 번째 핵실험을 단행했다'고 했다. 이는 광명성3호 위성 발사에 대해 미국 등이 UN을 통해 제재하면 3차 핵실험을 할 수 있음을 내비쳐 핵실험 공갈로 여론을 무마하려 했다.

나. 은하3호(1차) 탄도미사일45) 외신기자들에게 공개

국제사회의 비난과 규탄 속에서도 북한의 미사일 발사 준비는 계획대로 진행되어 가고 있었다.

2012년 4월 7일에는 동창리 발사장에 은하3호(1차) 로켓의 조립을 완

---

45) 은하3호 미사일은 몇 차례 발사되었으므로 저자가 혼동을 피하기 위해 1차, 2차로 표기하였음.

료하고 4월 8일 외신기자들에게 조립 완료된 「은하3호(1차) 로켓」을 공개했다.

미국 AP통신, CNN 방송, 영국 로이터통신, 일본 교도통신, 독일 ARD방송 등의 외신기자들과 인공위성 전문가 등, 총149명이 동창리 발사장 현장으로 안내되었다. 발사장 총책임자의 안내와 설명 그리고 질문으로 이어지면서 3시간 동안이나 참관했다.

먼저 조립장으로 안내되어 그곳에 임시 거치된, 높이 1m 정도의 사각형 형태인 '광명성3호' 인공위성의 실물을 손이 닿을 만큼 가까운 거리에서 공개 소개했다. '광명성3호 인공위성의 질량은 100㎏이고 고도 500㎞의 극궤도를 따라 돌며 발사 후 2년 동안 실용위성으로 역할을 하게 될 것'이라고 했다. 이어서 '태양에너지를 이용한 위성 안에 촬영기를 설치해 사진을 비롯한 관측자료들을 위성관제종합지휘소에 보내오게 된다'고 했다.

실물을 본 외신기자와 전문가들은 '일반적인 인공위성과는 판이했다'고 지적했다. 또 '부착된 카메라의 렌즈가 너무 작아 위성궤도 상공에서 지상촬영이 제대로 될 것인지, 태양전지판도 일반적으로 접어서 궤도에 진입한 후 펼쳐서 사용하는 전개형인데 비해, 광명성3호의 태양전지판은 4면체의 위성 외곽에 붙어있는 고정형이라 의아하게 생각되었다'고 외신기자들은 전했다.

미국 NASA 출신 인공위성 전문가인 '제임스 오버그(James E. Oberg)'는 "우리가 통상적으로 보던 인공위성 디자인이 아니고, 손에 닿을 정도 근거리에서 공개하면 인공위성이 오염될 것을 우려하여 통상 일반인에게 공개하지 않는데, 이번에 내외신 기자들에게 공개하는 것을 미루어 볼 때 이것이 진짜 인공위성인지 의심이 들 정도다"라고 말하기까지 했었다.

광명성3호 인공위성을 참관한 일행들은 이어서 '은하3호 로켓'이 발사대에 조립된 현장으로 안내되었다. 발사대에서 200m 쯤 떨어진 지점에서 더 나아가는 것을 금지하고 안내자는 은하3호 로켓에 대해 설명했다.

"이 운반체는 인공위성 '광명성3호'를 발사하기 위한 '은하3호' 로켓으로, 총 길이는 30m이고 폭(직경)은 2.4m, 무게가 91톤[46]이 된다"고 했다. 그리고 "우리는 이미 오래전에 김일성 수령님의 탄생 100돌을 맞아 광명성3호를 발사할 계획을 갖고 있었다."

고 하면서 은하3호 발사는 도발적 목적이 아니라 위성발사용임을 강조했다.

발사대 현장을 본 다음, 종합지휘소 앞에 설치된 대형 스크린에서 발사장의 상황을 실시간으로 보여줬다. 마지막으로 모니터링 시설인 관제시설 내부까지 둘러보고 저녁 늦게 평양으로 돌아왔다.

그리고 이틀 후인 4월 10일 조선우주공간기술위원회에서 '은하3호 로켓은 4월 12일부터 16일 사이에 발사될 것'이라고 발표했다.

다. 은하3호(1차) 탄도미사일의 발사 (2012.4.13)

외신기자 일행은 은하3호 로켓이 3월 12일부터 16일 사이 어느 날짜에 발사할 것인지에 대해서 신경을 곤두세우고 기다리고 있었는데, 4월 13일 07시 38분 55초에 은하3호(1차)의 탄도미사일(광명성3호 탑재)을 외신기자들이 알지 못하는 사이 비밀리에 발사했다.

은하3호 로켓은 발사된 지 1~2분 만에 공중에서 폭발 실패했다는 사실을 실시간에 확인한 한국 국방부가 먼저 발표했고, 북한은 발사 후 4시간 24분 만인 13일 12시 03분 조선중앙통신에서 '조선에서의 첫 실용위성 광명성3호는 오전 7시 38분 55초 평양북도 철산군 서해위성발사장

---

46) 서방측에서는 무게 92톤으로 발표하고 있다.

에서 진행됐다. 지구관측위성의
궤도진입은 성공하지 못했다'고
간단히 발표했다.

한국 국방부에서 4월 13일 은
하3호 탄도미사일이 발사로부터
폭발, 낙하하는 과정에 대한 상
세내용을 발표했다. 이를 요약
정리하면,

(a) 평북 동창리 미사일발사장
    에서 2012년 4월 13일 07
    시 38분 55초에 발사되었
    다.

(b) 한국의 세종대왕 이지스함은 발사 54초(07시 39분 49초) 만에 레
    이더에 포착했다.

(c) 발사 2분 15초(07시 41분 10초) 만에 1차 공중폭발로 은하3호 발
    사체는 1단(A)과 2,3단(B)으로 두 동강이 났다. 이때 미사일의 위치
    는 발사장 남쪽 170km, 고도는 120km였다.

(d) 두 개로 분리된 발사체는 관성에 의해 날아가다가 07시 42분 55초
    즈음에 백령도 상공을 통과하면서 고도가 151.4km까지 솟아올랐다.

(e) 분리된 A(1단로켓) 발사체는 07시 47분 42초에 재폭발하여 17개
    조각으로 분리되어 추락하면서 레이더에서 소멸되었다.

(f) 분리된 B(2,3단로켓) 발사체도 07시 48분 02초에 재폭발하고 3개
로 분리되어 추락, 레이더에서 소멸되었다.

이와 같은 내용은 54초 만에 발사를 탐지한 한국의 이지스함 세종대
왕함에서 영상으로 보내온 내용이다.

※ 은하3호 탄도미사일 발사체는 발사 후 2분 15초 만에 1차 폭발 후 두 동강이 났고, 백령도 상공 151.4km까지 솟아올랐다가 다시 각각 재폭발 하여 모두 20개의 조각으로 분리되어 발사 후 9분 07초 만에 평택-군 산 서쪽 100km 지역의 넓은 해상(50km×120km)에 추락함으로써 은하3호 (1차) 로켓 발사는 실패로 끝났다.[47)]

북한은 '2.29 미·북 합의'를 깨고 국제적으로 비난을 감수하더라도 광명성3호 인공위성을 지구궤도에 진입시키면 '평화적인 우주개발'이라 는 명분으로 희석시킬 수 있고 김일성 100주년 생일과 김정은체제 출범 을 축하하는 축포가 되어 국내외에 김정은과 북한의 위상을 과시하려 했었던 꿈이 수포로 돌아갔다.

그러나 발사 실패 이틀 후인 4월 15일 북한은 태양절(김일성 생일) 군 사퍼레이드에 16개 차륜의 대형트럭 위에 실린 직경 2m, 길이 20m의 3단로켓인 이동형 ICBM급 신형 탄도미사일을 공개하여 이목을 끌었다. (이동형 ICBM급 탄도미사일에 대해서는 다음 제8절에서 알아본다) 북한 은 은하3호의 실패를 이동형 ICBM급 탄도미사일 공개로 민심을 만회하 려는 것으로 보였다.

그리고 4월 16일 UN안보리는 의장성명을 만장일치로 채택 발표했다. 「북한은 UN결의 1718호와 1874호를 준수하고 미사일을 추가로 발사하 거나 핵실험에 나설 경우 그에 상응하는 조치를 취한다」는 강력한 내용 이었다.

라. 은하3호(1차) 탄도미사일의 성능 추정

---

47) 국방일보. 세계일보 2012.4.14

북한의 은하3호 탄도미사일이 서해상에서 폭발하여 20개로 분리되어 낙하한 것을 확인한 한국 해군은 이 잔해를 수거하기 위해서 함정 10여 척을 동원, 수색에 나섰으나 낙하지역이 광범위(6,000㎢)하고 심한 조류와 평균 수심이 70~100m에 달해 수거에 실패했다. 그러나 1개월의 각종 정보와 영상자료 등을 분석한 결과를 5월 24일 국방부는 발표했다.

「북한의 미사일 발사 궤적을 분석한 결과 1단과 2단의 추진체가 분리되었다. 폭발은 1,2단이 분리된 직후에 일어났다. 미사일은 1단 추진체 분리 때부터 문제가 있었던 것 같고, 이로 인해 2,3단 추진체 분리도 제대로 되지 못한 것으로 보인다. 결국 2,3단 로켓은 예정된 고도에 못 미친 상태에서 추락했다」고 했다.[48]

또 한 군사전문가는 이번 은하3호(1차)의 실패원인으로 로켓 자세 제어에 문제가 발생해서 예정 궤도로부터 벗어났다고 했다. 즉 1단로켓의 집속한 4개의 엔진 속도가 맞지 않는 등 정확하게 연동되지 못했기 때문에 자세 제어가 제대로 되지 못했다고 했다.[49]

그리고 정부기관의 한 로켓전문가는, 은하3호(1차) 미사일이 발사된 지 2분 15초(135초) 만에 1,2단이 분리된 직후 1차 폭발이 일어난 것은 1단의 연소시간(burn out)이 135초에 이른다는 것인데, 1단 연소시간이 130초 정도면 사정거리가 10,000㎞ 이상 날아갈 수 있는 능력이 있는 것으로 평가된다고 했다.[50]

노동A 엔진의 연소시간은 112초 정도이고, 노동B 엔진의 연소시간은 130초 정도이므로 이번 은하3호(1차)에 사용한 1단의 로켓엔진은 노동B 미사일 엔진 4개를 집속해서 사용된 것으로 추정할 수 있다.[51] 이를 미

48) 세계일보, 2012.5.25
49) 조선일보, 2012.12.5
50) 세계일보, 2012.12.6
51) 노동B 탄도미사일은 일명 '무수단 미사일'임. 제7절 참조

루어 볼 때 은하2호 로켓의 1단은 노동A 로켓엔진 4개를 집속한 것이고, 은하3호(1차) 로켓의 1단은 노동B 로켓엔진 4개를 집속한, 보다 강력한 1단 추진체인데, 엔진의 제어에 문제가 있었던 것으로 지적되고 있다.

은하3호(1차) 로켓은 발사 2분 15초 만에 폭발함으로써 2,3단 분리도 못하고 광명성3호의 지구궤도 진입도 실패했으나 1단계의 추력은 약 118ton으로 추정되므로 2,3단이 모두 정상적으로 가동되었더라면 사정거리 10,000㎞ 이상은 날아갈 수 있었을 것으로 추정하고 있다.

발사체	발사일 (발사장소)	로켓	위성	사정거리
은하3호 (1차)	2012.4.13 (동창리)	- 3단로켓; 총길이 30m, 총무게 91톤 -1단; 노동B미사일엔진 4기 집속 =추력 118톤 =연소시간 130초 =직경 2.4m	광명성3호 -1호기, 지구궤도 진입 실패 (공중폭발)	10,000㎞ (추정)

3. 은하3호(2차) 탄도미사일 발사 (2012.12.12)

2012년 4월 13일 은하3호(1차) 발사 실패의 상처를 입은 북한은 그동안 실패의 원인을 다각도로 분석하고 로켓엔진 시험도 여러 차례 실시하였고 김정일 사망 1주가 되는 12월 17일 이전에 재발사하여 광명성3호 인공위성을 지구궤도에 진입시키고 대륙간 탄도미사일을 반드시 성공시켜 김정일의 유훈을 발전 계승하고 있음을 과시하여 국제적 위상과 국내 체제 결속을 재고시키려 총력을 기울이고 있었다.

가. 은하3호(2차) 발사 준비

2012년 11월 초부터 북한 동창리 서해미사일발사장에서 장거리미사일 발사 준비의 징후가 우리 정보기관에 포착되고 있었다. 미국 민간 위성업체인 '디지털글로브(DigitalGlobe)'는 '11월 26일 인공위성 관측으로 볼 때 앞으로 3주 내(12월 15일 이내) 5번째 인공위성을 발사할 가능성이 있다'고 했다.

북한이 또다시 장거리미사일 시험발사를 준비하고 있다는 정보에 따라 한.미.일.중국은 지난 4월 16일 안보리의장 성명을 상기시키면서 '북한이 로켓이나 핵실험을 추가로 하는 경우, 그에 상응하는 조치를 취한다는 조항에 해당되므로 제재해야 한다. 그리고 북한의 미사일 발사는 국제사회 전체에 대한 정면 도전이므로 발사는 중지되어야 한다'고 압박을 가하고 있었다.

그러나 북한은 이에 아랑곳하지 않고 12월 1일 오후 5시경 조선우주공간기술위원회 대변인 담화로, 오는 12월 10일부터 22일 사이에 광명성3호 2호기 위성을 발사한다고 발표했다.

「김정일 동지의 유훈을 높이 받들고 우리 자체의 힘과 기술로 제작한 실용위성을 쏘아 올리게 된다. 우리 과학자 기술자들은 지난 4월에 진행한 위성발사에서 나타난 결함들을 분석하고 위성과 운반로케트의 정밀도를 개선하여 위성을 발사할 수 있는 준비를 끝내었다. 이번에 쏘아 올리는 '광명성3호 2호기' 위성은 전번 위성과 같이 극궤도를 따라 도는 지구관측위성으로써 운반로케트 '은하-3'으로 평양북도 철산군 서해위성발사장에서 남쪽방향으로 (2012년) 12월 10일부터 22일 사이에 발사하게 된다. 위성발사 과정에 발생되는 운반로케트 잔해물들이 주변국가들에 영향을 주지 않도록 비행궤도를 안전하게 설정하였다」

나. 발사 연기 발표와 기습적 발사 (2012.12.1~12.12)

발사 발표 이틀 후인 12월 3일, 북한은 은하3호(2차)의 1단, 2단 및 페어링 낙하 예상지역을 공개했다. 1단 추진체는 전북 부안 서쪽 140km 공해상, 2단 추진체는 필리핀 동쪽 약 136km 지역에 낙하, 페어링(인공위성 보호통)은 제주 서쪽 약 88km 지역에 낙하할 것이라 했다. (페어링 낙하 예상지역 발표는 이번이 처음임)

12월 4일까지 은하3호(2차) 로켓은 로켓 발사대에 모두 조립 완료되었고 로켓추적레이더, 계측장비 설치 그리고 연료 주입만 완료되면 예정 발사일(12월 10일~22일)까지는 충분히 발사가 가능할 것으로 보였다.

이렇게 북한이 광명성3호 2호기 발사준비를 하는 사이, 한국과 미국, 일본은 지난 4월 광명성3호 1호기 때와 마찬가지로 각종 탐지장비(이지스함, 정찰위성, 특수정찰기, SBX 등)들을 동원하여 광명성3호 2호기 비행 추적에 나설 준비를 갖추고 있었다.

이런 와중에 12월 8일 조선우주공간기술위원회 대변인은 '일련의 사정이 제기되어 우리의 과학자, 기술자 들은 광명성3호 2호기 발사시기를 조절하는 문제를 신중히 검토하고 있다'고 발표했다. 그리고 이틀 후인 12월 10일에는 '운반로켓의 1계단(단계) 조종발동기 계통[52]의 기술적 결함이 발견되어 위성발사 예정일은 12월 29일까지 연장한다'고 발표하고, 연기한 사실을 ICAO와 IMO의 국제기구에도 통보했다.

발사를 12월 29일까지 연기한다고 발표한 이후, 고장부분을 수리하기까지는 다소 시일이 걸릴 것으로 한국을 비롯한 국제사회는 예측했으나 예상을 뒤엎고 이틀 후인 2012년 12월 12일 오전 09시 51분, 북한은 기습적으로 은하3호(2차)를 발사함으로써 또 한 번 국제사회를 우롱하는

---

52) '조종발동기 계통'이란 은하3호(2) 1단계는 노동B 미사일 엔진 4개를 집속시킨 것으로 각각의 분사구를 조종하는(제어하는) 전체 시스템을 말하는 것으로 추정됨.

도발을 했다.

최초 북한이 은하3호(2차) 로켓을 발사하겠다고 발표한 12월 1일부터 발사한 12월 12일까지(12일간) 세계 28개국과 3개 국제기구(UN, EU, NATO)가 발사를 중단할 것을 촉구했으나 북한에게는 마이동풍(馬耳東風)이었다.

은하3호(2차) 발사에서 광명성3호 2호기가 지구궤도 진입까지를 정리하면,

- 12월 12일 김정은은 위성관제종합지휘소에서 '당 중앙은 위성발사를 승인한다, 발사하라'는 지시를 내렸고,
- 09시 49분 46초, 은하3호(2차)는 발사되었다.
- 09시 49분 50초, 미국 DSP위성은 정지궤도에서 발사 4초 만에 은하3호(2차) 발사를 포착했다.
- 09시 51분 20초, 세종대왕함은 은하3호(2차)를 레이더로 포착했다. (발사 94초 후 포착)
- 09시 52분 28초, 은하3호(2차)의 1단 추진체는 발사장에서 45km 남방, 고도 98km 지점에서 분리되었고,
- 09시 53분 28초, 2,3단 추진체는 백령도 상공을 통과(고도 189km)했다.
- 09시 58분 30초, 1단 추진체는 변산반도 서쪽 138km 해상에 4조각으로 분리 낙하했다.
- 09시 58분 26초, 2,3단 추진체는 오키나와 서쪽 상공 473km 지점을 통과했고,
- 09시 59분 06초, 제주도 서쪽 86km 해상(발사장에서 429km)에 페어링이 낙하했다.
- 10시 05분, 2단 추진체는 필리핀 동쪽 해상(발사장에서 2,600km 이상)에 낙하했으며,

- 13시 25분, NORAD(북미항공우주방위사령부)는 '미국의 미사일 감시 시스템이 추적한 결과, 북한은 성공적으로 위성을 궤도에 진입시킨 것으로 보인다'고 발표했다. 2단과 3단 추진체의 낙하지점은 후에 확인될 것이라고 했다.
- 22시 30분, 북한은 발사장면을 TV에 공개하면서 광명성3호 2호기를 궤도에 진입시켰다고 공식발표했다.

「우리의 과학자 기술자들은 운반로켓 은하3호기로 광명성3호 2호기를 궤도에 진입시키는데 성공했다. 위성은 97.4도 궤도 경사각으로 근지점 고도 499.7㎞, 원지점 고도 584.18㎞인 극궤도를 돌고 있으며, 주기는 95분 29초이다」라고 했다.

북한은 인공위성의 지구궤도 진입을 다섯 번 만에 성공시킴으로써 세계 10번째 'Space Club'에 가입하는 국가가 되었다.

북한이 은하3호(2차) 로켓을 발사하자 12월 13일 0시, UN안보리는 긴급 이사회를 소집했다. 미국 UN대사(수전 라이스; Susan Rice)는 '미국 내에서 북한의 정권교체를 주장하는 강경론까지 나온다'고 하면서 북한의 강력한 제재를 주장했다. 그리고 러시아도 제재에 긍정적이었다. 그러나 중국 UN대사는 '북한의 미사일 발사가 지역 안정을 해치지 않는다'고 언급함으로써 북한을 두둔하는 행태를 보였다. UN의 북한 제재에 중국이 협조하지 않으면 해운(海運)제재를 추가해도 효과를 낼 수 있을 것인지 의문시 되었다.

다. 은하3호(2차) 추진체와 광명성3호 2호기의 실체

은하3호(2차) 발사를 대기하고 있던 한국 이지스함 세종대왕함은 발사

94초 만에 레이더에 포착 추적 중, 은하3호(2차)의 1단 추진체가 변산반
도 서쪽해상 138km 지역에 4조각으로 분리돼 낙하하는 것을 확인하였
다. 한국 해군은 낙하지역 해저 85~88m 바닥에 가라앉은 1단 추진체의
인양작업을 개시하여 이틀만인 12월 14일 02시 26분에 산화제통으로
보이는 1단 추진체의 일부를 인양하고 계속 작업하여 12월 23일까지 1
단 추진체의 거의 전부를 인양하였다.

　인양 후 42명의 전문가들이 모여 분석작업에 들어가 분석한 결과가
발표되었다. 이를 간추려 보면,

(a) 산화제통의 크기는 직경 2.4m, 높이 7.54m로 저장용량은 48톤이
　　나 된다.
(b) 48톤의 산화제를 추력으로 계산하면 추력 118톤에 이른다.
(c) 추력 118톤으로 은하3호(2차)를 쏘아 올리는 모의시험을 해 본 결
　　과, 500~600kg의 탄두를 10,000km 이상 보낼 수 있는 추력으로 판
　　단되었다.
(d) 은하3호(2차) 발사에 사용한 산화제는 적연질산(赤煙窒酸, RFNA;
　　red fuming nitric acid)으로 확인되었다. 적연질산은 유독물질로,
　　일반적으로 우주발사체에는 사용되지 않고 상온 보관이 가능하므로
　　군사용미사일에 사용되는 산화제이다.
(e) 은하3호(2차)의 전 발사체는 알루미늄 합금으로 만들어져 부식성에
　　강한 재질이다. 그리고 발사체의 용접부분은 수작업으로 했기 때문
　　에 접합부분이 매끄럽지 못한 저급 수준이다.
(f) 은하3호(2차)의 추진력 118톤을 출력하기 위해 27톤급 노동B 미사
　　일 엔진 4기와 3톤급 보조엔진 4기를 결합한, 약 118톤[(27톤×4
　　기)+(3톤×4기)=120톤]엔진을 사용했다. 보조엔진 4기는 추진력을
　　보강하는 한편, 로켓의 방향을 제어하는 역할로 밝혀졌다.
(g) 지구궤도에 진입한 광명성3호 2호기는 계획된 원궤도를 돌지 못하

고 아주 불안정하여 제 기능을 제대로 작동하지 못하고 있다는 미국의 로켓전문가인 '데이비드 라이트(David Wright)'박사의 인터뷰(VOA)에서 밝힌 바 있다.[53]

이런 분석결과를 종합해 보면, 이번에 발사한 은하3호(2차)는 인공위성을 지구궤도에 올리는 우주발사체라고 하기보다는 대륙간탄도탄(ICBM)의 기술력을 과시하는 탄도미사일 시험이라 할 수 있다.

발사체	발사일 (발사장소)	로켓	위성	사정거리
은하3호 (2차)	2012.12.12 (동창리)	- 3단로켓: 총길이 30m, 총무게 90톤 -1단: 노동B미사일엔진 4기 집속 =추력 118톤 =연소시간 156초 =직경 2.4m -2단: 250톤 노동엔진 1기 -3단: 54톤	광명성3호 -2호기, 지구궤도 진입 성공	13,000km (추정)

은하3호(2차)의 1단 추진체의 연소시간(156초)과 추력(118톤)을 고려하면 0.5~0.6톤의 탄두를 탑재하고 10,000km까지 날아갈 능력이 있는 것이 확인됨으로써 북한은 미 본토까지 날아갈 수 있는 ICBM의 투발능력이 있음은 인정되나 실제 ICBM 무기로서 완성되었다고는 할 수 없다.

이것이 완성되기 위해서는 두 가지 요건을 더 갖추어야 한다. 하나는 핵탄두를 1톤 이하로 소형.경량화해야 한다. 둘째는 장거리미사일이 대기권으로 재진입 시 7,000~8,000℃의 온도와 압력에 견딜 수 있는 내연

---

53) 세계일보, 2012.12.21

성 기술이 요구된다. 그러나 지금 북한은 이 두 가지 요건을 갖추었는지 확인은 되지 않고 있으나 조만간 이 문제를 해결할 수 있을 것으로 예상하고 우리는 여기에 대비해야 할 것이다.

북한은 김정일 사망 1주기 며칠 전에 '광명성3호 2호'기를 최초로 지구궤도에 진입시키는데 성공함으로써 김정은은 김정일의 유훈을 실현시킨데 고무되어 12월 21일 은하3호(2차) 발사에 기여한 과학자와 기술자들을 격려하기 위해 평양 목련관에 초청하여 축하연을 하는 자리에서 "이번 장거리 로켓의 성공적인 발사는 장군님(김정일)께 올리는 우리 인민의 가장 큰 선물이며 올해 우리 당과 인민의 영웅적 투쟁의 빛나는 총화다. (앞으로) 여러 가지 실용위성과 더 위력한 운반로켓을 더 많이 개발하고 발사해야 한다"고 했다.

이날 축하연의 무대 좌우측에 은하3호의 로켓모형과 은하3호 로켓보다 큰 「은하9호」라는 로켓모형을 세워놓은 것이 이채로웠다. 김정은이 이곳에서 '더 위력한 운반로켓을 개발해야 한다'고 시사한 것처럼 장차 '은하9호' 로켓까지 발전시켜 나가겠다는 김정은의 의지 표명인 것으로 보인다. 그 다음날(12월 22일) 북한 최고인민회의 상임위원회는 이번 발사에 기여한 과학자와 기술자 101명에게 공화국영웅 칭호 등을 수여하여 사기를 진작시켰다.[54]

이처럼 미사일 과학자들을 파격적으로 격려하는 모습에서 장차 완전한 ICBM급 핵.미사일을 완성하여 한반도 유사시 미국을 견제하고 한반도 통일을 달성하려는 북한의 핵전략을 읽을 수 있다. 미국도 이를 읽고 있는 듯하다. 미국의 '파네타(Leon E. Panetta)' 국방장관은 2013년 1월 이탈리아에서 '북한이 지난 해(2012년) 12월 발사한 미사일은 ICBM

54) 조선일보. 2012.12.24

으로, 이는 미국을 공격할 능력을 갖추고 있다는 것을 의미한다'고 했
다.55)

제7절 새로운 탄도미사일의 개발

북한은 장거리미사일인 대포동 탄도미사일을 개발 개량해 나가는 사이, 별도로 러시아의 각종 미사일을 직.간접으로 도입, 이를 복제 또는 개량하여 단거리미사일인 KN-02미사일, 중거리미사일인 무수단미사일 그리고 대륙간 탄도미사일인 KN-08미사일을 생산, 실전배치하고 있다.

1. KN-02 단거리 탄도미사일

북한은 사정거리 50~64km의 Frog-5/7을 보유하고 있으나 사정거리 100km 내외의 전술미사일이 없었다. 여기에 요구되는 전술미사일은 구소련의 SS-21(사정 100~120km) 전술미사일이었는데, 마침 구 소련이 시리아에 SS-21미사일을 제공하고 있었다. 이를 확인한 북한은 과거(1981년) 이집트에서 소련제 SCUD-B와 이동형 발사대차량을 비밀리에 도입하여 북한에서 복제하여 SCUD-B 개량형 미사일을 생산한 전례를 상기하여 시리아에 접근했다. 1996년도에 시리아와 「탄도미사일개발협력협정」을 체결하고 1996년 8월 시리아로부터 구 소련제 SS-21 수 기와 각종 데이터를 입수하여[56] 역추적공법으로 복제하여 2004년부터 2006년도까지 수차례 실시한 시험발사에 성공하자 서방측은 이 미사일을 「KN-02」로 명명하였다.

---

56) 松本太, 「ミサイル 不擴散」, 東京:文春新書, 2006, p.151

시험결과 사정거리는 100~120km에 달했고 정확도(CEP)가 100m로 SCUD-B의 정확도 1~2km에 비해 월등히 높았다. 특히 이동형 발사대차량에 탑재되고 또 고체연료를 사용하므로 신속한 발사가 가능하고 적에게 탐지당하기가 어렵기 때문에 전술적 효용성이 큰 단거리 탄도미사일이다.[57]

<표 6-6> KN-02 단거리미사일

사정거리 (km)	CEP (m)	차량탑재	직경 (m)	길이 (m)	탄두 (kg)	연료
100~120	100	TEL	0.65	6.4	482	고체연료

KN-02미사일 100여 기 정도가 배치되어 있고 사정거리 120km를 감안하면 평택, 오산의 미군기지를 사정권 내에 두고 있다.

2. 무수단 중거리 탄도미사일

2003년 9월 북한 건국기념일에 맞추어 바퀴 12개의 대형 이동형 발사대에 탑재된 새로운 미사일 10기가 평양 미림공항에서 군사 퍼레이드를 준비하고 있는 모습이 군사위성에 포착되었다.

이 새로운 미사일을 분석한 결과, 북한이 구 소련의 잠수함발사용 탄도미사일인 SS-N-6(소련명 R-27) 수 기를 입수하여 이를 기본으로 하여 지상발사용으로 개량한 사정거리 3,000~4,000km의 중거리 탄도미사일로 판명되었다. 서방측은 이 미사일을 「무수단미사일」로 명명했다.[58]

---

57) 松本太, 위의 책, p.100,
   정규수, 「ICBM 그리고 한반도」, 서울:지성사, p.279
58) 松本太, 앞의 책, p.99

일명 노동미사일보다는 개량된 미사일이라 해서 「노동B미사일」이라고도 한다.

이 미사일은 12륜의 차량에 탑재된, 길이 12m에 달하는 2단로켓으로 액체연료를 사용한다. 사정거리가 최대 4,000km에 달하므로 유사시 미군 지원기지인 괌과 일본의 오키나와 기지까지 사정이 닿는다.

북한은 한반도 유사시 이 무수단 미사일로 괌과 오키나와에 있는 미군의 지원세력을 억제할 수 있는 전략무기로 사용하려 할 것이다. 현재 무수단미사일은 약 70~150기가 실전배치되고 있다.[59]

<표 6-7> 무수단 탄도미사일

사정거리 (km)	단	차량 탑재	직경 (m)	길이 (m)	탄두 (kg)	연료	실전 배치
3,000 ~4,000	2단 로켓	TEL	105	12	650	고체 연료	70~ 150기

3. KN-08 ICBM 탄도미사일

2012년 4월 13일 은하3호(1차) 시험발사 실패 이틀 후인 4월 15일 태양절(김일성 생일) 기념 군사퍼레이드에 16개 차륜의 대형트럭 위에 탑재된 길이 20m, 직경 2m의 ICBM급 신형 탄도미사일 6기를 공개했다.

서방측에서는 이 미사일을 「KN-08」로 명명했고 중국의 DF-31, 러시아의 SS-27 신형 ICBM과 유사점이 있다고 보았다. 길이와 직경과 3단로켓인 점을 비롯하여 분석한 결과, 사정거리는 약 5,000~6,000km에 이를 것으로 판단했다.

---

59) 외교연구원, 앞의 책, pp.10,23

<표 6-8> 탄도미사일 비교

미사일	이동차량	무게 (ton)	로켓 (단)	길이 (m)	직경 (m)	사정거리 (km)	연료	탄두중량 (kg)	총중량 (ton)
DF-31	16륜	42	3단	13	2.475	8,000	고체	750~1,000	42
SS-27	16륜	42	3단	22.7	1.84	10,459	고체	-	47
KN-08	16륜	40~45	3단	20	2	5,000~6,000	고체	-	40~45

북한은 대포동 장거리미사일 개발 때부터 이동식발사대에서 발사할 수 있는 미사일 개발도 시작했다. 은하3호(1차) 미사일을 발사할 무렵에는 KN-08 탄도미사일도 완성되어 은하3호(1차)와 KN-08 탄도미사일 중 어느 것을 시험발사할 것인가를 검토하였으나 KN-08 탄도미사일의 엔진시험을 2011년 겨울부터 4차례 이상 실시하였으나 문제점이 해소되지 않아 결국 은하3호(1차) 로켓을 시험발사하게 되었다는 첩보도 있었다.

그리고 KN-08 탄도미사일의 총중량이 40~45톤에 이르므로 이를 탑재하고 발사할 수 있는 이동식차량 시스템을 갖춘 대형 운반차량 제작이 쉽지 않아 결국 중국의 임업용 목재운반차량(WS 51200)을 도입하기로 하고 중국의 차량제작회사에 6대를 목재운반용으로 사용한다고 주문하여 이를 KN-08 이동식발사대로 개조하여 군사퍼레이드에 선보인 것이다.[60]

KN-08 탄도미사일은 아직 시험발사를 한 적이 없고 은하3호(2차) 시험발사 후에 최근(2014년 3월)까지도 동창리 시험장에서 엔진시험을 실

---

60) 세계일보, 2013.6.27

<그림 6-3> KN-08 탄도미사일

시하고 있는 것이 군사위성에 포착되고 있다.

앞으로 엔진분사시험이 완료되면 KN-08 발사시험이 있을 것으로 예상하고 있다. 미 정보당국은 KN-08 탄도미사일의 엔진시험을 인공위성을 통해 주목하여 분석한 결과를 2014년 3월 말에 발표했다. 그 내용은 '최근 KN-08미사일의 최대 사정거리가 당초 알려진 것(5,000~6,000km)보다 훨씬 긴 12,000km에 달해, 미 본토를 공략할 수 있다'고 추정했다.[61]

미 정보당국의 이런 결론은 동창리 시험장에서 여러 차례 실시한 KN-08 탄도미사일의 엔진 연소시험 때 발생한 그을음과 연소시간 등을 분석하여 얻은 결과라 했다. 그래서 '찰스 자코비(Charles H. Jacoby)' 북미항공우주방위사령관은 '북한의 미 본토에 대한 탄도미사일 위협은 이론적이 아니라 실질적인 고려사항이 됐다'고 2014년 3월 미 상원 군사위원회에서 보고한 바 있다.

---

61) 조선일보, 2014.3.31

2014년 10월 24일 스캐퍼로티 한미연합사령관은 미 국방부 기자회견에서 '북한은 현재 ICBM 발사 능력을 지니고 있고, 핵탄두를 KN-08에 탑재, 발사할 수 있는 발사대를 갖추고 있다. 그러나 아직 시험사격을 한 적은 없다'고 했다.

그리고 KN-08 탄도미사일은 이동식 발사대에 탑재되어 있으므로 북한 전 지역의 도로상에서 발사가 가능하므로 이 ICBM의 위치 추적은 쉽지 않을 것으로 판단되고 있다. 지금까지는 미 본토까지 사정이 닿는 북한의 탄도미사일이 없었다고 안심했던 미국이 이제부터는 북한의 ICBM의 위협에 대비하지 않을 수 없게 되었다.

제8절 북한 탄도미사일의 위협

1. 북한 탄도미사일의 보유현황

북한은 단거리 탄도미사일로부터 ICBM에 이르기까지 다양한 탄도미사일 1,000기 이상을 보유하고 전술·전략적으로 운용할 것이다.

가. 단거리미사일 (1,000㎞까지)

종류	사정거리 (km)	탄두중량 (kg)	길이 (m)	직경 (m)	고정/차량	로켓 (단)	연료	실전배치
KN-02	120	482	6.4	0.65	TEL	1단	고체	160여기
SCUD-B	340	985	11.25	0.88	TEL	1단	액체	700여기
SCUD-C	600	700	12.25	0.88	TEL	1단	액체	

나. 준중거리미사일 (1,000~2,500㎞)

종류	사정거리 (km)	탄두중량 (kg)	길이 (m)	직경 (m)	고정/차량	로켓 (단)	연료	실전배치
노동1호	1,300	770	15.2	1.20	TEL	1단	액체	200여기

다. 중거리미사일 (2,500~3,500km)

종류	사정거리 (km)	탄두중량 (kg)	길이 (m)	직경 (m)	고정/차량	로켓 (단)	연료	실전배치
대포동 1호	2,500	1,000	23.3	1.20 0.88	고정	3단	액체 / 고체	?

라. 장거리미사일 (3,500~5,500km)

종류	사정거리 (km)	탄두중량 (kg)	길이 (m)	직경 (m)	고정/차량	로켓 (단)	연료	실전배치 (기)
무수단	4,000	680	12.0	1.5	TEL	2단	고체	70~150

마. ICBM (5,500km 이상)

종류	사정거리 (km)	탄두중량 (kg)	길이 (m)	직경 (m)	고정/차량	로켓 (단)	연료	실전배치
KN-08	10,000~12,000	700	20	2.0	TEL	3단	고체	6~20기[62]
은하3호	13,000 (추정)	500	30	2.4	고정	3단	액체	.

북한은 단거리미사일 800여 기를 실전배치하여 한국 전역을 사정권 내에 두고 있고, 준·중·장거리미사일 300여 기를 실전배치하여 한국 지원 전력이 있는 해외 미군기지를 목표로 하고 있다. 또 ICBM인 KN-08의 개량과 은하3호 추진체를 ICBM으로 전환하여 미 본토까지 위협을 확장하려 하고 있다.

---

62) 2012.4.15 북한은 군사퍼레이드에서 KN-08 6기를 공개했으나, 2014.1.31 인터넷신문 「오마이뉴스」에서는 6~20기가 배치되어 있다고 보도.

2. 북한 미사일의 위협

백두산에서 제주도 남단까지의 거리가 약 1,000km가 된다. 황해북도 곡산에서 제주도 남단까지는 약 600km가 된다. 북한이 보유한 탄도미사일 중 1,000km 미만의 사정거리를 가진 미사일은 모두 한국을 목표로 한 미사일이다.

이들 미사일은 KN-02(120km), SCUD-B/C(340~600km)미사일로 약 800여 기가 실전배치되어 있다. 노동1호미사일은 사정거리가 1,300km이나 고사계사격(高射界射擊)으로 북한의 북쪽 지역에서 사격 시 한반도 전 지역 사격이 가능하다. 이것까지 합하면 약 800~900여 기가 한국군과 한국 국민을 공격하기 위해 실전배치된 미사일이라 할 수 있다.

만일 북한이 한국에 주요 목표지역을 20개소로 선정했다고 가정하고, 미사일 800발 사격 시 1개 지역에 평균 40발을 할당할 수 있다. 물론 주요 표적지역에는 100발 이상을 할당할 수도 있을 것이다. 이들 미사일의 탄두중량은 최소 482kg에서 1,000kg에 이르는 대형탄두로 일반 포탄보다는 피해범위가 월등히 크다. 그리고 이들 단거리미사일은 모두 차량화되어 있어서 수시로 위치를 변경하면서 발사할 수 있기 때문에 아군이 이들 미사일을 탐지 추적하기는 매우 어렵다.

또 KN-02미사일은 고체연료를 사용하므로 단시간에 발사가 가능하고 이동할 것이므로 더욱 위협이 된다. 또 이런 탄도미사일의 비행속도(단거리미사일)가 음속의 5~10배에 이르므로 일반 대공화기나 대공미사일로는 요격할 수가 없다. 그러므로 탄도미사일이 날아오면 지금으로는 속수무책이나 마찬가지다. (물론 Patriot-3, THAAD, SM-3미사일이 있으면 요격이 가능할 것임)

이런 무방비 상태나 다름없는 지금의 상황에서 북한의 단거리미사일이 한국의 주요지역을 공격한다면 모두가 목표지역에 떨어질 것이므로 그곳은 순식간에 패닉현상이 일어날 가능성이 크다. 거기에 더하여 북한이 보유한 생화학무기를 미사일탄두에 탑재한다면 일반 고폭탄의 수십 배의 피해가 발생할 것은 두말할 나위도 없다. 만일 미사일탄두에 핵무기까지 탑재하는 날이면 그 피해를 상상하기 두렵다.

그리고 북한에는 단거리미사일만 보유하고 있는 것이 아니라 준중거리미사일(1,000~2,500km), 중거리미사일(2,500~3,500km), 장거리미사일(3,500~5,500km)도 실전배치하고 있다. 그리고 대륙간 탄도미사일(ICBM; 5,500km이상)도 일부 보유하고 있다. 일본 본토와 오키나와 그리고 미국령 괌과 하와이, 미 본토에 있는 미군전력의 일부는 한반도 유사시 한국을 지원할 전력이고 이들은 매년 한미연합훈련도 함께 실시하고 있다.

북한은 한반도 외에 있는 미군전력의 한반도 지원을 억제하기 위해서 준중거리, 중거리, 장거리 탄도미사일을 실전배치하고 있다. 일본 본토에 있는 미군전력은 노동미사일(사정 1,300km)의 사정권 내에 있고 오키나와(沖繩)에 있는 미군전력은 대포동1호(2,500km) 사정거리 내에 있다. 그리고 괌(3,500km)에 있는 미군전력은 무수단미사일(4,000km)로 타격이 가능하다. 그리고 알래스카의 미군기지(7,000~7,500km)와 하와이(8,000km), 미 본토(9,000~12,000km)는 KN-08 ICBM과 은하3호 로켓으로 타격하려 할 것이다.

과거 미국은 KN-08 탄도미사일이나 은하3호 탄도미사일 같은 ICBM 개발을 왜 하는지 이해할 수 없다고 했다. 하지만 북한은 이 ICBM에 핵탄두를 장착하여 미국을 위협함으로써 한반도 유사시 미군의 한국 지원을 억제할 수 있고, 나아가 한국에 제공하는 핵우산과 주한미군의 철수를 강요할 수 있는, 북한의 미국 시민을 인질로 한 핵전략을 달성하기 위해 수백만의 북한 주민을 굶주리게 하면서 ICBM 개발에 투자하고 있는 것이다.

그리고 북한이 실전배치하고 있는 탄도미사일은 모두 1,000기가 넘는다. 이들 탄도미사일 중 KN-02, SCUD-B/C, 단거리 탄도미사일을 비롯하여 노동 탄도미사일과 무수단 탄도미사일 그리고 KN-08 ICBM 탄도미사일은 모두 이동식 미사일 발사차량에 탑재되어 있다.

이들 이동식 미사일 발사차량의 수량이 200대에 이르고 있다. 이들 이동식 미사일 발사차량을 24시간 감시, 추적하는 것은 쉬운 일이 아니다. 한국군은 2020년까지 30분 이내에 핵탄두 장착 미사일들을 '탐지→식별→결심→타격'하는 'Kill Chain System'을 구축할 계획을 발전시키고 있다. 그러나 이동식 미사일 발사차량 대수가 증가할수록 모두 탐지식별하기가 더욱 어려워질 것이므로 탄도미사일의 위협은 더욱 증대될 것이다.

이제 북한의 탄도미사일 능력은 미 본토까지 위협을 가해 한반도 유사시 미국의 지원을 억제하고 한국 국내는 어느 곳이나 미사일 타격이 가능하다는 것이 북한의 현실적 능력이고, 이것이 바로 북한의 위협이다.

물론 한국군은 여기에 대비하기 위해 한.미 연합전력으로 현재까지 북한의 도발을 억제하고는 있으나, 만일 한국군 자력으로 자주국방이 달성되기 전에 한미연합사가 해체되거나, 북한의 핵이 폐기되지 않는다면, 우리는 북한의 핵.미사일 위협에 노출될 수밖에 없으므로 우리의 생존을 위한 시급한 대비책이 요구된다.

제7장 미사일방어 (MD)

　적국으로부터 자국으로 날아오는 적국의 탄도미사일을 대기권이나 외기권에서 요격하여 자국의 안전을 도모하는 것을 미사일방어(MD; Missile Defense)라고 한다.

　이 미사일방어의 주 표적인 탄도미사일은 곡사포의 포탄보다 그 탄도가 큰 타원형의 궤적을 그리며 비행한다. ICBM의 경우 그 탄도의 정점은 1,000㎞ 이상으로 우주공간을 비행하며, 그 속도는 어떤 현존 항공기보다 빨라 일반 대공포나 미사일로는 요격이 불가능하다. 그러므로 탄도미사일을 요격할 수 있는 새로운 요격미사일의 개발과 또 적국으로부터 발사된 탄도미사일을 조기에 탐지하고 추적하여 요격에 필요한 각종 데이터를 실시간에 신속히 획득, 이를 요격부대에 통보하는 통신지휘시스템들이 모두 유기적으로 일사분란하게 이루어져야 한다. 그렇지 못하면 제한된 시간으로 요격의 타이밍을 놓치게 되고 자국의 안전은 담보할 수 없게 된다.

　1,000기가 넘는 탄도미사일을 보유한 북한에 대한 우리의 방어체계는 시급한 문제이다. 지금 우리는 한국 독자적인 미사일방어체계(KAMD)를 추진하고 있다. 그러나 남북의 종심이 짧아 리드타임(lead time)이 극히 제한되므로 우리가 구축하려는 탄도미사일방어체계는 미국의 미사일방어체계와는 차이가 있다. 그래서 우리는 우리의 독자적인 미사일방어체계 구축을 위해서 미국의 미사일방어체계를 먼저 이해하는 것이 우리의 미사일방어체계 이해에 도움이 될 것이다.

제1절 미국의 미사일방어

1. 미국 미사일방어(MD)의 발전과정

1950년대에서 '60년대 중반에 이르러 미, 소가 보유한 핵무기는 지구상의 전 인류를 몇 번 살상시키고도 남을 만큼의 많은 양을 보유하게 되었다. 미, 소 중 일방이 기습적인 핵공격을 가하면 상대는 대량피해를 받게 되나, 남은 핵무기로 보복공격을 가하면 상대방 역시 대량피해를 입을 수밖에 없는 상황이 되었다. 그러므로 쌍방이 감히 핵공격을 할 수 없게 되는 것이다.

쌍방이 상대를 대량파괴 시킬만한 충분한 핵무기를 보유하면 상호 핵균형이 유지되어 핵전쟁을 일으킬 수 없는 전쟁억제력이 작용하게 된다. 이것이 소위 '상호확증파괴전략(MAD; Mutual Assured Destruction)'이다. 이것은 상호 핵공격을 당할 수 있는 취약성을 가지고 있기 때문이다. 그런데 만일 일방이 상대의 핵공격을 방어할 수 있는 능력을 갖추게 되면 방어력이 없는 일방만이 궤멸적 피해를 입게 된다. 이렇게 되면 방어능력을 갖춘 일방은 안전하니까 핵전쟁을 일으킬 충동을 느끼게 되어 핵전쟁이 일어날 가능성이 높아진다는 것이다.

그러므로 핵전쟁을 예방하기 위해서는 누구도 방어능력을 갖지 말아야 한다는데 공감하여, 미국과 소련은 1950~'60년대에 이 'MAD전략'에 의하여 상호 대량의 핵을 보유하고 상호 핵공격에 대한 방어능력을 갖추지 않음으로써 핵전쟁은 억지되어 왔다.

그런데 이 MAD전략에는 중대한 약점이 있다. 이것은 핵전쟁을 일으 킬 의지가 전혀 없음에도 인간의 실수로 핵무기를 발사하게 되면 어처 구니없게도 핵전쟁은 일어나고 인류는 대참사를 면할 수 없게 된다. 그 래서 미, 소 공히 '60년대부터 우발적 핵전쟁을 예방하기 위해서 탄도탄 요격미사일(ABM)을 개발하기 시작하게 되었고, 소련은 1964년도에 모스 크바를 방어하기 위해 모스크바 외곽에 요격미사일망 건설에 착수했으 며, 미국도 1967년도에 탄도탄요격미사일 개발에 착수했다고 발표했다. 이것이 바로 미사일방어의 시발이라 할 수 있다.

그러나 이때만 해도 날아오는 핵.미사일 요격은 역시 핵으로 요격하는 방법을 구상하고 있었기 때문에, 실제 요격 상황이 벌어지면 두 핵무기 가 동시에 폭발하는 경우가 되므로, 그 폭발지역의 피해는 더욱 확대되 고, 요격무기의 생산은 곧 핵무기의 추가생산으로 연결되어 핵무기 숫자 는 더욱 증가할 수밖에 없게 되었다. 이렇게 되면 요격미사일의 경쟁은 핵위협을 더욱 증대될 것을 우려하여, 미, 소는 핵무기 감축과 아울러 요격미사일 방어체제 구축도 제한하는 문제를 논의하게 되었다.

1972년도에 미, 소 두 나라는 핵전쟁을 억제하기 위해서는 상대 핵미 사일을 요격하는 탄도탄요격미사일(ABM; Anti Ballistic Missile)을 갖지 말자고 약속한 것이 바로 ABM조약이고, 갖더라도 제한하자는 것이었다.

이 ABM조약을 보면 1개소에 한해서 100기의 요격미사일체제를 구축 하는 제한적 방어체제만 허용하고, 그 이외 지역은 핵공격에 대한 취약 성을 그대로 노출시킴으로써 핵전쟁을 억제한다는 것이다. 이와 같은 ABM조약에도 불구하고 미, 소는 탄도탄요격미사일체제에 대한 연구와 개발은 계속되고 있었다.

그런데 '80년대에 들어서면서 탄도탄요격미사일체제에 새로운 변화가 대두하게 된다. 지금까지의 탄도탄요격미사일은 적의 핵미사일을 핵탄두로 요격하는 체제였으나 1980년대 초에 와서는 요격미사일 탄두에 핵탄두를 사용하지 않고도 정확히 직접 충돌하는 운동에너지탄(Kinetic Warhead)에 의하여 적의 핵미사일 탄두를 파괴할 수 있는 기술이 개발되었다.

이렇게 되자 미 국방부(합참)는 1983년도에 요격미사일 개발계획을 레이건 당시 미 대통령에게 건의하였고, 레이건 대통령은 1984년도에 소위 별들의 전쟁이라는 '핵전략방어구상(SDI; Strategic Defense Initiative)'을 추진할 것을 천명하게 되었다.

SDI구상은 소련이 수 100기의 핵미사일을 발사하는 대규모 핵공격에 대비하는 것으로, 우주와 지상에 각각 요격무기체계를 배치하는데, 우주에는 10기씩의 요격무기를 장착한 인공위성 300기를 배치하여 날아오는 핵미사일을 요격하고 지상에 배치할 요격무기체제는 대륙간탄도유도탄(ICBM)의 추진체에 요격탄두를 장착하는 안을 구상했다. 이들의 우주 및 지상 요격무기가 요격할 수 있는 정보를 조기에 획득하기 위해 적외선 및 가시광선 센서를 탑재한 우주배치 조기경보위성과 지상배치 레이더를 구상했다.

그러나 이 SDI구상에 대한 연구개발은 시작되었으나, 이 구상이 발전되어감에 따라 대두되는 기술적인 문제와 천문학적인 자금 소요 문제에 부딪히게 되었다. 뿐만 아니라 이 별들의 전쟁 계획에 대한 미, 소 간의 과다한 경쟁은 소련으로 하여금 소련연방이 해체되는 한 원인으로 작용되기도 했다.

그리고 1980년도 말에 와서 세계의 전략환경이 또 한 번 급변하게 되었다. 즉, 1989년 베를린장벽의 붕괴와 소련연방의 해체 등으로 냉전이

종식됨에 따라 SDI구상 시 가정했었던 소련의 대규모 핵공격의 가능성
이 감소됨으로 인하여 막대한 예산이 소요되는 SDI구상은 유보상태에
있었고, 1990년 8월 이라크의 쿠웨이트 침공으로 야기된 걸프전에서 이
라크의 SCUD미사일과 Al-Hussein미사일이 이스라엘과 사우디를 공격
시, 미국의 패트리어트미사일이 이들 탄도미사일을 요격할 수 있음을 확
인함으로써, 천문학적인 예산이 소요되는 우주배치 요격체제보다는 지상
배치 요격미사일체제만으로도 상대 적의 탄도미사일을 요격할 수 있다
는 개념이 태동하게 되었다.

1991년 부시(George H. W. Bush) 전 대통령은 제3세계 국가에 의한
제한적인 소규모의 핵미사일 공격에 대비하는 '전지구적방어(GPALS;
Global Protection Against Limited Strikes)' 개념을 채택하여 전지구
적 미사일방어체제 구축을 구상하게 되었다. 그 중 미 본토 전체를 방어
하는 것을 '국가미사일방어(NMD)체제'라 했고, 해외주둔 미군과 동맹국
을 방어하는 것을 '전역미사일방어(TMD)체제'라 했다.

NMD체제란 'National Missile Defense'라는 말과 같이, 적국의 핵미
사일 공격으로부터 미국의 전 영토를 방어하는 개념으로, 미 본토를 공
격하기 위하여 날아오는 적의 장거리 탄도미사일을 미 본토에 도달하기
전, 대기권 밖에서 요격하는 것을 말한다.

미국은 NMD체제를 구축함으로써 적으로부터의 핵미사일 공격에서 미
본토를 방어할 수 있게 되나, 해외주둔 미군과 미국의 동맹국들을 적의
미사일 공격에 무방비 상태로 그대로 둘 수 없어서 TMD(Theater
Missile Defense)라는 '전구(戰區) 또는 전역(戰域) 미사일방어체제'를
구상했다.

미국은 미 본토를 제외한 세계를 5개의 전구로 구분하고 있는데, 한
전구 단위로 상대 적의 탄도미사일을 방어하기 위한 체제, 즉 TMD를

구축함으로써 그 전구에 있는 미군과 동맹국들을 방어하겠다는 체제로 발전되었다.

NMD체제가 장거리 탄도미사일을 대기권 밖에서 요격하는 체제인데 반해서, TMD체제는 전구지역이라 적으로부터의 공격 거리가 짧으므로 적의 단거리 및 중거리 탄도미사일을 대기권 내 또는 외에서 요격하는 체제가 된다.

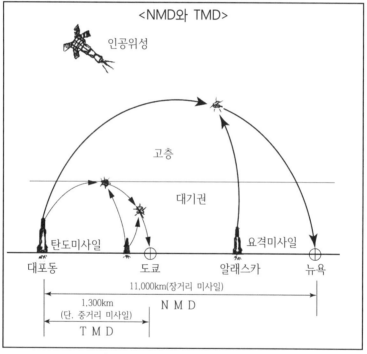

그림 41 <그림 7-1> NMD와 TMD

이렇게 해서 미국의 탄도탄미사일방어(BMD; Ballistic Missile Defense)체제는 부시(George H. W. Bush) 전 대통령시대를 거쳐 클린턴 대통령시대에 이르기까지 NMD와 TMD체제로 발전되어 왔으며, 새로운 부시(George W. Bush) 대통령이 취임하면서 미국의 미사일방어체제

의 두 축이었던 NMD와 TMD체제를 하나의 틀로 묶어 '미사일방어(MD)
체제'라는 이름으로, 미국 역대 어느 정부보다도 가장 강력한 정책 추진
으로 크게 발전되어 오늘에 이르고 있다.

2. 탄도미사일의 특성

미사일방어의 주 표적은 적의 탄도미사일이라고 지적했다. 미사일방어
를 이해하기 위해서는 먼저 탄도미사일은 어떤 특성을 가지고 있는 것
인지를 우선적으로 이해할 필요가 있다.

탄도미사일은 우리 군 포병이 사용하는 일반 곡사포탄의 탄도와 유사
한 점이 있다. 포탄은 처음 포구를 떠날 때는 폭약의 폭발력으로 일정거
리를 날아가다가 그 비행정점에서부터는 폭약의 힘이 아닌 지구인력에
의하여 즉, 탄도에 따라 곡선을 그리면서 비행 후 지상으로 낙하한다.

이 곡사포탄의 포탄처럼 탄도미사일은 발사 시 발사체의 추진력으로
공중으로 높이 솟아오르면서 내장된 유도시스템(관성항법장치)으로 목표
방향으로 지향 비행하다가, 어느 시점에서 자동적으로 추진력을 정지시
키고 그때부터는 포탄처럼 지구의 인력작용에 따라 탄도곡선을 그리며
지정된 목표지점에 낙하하게 된다.

탄도미사일의 사정거리가 길면 길수록 탄도곡선의 정점은 높아지고
비행속도도 빨라진다. 목표까지의 거리가 10,000km에 이르는 ICBM의 경
우, 탄도의 최고 정점이 1,000km 이상 되는 우주공간까지 상승하고 다시
하향곡선으로 비행, 대기권으로 재 진입하게 된다. 이때 낙하속도는 음
속의 18~21배에 이르는 굉장히 빠른 속도가 된다.

이와 같은 비행궤도를 그리면서 비행하는 탄도미사일의 특성을 사정
거리 1,000km인 탄도미사일을 예로 들어 정리하면 다음과 같다.[1]

ⓐ 탄도미사일은 포물선과 같은 탄도를 그리면서 비행한다. (포물선 탄도)

ⓑ 탄도미사일의 속도는 매초 약 3km 속도로 날아가는데, 이는 F-15 전투기의 최대속도보다 약 4배나 빠른 속도다. (비행속도가 빠르다)

ⓒ 탄도미사일의 최고고도는 약 300km로, F-15 전투기의 최고 상승고도의 약 30배나 더 높이 상승한다. (상승고도가 높다)

ⓓ 탄도미사일의 궤적이 레이더에 반사하는 면적은 F-15 전투기보다 극히 적어서 통상의 레이더로는 발견하기 어렵다. (레이더에 잘 잡히지 않는다)

ⓔ 1,000km 사정거리의 탄도미사일은 약 10분만에 목표에 도달하며, 목표에 낙하시는 약 40° 이상의 급각도 고속으로 낙하한다. (급각도로 고속 낙하한다)

백두산에서 제주도까지의 거리가 약 1,000km이므로 북한의 SCUD-ER(사정거리 1,000km)이나 노동1호(사정거리 1,300km)로 제주도를 향해 미사일을 발사한다고 가정하고, 위에서 제시된 1,000km급 탄도미사일의 특성을 고려 산정해 보면, 우리가 도입할 요격미사일(PAC-3)로 SCUD 탄도미사일을 요격하는 경우, 제주도까지 비행시간이 약 10분이 소요되고 PAC-3 요격미사일이 SCUD 탄도미사일의 발사를 탐지, 추적, 준비하는 데까지는 2분이 소요되므로, 약 8분의 여유를 가지고 대기하고 있다가 요격고도(22km)에 적 미사일이 도달하면 요격하게 된다. 그러나 적 탄도미사일의 발사지점과 표적 간의 거리가 짧을수록 리드타임은 줄어들므로 아군의 요격미사일의 준비시간을 얻기 위해서는 적 탄도미사일을 조기에 탐지하는 것이 무엇보다도 중요하다. 조기탐지가 안되면 요격 기회를 놓칠 수 있기 때문이다.

---

1) 防衛廳 編,「防衛白書」平成12年, 東京:防衛廳, 2000.9, p.165

고속으로 비행하는 적의 탄도미사일을 직접 요격하는 것은 날아오는 소총탄을 소총탄으로 명중시키는 만큼이나 어렵다고 비유해서 말하는 전문가도 있다. 이처럼 적의 탄도미사일을 요격하는 시스템은 요격시스템뿐만 아니라 적 탄도미사일의 조기 발견에서부터 추적 요격하는 각종 시스템들이 적 탄도미사일의 특성에 맞추어 요격이 이루어져야 하므로 탄도미사일의 특성 이해는 탄도미사일 연구에 중요하다.

3. 미국 미사일방어(MD)의 메커니즘

미국의 통합된 미사일방어(MD)시스템의 핵심은 '광범위 중첩방어'라고 말할 수 있다. 적국에서 발사된 탄도미사일이 미국으로 날아오는 전 비행과정 동안 요격 가능한 무기체계들은 여러 차례의 요격 기회를 가져 방어하겠다는 것이다.

탄도미사일의 비행궤적을 보면 발사에서부터 대기권으로 상승하여 우주공간의 최정점까지 상승 후, 다시 하강을 시작하여 대기권으로 재진입하여 목표지점으로 낙하하게 된다. (<그림 7-2> 참조)

가. 탄도미사일의 비행 3단계

탄도미사일의 비행궤적을 3단계로 구분하여 단계별로 미사일방어를 구상하게 된다.

그림에서 보는 바와 같이 (ICBM의 경우),

- 최초 발사에서 탄도미사일의 발사체(부스터)가 연소를 종료할 때까지의 발사초기 가속하면서 상승하는 기간(3~5분간)을 '가속상승단계(Boost Phase)'라 한다.

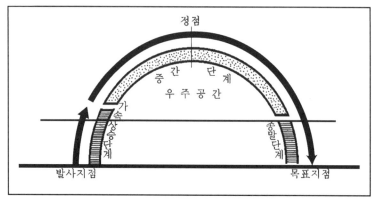

<그림 7-2> 탄도미사일 비행 3단계

- 발사체의 연소가 종료되는 지점으로부터 탄도미사일은 상승을 계속, 우주공간의 최정점까지 상승 후, 다시 하강을 시작, 탄도에 따라 하강을 계속 후, 대기권으로 재진입하게 된다. 대기권으로 재 진입하기 직전까지, 즉 발사체의 연소종료 지점으로부터 대기권으로 재 진입 시까지의 비행기간(ICBM의 경우, 약 20분간)의 궤적을 '중간단계(Mid Course Phase)'라고 한다.
- 대기권으로 재 진입한 탄도미사일은 굉장히 빠른 속도로 목표지점까지 낙하하는 비행기간(30초~60초)의 궤적을 '종말단계(Terminal Phase)'라고 한다.

이상 언급한 바와 같이 탄도미사일이 발사되어 목표지점으로 비행하는 기간을 3단계로 구분했는데, 각 단계별로 탄도미사일방어는 어떻게 할 것인가, 즉 어떻게 적의 탄도미사일을 격추(요격)시킬 것인가에 대해 알아보자.

나. 요격을 위한 3개 System

적의 탄도미사일을 격추시킬 때까지의 과정을 생각해보면, 우선 탄도미사일이 발사되었다는 사실을 맨 먼저 탐지해야 할 것이고, 탐지되면 그 탄도미사일이 어느 방향으로 가고 있는가를 판단하기 위해 계속 추적을 해야 한다. 탐지에서 추적의 데이터를 어느 지휘센터에 통보해 주어야 하고, 이를 받은 지휘센터에서는 자료를 처리하여 이 미사일이 어느 곳(표적)으로 가고 있으며, 언제 도달할 것인가를 관련 부대에 알려주고 또 요격부대를 지정해 주어 요격하도록 해야 할 것이다. 그리고 이 일련의 지시는 우주로부터 전 지구로 광범한 통신시스템을 통해서, 그것도 실시간에 이루어져야 할 것이 요망된다.

이런 일련의 과정들(탐지, 추적, 지휘·통제, 통신, 요격 등)이 탄도미사일의 비행 3단계 과정마다 계속 일사불란하게 이루어져야 한다. 그래서 탐지에서 요격까지의 통합되는 system은 아래의 3개 system으로 구성된다.

① 첫째는, 적의 탄도미사일이 발사된 것을 탐지하고 추적하는 시스템을 'Sensor System(탐지·추적 시스템)'이라 하고,

② 둘째는, 적 탄도미사일을 직접 요격하는 무기시스템을 'Intercepter System(요격 시스템)'이라 한다.

③ 셋째는, 탐지 및 추적 시스템으로부터 입수된 자료를 처리하여 관련부대에 전달하고, 요격부대를 지정하는 전투관리와 원활한 통신 보장을 관리하는 중추시스템을 'C₂BMC(지휘, 통제, 전투관리, 통신 시스템)'라고 한다.

이들 3가지 system은 아주 유기적으로 신속하게 이루어져야만 적의 탄도미사일을 요격할 수 있다. 만일 이 시스템들이 제대로 작동되지 못하면 요격준비의 지연 등으로 타격의 기회를 놓치거나 또는 요격에 실패할 수도 있다.

이제 이들 system을 하나하나 검토해 보자.

(1) 탐지·추적 시스템 (Sensor System)

적의 탄도미사일이 발사되는 것을 제일 먼저 탐지하는 sensor는 우주에 배치된 위성들이고, 그 다음이 지상이나 해상에 배치된 Radar들이다.

(가) 우주에 배치된 탐지·추적 Sensor

- DSP(Defense Support Program)위성

지구로부터 36,780km 상공의 정지궤도에 올려진 DSP위성은 적외선 망원센서를 탑재하고 있다. 이 적외선 센서로, 적의 탄도미사일이 발사시 분출하는 고온을 즉각 포착하여 제일 먼저 C_2BMC(지휘통제센터)로 전달한다. 현재 이 DSP위성 6개가 우주에서 24시간 전 지구를 감시하고 있다.

- SBIRS(Space-Based Infrared System)위성

이 SBIRS위성은 DSP위성 후속으로 교체될 예정이나 계획이 지연되고 있다. 이 위성은 DSP위성보다 더 발전된 첨단 조기경보위성으로 적외선 센서로 적 탄도미사일의 발사를 즉각 탐지하고 가시영상까지 송부하는 발전된 위성이다.

이 SBIRS는 고궤도위성(SBIRS-High)과 저궤도위성(SBIRS-Low)이 있는데, 고궤도위성은 총 6기 계획 중 정지궤도위성으로 4기를 배치하고, 2기는 장타원형 궤도에 배치할 계획이다. 저궤도위성은 24기를 배치할 계획으로 지상으로부터 160~1,600km의 저궤도에 배치하여 더욱 선명한 자료를 획득할 계획이다. 현재 저궤도위성은 일부 운영 중에 있다.

(나) 지상에 배치된 Radar Sensor

- UEWR (Upgraded Early Warning Radar)

1980년대에 적의 ICBM과 SLBM 탐지용으로 개발된 지상배치레이더는 FPS-108(L-Band)와 FPS-115(UHF-Band)였으나 이 레이더의 하드웨어와 소프트웨어를 업그레이드하여 2006년도부터 UEWR Radar를 배치하였다. 그러나 이 UEWR 역시 저주파수로 목표탐지에는 좋으나 목표의 정밀 추적과 탄두의 진위(진짜와 가짜)를 구분하는데 문제점이 발견되었다. 그래서 이를 극복하는 새로운 레이더(GBR)가 개발되었다.

- GBR (Ground Based Radar)

이 레이더는 주파수가 높은 X-Band를 채용함으로써 1,000~4,000㎞의 적 탄도미사일을 탐지 추적할 수 있는 장거리레이더로 탄두의 진위까지 추적 가능한 신형 레이더이며 1998년도부터 배치 운영 중이다.

- FBXRT (Forward Based X-Band Radar Transportable)

이 레이더는 전선에 배치할 수 있는 X-Band 레이더로 차량에 수송 가능토록 설계된 점이 다르고 발사 직후 Boost단계의 탐지 추적 식별도 가능하다.

- AN/TPY-2 THAAD Radar

이 레이더는 현재 일본에 배치되어 있고, 탐지거리가 1,000~4,000㎞에 이르는 첨단 X-Band 레이더다.

㈐ 해상에 배치된 레이더 센서

해상배치 탐지레이더에는 SBXR레이더와 이지스함에 탑재된 SPY-1레이더가 있다.

- SBXR (Sea-Based X-band Radar)

<그림 7-3> SBXR Radar

SBXR레이더는 배수량이 5만 톤이나 되는 거대한 플랫폼 위에 설치된 직경 37m의 둥근 구형의 X-Band 레이더로, 미 본토로부터 하와이 진주만에 2006년도에 도착하여 태평양지역에서 운용되고 있다.

이 레이더의 탐지거리는 4,800여km에 달하는 장거리탐지레이더이며, 표적의 탐지, 추적, 탄두의 진위도 식별하는 기능을 갖고 있다.

2013년도에 하와이에 있는 SBXR이 북한의 미사일 발사를 탐지하기 위해 한국지역으로 이동한 바 있다.

- SPY-1 Radar

SPY-1 레이더는 이지스함에 탑재되어 1,000km의 탐지, 추적 능력을 가지고 있을 뿐만 아니라 추적목표의 크기까지 판단할 수 있고 탄두의 진위도 판별한다. 그리고 GBI(지상배치요격무기)가 배치된 Fort Greely 와 Vandenberg 공군기지까지 탐지된 데이터를 실시간에 전송하는 능력도 갖고 있는 레이더이다.

한국의 이지스함에도 SPY-1D Radar가 탑재되어 있어, 북한의 대포동2호미사일 발사 시 탐지능력을 과시한 바 있다.

⑵ 요격시스템 (Intercepter System)

적의 탄도미사일을 직접 요격하는 무기 시스템에는 공중레이저 무기(ABL;Air Bone Laser)체계와 지상 또는 해상에서 운용하는 4종(GBI, SM-3, THAAD, PAC-3)의 무기체계가 있다.

㈎ 공중레이저 무기 (ABL)

공중레이저 무기는 점보여객기에 MW급 레이저빔을 발사하는 레이저발사기(무게 3톤)와 발사원료인 화학연료를 탑재한 항공기(B-747-400F;시제기)가 한번 이륙하면 20회의 레이저빔을 발사하여 날아오는 적의 탄도미사일을 격추시키는 무기다. 2010년 2월에 발사·상승단계의 탄도미사일을 시험 격추하는데 성공했다.

　그러나 이 공중레이저 무기개발에 대한 여러 가지 문제점이 지적되었다. 가장 큰 문제가 작전적으로 부적절하다는 지적이다. 공중레이저 무기는 빔의 사거리가 100~300㎞로 알려졌고, 적의 탄도미사일의 발사단계에 격추시켜야 하므로, 발사 당시 발사장소에 근접해 (사정거리 내) 있어야 하고, 또 대형항공기가 사정거리 내에 근접하려면 완전한 제공권을 장악하지 않으면 안 된다. 그러므로 전쟁초기(제공권 장악 전)에 공중레이저 무기의 사용은 불가능하다는 지적이다.

　또 하나는 개발비가 50억$이 소요되고 항공기의 대당 가격이 15억$, 그리고 1개 작전지역에 소요 대수가 20대가 된다는 판단으로, 전체적으로 거대 예산소요에 비해 작전적 효율이 적다는 지적으로, 공중레이저 무기의 개발은 현재 중단되고 있는 상황이다.

　㈏ GBI (Ground Based Interceptor)

　GBI 요격미사일은 미 본토로 날아오는 적의 탄도미사일을 요격하기 위한 대형 요격미사일이다.

　GBI 발사체는 미국의 ICBM인 타이탄 탄도미사일을 사용하고, 요격체는 탑재된 EKV(Exo-atmospheric Kill Vehicle)가 담당하는 체계이다. GBI 발사체가 발사되어, 우주로 날아오는 적 탄도미사일의 근거리에 도달하면 EKV를 분리시킨다. EKV는 지상 인공위성에서 보내온 데이터와 탑재된 적외선 센서로 스스로 궤도를 수정하면서 목표에 근접, 직접 충돌함으로써 적의 탄도미사일을 파괴 격추시킨다. 이 GBI의 사정거리는 5,000㎞, 요격고도는 2,000㎞로 우주공간에서 적 탄도미사일을 파괴시킨다.

　GBI는 알래스카주 Fort Greely에 26기, 캘리포니아주의 Vandenberg 공군기지에 4기, 총 30기의 GBI가 지하 사이로에 배치되어 있다. 최근 GBI 총 44기 체제로 증가하기로 결정되었는데, 이 배경에는 북한 은하3

호 탄도미사일의 시험사격 성공과 KN-08 ICBM의 사정거리가 미 본토까지 닿을 것으로 판단된 데 기인한다.

㈐ THAAD (Terminal High Altitude Area Defense)

THAAD 요격미사일은 사정거리 범위 내에서는 적 탄도미사일의 전비행과정(3단계) 중 어느 단계든 직접 충돌로 요격하는 미사일이다. 이 미사일의 최대 사정은 300km이고, 최대 요격고도는 20~200km까지 가능하므로 대기권 내·외로 요격이 가능한 무기체계다.

THAAD미사일은 2단 로켓의 발사체에 직격탄두인 KKV(Kinetic Kill Vehicle)를 탑재하고 발사된다. 발사된 THAAD미사일이 적 탄도미사일에 근접하면 발사체에서 KKV가 분리된다. KKV는 선단의 적외선 시커(seeker)가 목표를 포착하여 스스로 자세제어시스템(DACS; Divert and Attitude Control System)으로 목표에 도달, 직접 충돌로 적 탄도미사일을 파괴시킨다.

그리고 THAAD미사일 시스템은 미사일 발사기와 AN/TPY-2 X-Band 레이더, 통제 및 통신장치로 구성되는 자주형으로 제작되어 세계 어느 곳이라도 쉽게 이동이 가능하다. 특히 THAAD미사일과 한 세트로 구성되는 AN/TPY-2 X-Band Radar는 탐지거리가 1,000~4,000km에 달하는 첨단레이더로 일본에 2006년도부터 배치 운용하고 있으며, 추가로 일본 남부지역 교토부 교탄고(高丹後)에 배치하기로 계획되고 있다. 최근 주한미군도 THAAD미사일 배치를 검토하고 있다는 보도가 있었다.

㈑ PAC-3 Missile

PAC-3 요격미사일은 적의 탄도미사일이 발사되어 아군지역으로 낙하하는 단거리 및 중거리 탄도미사일의 종말단계에서 최종적으로 요격하는 무기체계다.

최초 Patriot Missile을 개발할 때는 나이키와 호크 대공미사일의 후속 대공무기로, 최대 사정거리 70km, 최대고도 24km로 출발하였다. 이후 미사일의 성능을 개량하여 PAC-2로 발전되었고, PAC-2를 다시 개량하여 항공기와 순항미사일까지도 요격할 수 있는 Patriot-2 Gem으로 발전되었다. 그리고 탄도미사일을 요격할 수 있는 PAC-3로 발전되어 왔으며, PAC-3의 사정거리와 요격고도를 더 늘린 PAC-3 MSE도 개발하고 있다.

우리나라는 현재 PAC-2 Gem이 도입 전력화되어 있고, PAC-3를 2016년도부터 2020년까지 136기를 도입할 계획이므로 함께 언급하고자 한다.

- PAC-2 Gem 미사일은 차량탑재형으로 되어있으며 1개의 발사대에는 4발의 PAC-2 Gem 미사일이 탑재되어 있다. 이 미사일이 발사되어 목표(항공기나 순항미사일)에 근접하면 근접신관이 폭발하여 그 파편과 폭풍으로 목표를 격추하거나 미사일 탄체 손상으로 목표지역으로부터 이탈, 떨어지게 만든다. 그리고 사정거리는 항공기의 경우 120km이고 요격고도는 24km로, 요격목표는 항공기나 순항미사일에 제한되고 있다.

- PAC-3 요격미사일은 PAC-2 미사일보다는 탄도미사일을 요격하기 위해 미사일과 레이더, 탄두 등 많은 분야의 개선과 발전을 가져왔다. PAC-3의 탄체는 Erint미사일을 사용하여 PAC-2처럼 근접신관의 파편으로 적기를 격추하는 방식이 아닌, 탄두의 직접 충돌(hit to kill)로 적의 탄도미사일을 산산조각으로 분쇄시켜 버리는 방식이 크게 다르다.

그리고 PAC-3가 사용하는 레이더는 MPQ-65(PAC-2는 MPQ-53)로, 표적의 탐지기능과 탐지거리(항공기 170km, 탄도탄 132km 이상)가 확대

되었고 복수의 표적에도 대체 가능하며 피아 식별능력도 강화되어 있다. 또 발사기를 30㎞ 이격된 곳에 두고서도 원격 발사할 수 있는 시스템도 갖추고 있다.

특히 PAC-2는 목표탐지에서 요격까지 2~3분이 소요되나, PAC-3는 목표가 탐지되면 수십 초 만에 직접 충돌로 파괴시킴으로써 정확도와 대응속도도 빨라졌다.

PAC-3의 적 탄도미사일 요격의 표적은 단거리미사일 뿐만 아니라 3,000km(사정거리)급의 중거리 탄도미사일도 요격 가능하다. 다만 PAC-3의 사정거리는 30km, 요격고도는 22km로 제한되고 있어, 터미널 단계에서만 요격할 수 있는 한계가 있다. 2016년부터 한국이 도입할 PAC-3미사일의 요격고도는 40km로 발표되고 있다.

PAC-3의 요격률은 시험사격 결과 89%에 이르고 있고, 또 1991년 걸프전에서 실전경험에서 성능을 인정받은 요격미사일이다.

- PAC-3 MSE(Missile Segment Enhancement)형은 현재의 PAC-3 발사기를 그대로 이용하면서 사정거리와 요격고도를 늘려, 사정거리를 50% 연장하는 등 능력향상을 도모하는 요격미사일을 개발하고 있다.[2] PAC-3는 1개 발사기에 Erint미사일을 16발 장착할 수 있으나, PAC-3 MSE는 동체가 두꺼워 12발로 PAC-3보다 4발 적게 탑재된다. 2013년 6월 6일 시험사격에서 탄도미사일과 순항미사일의 모의표적을 동시 격추에 성공한 바 있으며 미군은 2014년부터 배치할 계획이다.[3]

㈐ SM-3 요격미사일

해군의 이지스함에 탑재된 SM-3(Standard Missile-3) 요격미사일은

---

2)「軍事研究」2007년.11월호, 東京:ジャパン.ミリタリ.レビュー， p.79
3)「軍事研究」2013년 11월호, p.142

적의 단거리 및 중거리 탄도미사일이 발사되어 비행하는 3단계의 어느 단계에서도 사정거리에 닿으면 대기권 내외에서 요격이 가능한 요격미사일이다.

이지스함에는 탐지거리 1,000㎞ 이상의 SPY-1D 레이더가 탑재되어 적의 탄도미사일을 조기에 탐지 추적하면서 제공하는 데이터에 따라 전투지휘체제와 연동하여 요격에 임하는 SM-3 요격미사일 체계다.

SM-3미사일의 발사체는 고체연료 추진의 3단 로켓으로 적 탄도미사일을 목표로 발사된 후, 1,2단계의 로켓이 분리되어 3단 로켓이 목표에 접근하면, 3단 로켓의 선단에 원추형의 'Nose Corn'이 있는데, 이 속에는 운동에너지형 탄두(KW)가 들어있다. 이 Nose Corn이 제거되면 적외선 센서가 노출되고 작동된다. 이때 KW탄두는 3단 로켓에서 분리된다. 그리고 분리된 KW탄두는 일명, 경량대기권의 투사체(LEAP[4])라고도 한다. 이 분리된 KW는 적외선 센서로 적의 탄도미사일이 내뿜는 적외선을 따라 소형로켓으로 된 자세제어장치(SDACS[5])로 궤도를 수정하면서 목표에 접근, 직접 충돌로 파괴하는 system으로 되어있다.

SM-3 요격미사일의 사정거리는 1,200㎞이고, 요격고도는 70~200㎞에 이르러, 대기권 내외에서 요격이 가능하다.

SM-3 요격미사일은 2002년부터 2007년까지 실시된 단거리 및 중거리탄도미사일 요격실험에서 총11회 중 9회를 성공함으로써 격추율(Pk) 82%로[6] 계속 발전되는 요격미사일이다.

---

4) LEAP (Lightweight Exo-Atmospheric Projectile),
   「軍事硏究」2007년 11월호, p.71
5) SDACS (Solid Divert and Attitude Control System),
   「軍事硏究」, 앞의 책, p.72
6) 「軍事硏究」, 위의 책, p.76

<표 7-1> 요격무기의 사정거리 및 요격고도[7]

요격무기	사정거리 (km)	요격고도 (km)	주 표적
PAC-3	30	22	SRBM
THAAD	300	20~200	MRBM
SM-3	1,200	70~200	IRBM
GBI	5,000	2,000	ICBM
PAC-2 GEM	20	15	순항미사일

⑶ 지휘, 통제, 전투관리, 통신 시스템 (C$_2$BMC System)[8]

C$_2$BMC(Command, Control, Battle Management and Communication) System은 지휘, 통제 그리고 통신을 통합하여 전반적 전투관리를 하는 지휘체제로 미사일방어체제의 두뇌역할을 하는 체제다. 이 지휘통제센터에 있는 고성능 자동컴퓨터는 우주의 인공위성과 지상, 공중, 함정의 각종 센서로부터 송신되는 모든 자료를 수신, 입력하여 날아오는 적 표적의 진위를 식별하고 예상 비행경로, 도착지점, 도착시간 등을 실시간으로 계산, 분석하여 아군이 요격하기에 가장 적합한 요격부대에 발사지령을 하는 체계이다. 발사 후에는 요격미사일의 궤적을 추적하여 평가하고 필요시 재 사격을 지시한다.

우주를 포함해 전 지구적으로 배치된 센서와 요격무기가 네트워크화되어 있으나 그의 지휘, 통제, 전투관리, 통신을 통합하는 센터가 필요하다. 이를 위해서 미국은 미 본토(북방군, 전략군), 유럽 미군, 미 중앙군, 미 태평양군 등의 통합군사령부에 각각 C$_2$BMC 센터를 운용하고 있다.

---

7)「軍事研究」2013년 11월호, p.124
8)「日・米イージス艦とミサイル防衛」, (軍事研究 2006년 6월 別冊), 東京:ジャパン.ミリタリ.レビュー, p.77.
　「軍事研究」, 앞의 책, p.128

미 태평양군의 경우 하와이주 히캄 통합기지에 C₂BMC 관리센터를 두고 있다.

- JTAGS[9] (이동식 DSP 모니터)

C₂BMC 시스템에서 언급한 바와 같이 DSP위성이 적 탄도미사일 발사를 최초로 탐지하면 미 본토의 C₂BMC로 송신되고 C₂BMC에서는 즉각 수신 처리하여 미사일의 종류, 발사위치, 비행속도, 탄착예정지역 등의 정보를 각 통합기지에 있는 C₂BMC센터 또는 요격부대에 직접 군용통신위성을 통해 통보한다.

그러나 세계 각 지역의 사령관들은 미 본토나 C₂BMC에서 처리된 정보를 기다리는 것보다 자기 지역 내 우주에 떠있는 DSP위성으로부터의 신호를 직접 모니터링(수신)해서 처리하는 것이 효율적일 수 있다고 생각한다. 그래서 DSP로부터 직접 모니터링 할 수 있는 수신기와 처리장치 등을 두루 갖춘 이동식 컨테이너(JTAGS) 5기를 제작하여 그 중 1기를 주한미군에 배치, 현재 운영하고 있다.

만일 북한에서 탄도미사일이 발사되었다는 DSP위성의 신호를 JTAGS가 모니터링하면 수 초 이내에 발사위치를 찾아내고 낙하예정지역은 2분 이내에 찾아낸다. 이를 JTAGS에서 실시간에 한국과 일본지역에 있는 미군 요격부대에 통보한다. 그러므로 한국과 일본은 북한의 탄도미사일 발사를 미 본토에서 오는 정보에 의하지 않고 직접 보다 빨리 JTAGS로부터 획득하는 체제를 갖추고 있다. 특히 한국의 경우는 종심이 짧아 리드타임이 적은 취약점을 이 JTAGS를 통해 극복할 수 있다.

---

9) JTAGS: Joint Tactical Air-to-Ground Station
  「日・米イージス艦とミサイル防衛」, p.110

4. 미국 미사일방어의 요약 (개요)

미국 미사일방어의 핵심은 적 탄도미사일의 발사를 우주 및 지상, 해상의 각종 센서로 조기에 탐지하여 목표에 도달하기 전에 타격 가능한 요격무기부터 다중적으로 요격할 수 있도록 전투지휘체제를 갖추어 적 탄도미사일을 요격하여 자국에 도달하지 못하도록 하는 데 있다.

미 본토 방어나 해외주둔 미군과 동맹국의 미사일방어를 위해서는 우주탐지센서는 글로벌하게 운용된다. 적 미사일에 대한 요격무기와 지상 및 해상센서는 사용될 적 탄도미사일의 종류에 따라 맞춤형으로 배비가 달라진다. 그리고 전투지휘체제도 글로벌하게 운용되나 각 전구별로 더욱 편리하게 운용되는 체제다.

미 본토 방어의 핵심은 가상 적이 사용할 탄도미사일의 종류는 ICBM이다. 이 ICBM이 미 본토까지 도달하려면 20~30분이 소요될 것이다. 예로써 북한의 탄도미사일이 미 본토를 향해 발사되었다고 가정하면 수 분 내에 ICBM의 발사위치, 탄도의 방향, 비행속도, 목표의 위치 등이 모두 판단되고 요격부대까지 지정될 수 있다. 이때 요격무기의 핵심은 Fort Greely에 배치된 26기의 GBI가 될 것이다. 우주공간에서 GBI가 요격하기 전에 위치에 따라 이지스함의 SM-3나 일본에 위치한 THAAD가 요격에 임할 수 있는 것이고, 이때 요격에서 빠져나온 탄도미사일이 있다면 GBI가 담당 요격할 것이다. 그러고도 빠져나온 탄도미사일은 목표지역에 배치된 THAAD 또는 SM-3로 요격에 임할 수 있을 것이다.

이처럼 미 본토 미사일방어는 시간적 여유를 가지고 다중적인 요격 기회로 미 본토에 도달하기 전에 적 탄도미사일을 파괴할 수 있을 것이다. 그럼에도 미국은 2017년까지 현재 Fort Greely의 GBI 26기에 추가하여 14기의 GBI를 추가 배치(10억$ 소요)함으로써[10) Fort Greely에 총 40기의 GBI를 배치할 계획이다. 이는 북한의 탄도미사일 위협에 대비하기 위한 조치로 북한의 탄도미사일 공격을 무력화하려는 의도로 풀이된다. 실제 북한은 지난 2014년 7월 27일 미국의 백악관, 펜타곤, 주요 도시에 핵·미사일 공격을 할 수 있음을 통보한다고 밝힌 바 있다.[11)

이처럼 미 본토 방어에는 시간적 여유를 가지고 다중적인 요격이 가능한 시스템을 갖추고 있다

---

10) 「軍事研究」, 앞의 책, p.126
11) 경향신문, 2014.7.28

제2절 한국의 미사일방어

앞 절에서 언급한 바와 같이 미국의 미사일방어는 시간적 여유를 갖고 다중적인 미사일방어가 가능한 체제이나 한국의 미사일방어는 이와는 다르다.

한국군은 현재 제한적인 요격무기인 PAC-2 GEM 미사일을 실전배치하고 있고 PAC-3 요격무기는 2016년도부터 도입할 계획이며 다중적인 요격을 위해 L-SAM을 2023년도까지 독자적으로 개발할 계획이다.

2014년 현재 한국은 북한의 단거리 탄도미사일인 SCUD-B/C, SCUD-ER, 노동1호 탄도미사일을 요격할 수 있는 미사일은 보유하지 못하고 있으므로 한국의 미사일방어는 준비되어 있지 못한 상태다. PAC-2 GEM 미사일이 있으나 이 미사일은 항공기와 순항미사일 요격용이고 탄도미사일을 직접 충돌로 파괴시키는 능력은 없다. 다만 근접신관의 파편으로 탄도미사일의 탄체 일부 파손으로 목표를 벗어나게 하는 정도의 제한적 요격이 가능할 뿐, 탄도탄 요격무기라고 할 수 없다.

2016년부터 도입할 예정인 PAC-3로 한국의 미사일방어를 논할 수밖에 없다. 앞에서 이미 언급한 바와 같이 PAC-3 요격미사일의 사정거리가 30㎞이고, 요격고도가 22㎞로 적 탄도미사일을 직접 충돌로 산산조각 낼 수 있는 요격확률이 89% 이상의 실전에서 실증된 우수한 요격무기이나 적 탄도미사일의 종말단계의 저층에서만 요격이 가능할 뿐이다.

PAC-3 요격미사일 1개 포대는 통상 PAC-3미사일 4개 발사대와 PAC-2 GEM 미사일 2개 발사대로 구성한다. 총 6개 발사대를 갖게 된

다. (경우에 따라 8개 발사대도 보유)

1개 발사대는 4개의 셀(Cell)로 구성되어 있는데, 1개 셀에는 PAC-2 GEM인 경우에 1발씩 들어가 모두 4발이 장착되고, PAC-3(Erint미사일)의 경우는 1개 셀에 4발씩 들어가므로 모두 16발이 장착된다.

1개 포대의 PAC-2 GEM 미사일 2개 발사대에는 모두 8발을 장진하게 되고, PAC-3(Erint)미사일 4개 발사대에는 모두 64발(16발/1셀×4개)이 장진되므로, 1개 포대는 총 72발의 미사일(64+8=72발)을 보유하게 된다.

72발의 PAC-3미사일과 PAC-2 GEM 미사일로 장비된 1개 포대의 PAC-3 요격미사일 포대는 약 3,900만 평(여의도의 15배) 지역을 방어할 수 있다.[12] 서울시 전체를 방어하려면 5개 포대가 필요하다는 계산이 된다.

앞에서 언급한 바와 같이 한국은 종심이 짧기 때문에 적의 탄도미사일의 발사를 조기에 탐지하는 것이 무엇보다 중요하다. 한국은 미국의 우주공간에 있는 각종 위성센서로부터의 조기탐지 정보를 얻는 것이 보장되고, 또 한국의 이지스함의 SPY-1D 레이더와 PAC-3 자체의 레이더(MPQ-65) 등의 탐지센서로부터의 탐지데이터가 획득되므로 요격 타이밍을 맞출 수 있을 것으로 기대된다. 다만 중첩(다층) 요격체제가 아니고 PAC-3 요격미사일만의 단층(1회) 요격체제가 최대 약점이라 할 수 있다.

그래서 지금 한국은 요격고도 약 40km 상공에서 1차 요격할 수 있는 L-SAM의 자체 개발을 금년(2014년)도부터 시작해서 2023년도에 전력화할 계획임을 발표는 했으나, 아직도 10년 후의 일이다. 이때가 되면 다층(중첩) 방어가 가능하게 될 수 있다.

---

12) 웹, 네이버 까페, 「밀리터리 군사무기 까페」 "근현대 군사무기; 미사일 잡는 미사일 패트리어트 방공미사일 시스템": http://cafe.naver.com/nuke928/261148

일각에서는 다층방어를 위해서 40~200㎞에서 요격할 수 있는 미국의 THAAD 요격미사일급의 개발이나 도입문제도 제기하고 있다. 문제는 천문학적인 도입비용과 조기탐지센서의 확보 그리고 한국형 미사일방어의 완성시기의 문제가 시급하다 할 수 있다.

이와 관련하여 한국형 미사일방어(KAMD)와 함께 북한의 탄도미사일 발사차량을 선제타격할 수 있는 Kill Chain 구축도 함께 진행시키고 있다.

제8장   북한의 통상전력과 비대칭전력

제2장에서 제6장까지는 북한의 핵과 미사일을 중심으로 북핵 대비책 마련을 위해 검토해 보았다.

북한은 핵과 미사일뿐만 아니라 비대칭전력을 중점 발전시킨 통상전력으로 전쟁수행 준비태세도 갖추고 있다.

그래서 제8장에서는 북한의 통상전력과 비대칭전력에 대해서 간략히 검토해 보고자 한다.

제1절 북한의 통상전력과 전쟁준비태세

북한이 보유하고 있는 통상전력 중 주요한 전력을 간추려보면 아래
도표와 같다.(상세한 내용은, 부록#6 '남북 군사력 비교' 참조)

<표 8-1> 남북 군사력 비교[1]

구분		한국	북한	비교
육해공 총 병력		64만	119만	1:1.86
주요장비	전차	2,400	4,200	1:1.7
	야포	5,300	8,600	1:1.6
	다연장/방사포	200	5,300	1:24
	전투함정	120	420	1:3.5
	잠수함정	10	70	1:7
	전투기	460	820	1:1.8
	헬기	680	300	1:0.44
예비병력		320만	770만	1:2.4

　남북한 군사력 비교에서 알 수 있듯이 전반적으로 북한의 통상전력이
수적으로 우리보다 우세한 전력을 갖추고 있다.
　우선 보유 병력면에서 한국군의 2배나 되는 병력(63만 대 120만)을
유지하고 있고, 또 주요 전투장비도 수적으로 2배 가까이 우세한 전력을

---

1) 국방부 편, 「국방백서(2012)」, p.289

갖추고 있다.(부록#6 '남북 군사력 비교')

그리고 군 구조와 배치상태 역시 공세적 태세를 갖추고 단기 속전속 결할 전략을 기본으로 하고 있는 것이 특징이다.

지상군은 전체 전력의 70%를 평원선(평양-원산 선) 이남에 배치하여 유사시 부대의 조정 없이 즉각 전쟁에 투입할 수 있는 태세를 갖추고 있다.

해군은 총 전력의 60%를 평원선 이남에 전진배치하여 전방 해역에서 상시 기습공격할 수 있는 태세를 유지하고 있다.

공군 역시 전투기 820여 대 중 40%를 평원선 이남기지에 전진배치하여 추가적인 조정 배치 없이 단시간(한국에 5분 내에 도달[2]) 내에 한국 전역으로 기습 공격할 태세를 유지하고 있다.

이처럼 북한 육·해·공군은 모두 기습 달성이 가능한 태세를 유지하고 있고 거기에 더하여 핵과 탄도미사일 전력을 보유하고 또 한국군의 취약점을 노린 비대칭전력을 강화 발전시키고 있다.

---

[2] 북한 곡산비행장의 경우, 북한 공군의 최남단 주작전기지로서 북한군의 주력전투기인 미그-17,21기 등 50여 대가 배치돼 있다. 이 기지에서 이륙한 전투기가 고속으로 남하하면 5분이면 서울까지 도달할 수 있다. (아시아경제, 2014.07.30)

제2절 북한의 비대칭전력

북한의 비대칭전력으로는 생화학핵무기 전력을 비롯하여 장거리포 전력과 특수전 전력 등을 강화하여 유사시 핵심 공격 전력 수단으로 운용할 계획이다.

1. 북한 생화학무기의 위협

북한은 생화학무기를 세계 3번째로 많은 2,500~5,000톤을 보유하고 있고, 생물무기인 탄저균, 천연두, 페스트, 야토균, 출혈열 등과 같은 다양한 종류의 생물무기를 자체적으로 배양하고 생산할 수 있는 능력을 보유하고 있다.[3]

한국은 CWC(화학무기금지협정)에 가입하고 있으므로 화학무기의 개발, 생산, 저장, 사용을 못하고 있다. 그러나 북한은 CWC에 가입하지 않고 있으므로 국제사회로부터 아무런 제약 없이 2,500~5,000톤의 화생무기를 생산하여, 그것도 전방부대 보급에 용이하게끔 평양 남방에 배치 저장하고 있다.

생화학무기의 투발수단은, 북한이 보유한 야포나 로켓 대부분은 화학무기의 탑재능력을 보유하고 있으며, 해군의 화력지원정, 공군의 항공기 그리고 SCUD와 노동미사일에도 탑재가 가능하다. 특히 SCUD와 노동1

---

3) 「국방백서(2012)」, p.30

호 탄도미사일 탄두의 60% 가량이 화학탄두로 추정된다4)고 국방부가
발표한 바 있다. 또 수도권 공격을 위한 170미리 장거리포와 240미리
다연장포에 생화학무기 탑재도 가능하다고 했다.

UN이 발표한 '화학 및 생물학 사용 시 효과'라는 보고서의 자료에 의
하면, 화학무기 15톤이면 노출된 인원에 대한 피해지역은 60㎢에 이르
고, 생물무기 10톤이면 10만㎢에 이른다고 했다.

<표 8-2> 화학무기 및 생물무기의 피해범위5)

구 분	화학무기 (15톤)	생물무기 (10톤)
피해범위	60㎢	10만㎢

이 자료를 서울시(면적; 606㎢)에 적용해 보면 화학탄 150톤, 생물무
기는 60.6kg이면 서울시 전체면적의 크기에 피해를 줄 수 있다는 단순
계산이 나온다.6)

북한이 보유한 화학무기 5,000톤이면 서울시 크기만한 도시 66개 도
시에 피해를 줄 수 있는 양이 된다. 생물무기 60.6kg은 SCUD-B 탄도미
사일의 탄두 1발에 충진할 수 있는 양이다. 서울시 크기만한 도시에 완
전 피해를 줄 수 있는 핵무기는 1MT 1발의 위력이면 된다. 화학탄 150
톤과 생물학무기 60.6kg은 1MT 핵무기의 대량피해 위력과 유사하므로
생화학무기도 대량파괴무기임에 틀림없다.

북한이 보유하고 있는 2,500~5,000톤의 화학무기는 한국의 주요 표적
을 3~7번을 제압할 수 있는 가공할만한 양이다.

이처럼 북한은 우리 군이 갖고 있지 않고, 국제사회가 금지하는 생화

---

4) 장준익, 「북한 핵·미사일 전쟁」, 서울:서문당, p.396
　　한국일보, 1998.9.28
5) 장준익, 앞의 책, p.376
6) 장준익, 위의 책, p.378

학무기를 대량 보유하고 우리를 위협하는 비대칭전력이다.

2. 북한 장거리포와 서울, 수도권에 대한 위협

북한은 전방지역에 배치한 장거리포로 서울과 수도권 지역에 기습적인 대량 집중 사격으로 '서울 불바다'를 공언하고 있다.

북한이 보유한 장사정포(170미리 자주포와 240미리 방사포)는 약 1,000여 문이며, 이중 서울을 지향하여 350여 문의 장거리포를 배치하고 있다.

2006년 8월 합참이 국회에 제출한 자료에 의하면, 170미리 자주포는 시간 당 3,618발, 240미리 방사포는 시간 당 13,068발을 각각 발사할 수 있어, 서울 시내에 사정거리가 닿는 350여 문의 장사정포의 포탄은 시간 당 총 16,686발이 떨어질 수 있다고 했다. 이때 서울시의 31.6%가 북한의 장거리포탄의 피해지역에 포함된다고 했다. 이 피해 가능지역 내에 서울시민 약 300만 명(서울시민의 약 30%)이 살고 있다는 것이다.[7]

물론 이 피해 판단에는, 1시간 동안 북한의 장거리포는 아군의 대응사격을 받지 않고, 사격하는 포탄은 100%가 서울 시내에 낙하하고, 시민은 모두 노출되어 있다는 가정이지만, 대량피해가 될 것은 짐작할 수 있다.

피해지역 시민 300만을 1/3로 감소해도, 100만 시민이면, 이는 핵무기 1발(20KT)의 피해와 같은 엄청난 대량피해를 줄 수 있는 전력이다. 이처럼 북한의 장거리포의 사정거리가 한국의 수도 서울에 닿는 지정학적인 취약점을 노린 북한은 이 장거리포를 대폭 증강, 전방에 배치하고, 유사시 핵심 공격수단으로 활용할 것이고, 또 한편으로는 '서울 불바다'

---

7) 황일도, 「김정일 공포를 쏘아 올리다」, 서울·플래닛미디어, p.60

운운하며 서울 시민을 위협하고 있다.

이를 간파한 '스캐퍼로티' 한미연합사령관은 2014년 4월 2일 미 하원 국방위 청문회에서 "김정은 정권은 상당히 위험하고 한국을 사전 경고 없이 타격할 수 있다. 가장 경계할 북한의 전력으로 장거리포가 있다. 이 장거리포는 서울 도심에 직접적인 타격을 가할 수 있다는 것이다. 그리고 이 장거리포 사정거리 내에 있는 수도권에 2,300만의 한국인과 약 5만 명의 미국인이 살고 있다"고 지적했다.

북한 장거리포의 위협은 서울과 수도권을 직접 위협하는 비대칭전력이다. 왜냐하면 한국군도 우수한 장거리포를 보유하고 있으나 북한의 평양 시내에 닿을만한 장거리포는 보유하지 못하는 지정학적인 취약점이 있기 때문이다. 북한의 장거리포를 무력화시키거나 상쇄시킬 수 있는 대책이 시급하다 하겠다.

3. 북한의 특수전 병력 20만의 위협

북한은 세계에서 가장 많은 특수전 병력 20만 명을 보유하고 있다고 우리 국방부는 발표했다.[8] 20만의 특수전 병력은 전시, 주요 지휘 및 통신시설 마비와 전후방 동시전장화를 기도하려는 전술·전략적 전력이다.

북한의 김일성은 6·25 한국전쟁 중에 압록강까지 철수한 후인 1950년 12월 23일 자강도 '별오리 회의'에서 '전·후방 동시전장화가 안 되어 실패했다'고 자책했고, 또 '경보병연대 3개만 있었어도 부산은 금방 점령했을 것'이라고 한탄한 바 있다.

그 이후부터 북한은 특수전부대를 강화하기 시작했고, 또 최근 아프칸전과 이라크전 교훈을 바탕으로 특수전 능력 향상을 도모하여 지금은

---

8) 「국방백서(2012)」, p.26

세계 최대 규모의 특수전 병력 20만 명을 보유하고 있다. 이 20만 명은 특수작전부대 6만 명과 경보병 14만 명으로 구성되어 있다.9)

북한은 우리 특수전 병력의 수배나 되는 20만 명으로 전쟁 개시 직전이나 개전과 동시에 지상, 해상, 공중으로 각종 수단을 이용, 각 제대별로 은밀하게 전선 직후방으로부터 한국 전 지역으로 침투할 것이다. 주요 군 지휘시설과 통신지원시설과 방공시설, 비행장, 항만, 후방의 주요 민간시설(원자력발전소 등 각종 주요 인프라) 등을 타격하고 요인 암살 등으로 국민의 심리적 패닉을 유발하는 전·후방 동시전장화를 강요할 것이다. 1996년 강릉 잠수함 침투로 26명의 북한 공작원과 승조원 26명, 도합 52명을 소탕하는데 우리 군경 연인원 150만 명이 동원된 바 있음을 감안하면, 북한 특수작전 부대병력 6만 명만 우리 후방지역에 침투되더라도 후방지역 혼란과 한국의 전쟁 지속능력을 파괴시킬 수 있을 것으로 예상할 수 있다. 또 탄도미사일과 생화학무기와 배합 시는 더욱 엄청난 상승효과를 나타낼 수 있는 위협적 비대칭전력이라 할 수 있다.

북한은 통상전력 면에서도 한국보다 수적으로 우세한 전력과 지정학적으로 유리한 조건을 이용한 각종 비대칭전력을 강화하고 있다. 여기에 대량파괴무기인 핵, 미사일과 생화학무기 보유는 심각한 위협을 더해주고 있다.

물론 우리도 적보다 우세한 육·해·공군의 첨단 전력을 일부 보유하고 있어 북한의 통상전력을 상쇄할 수 있다 하더라도 절대무기인 핵무기를 상쇄할 수 없다는 한계가 있다.

---

9) 2011.12.8. 샤프 연합사령관, 서울 용산기지에서 밝힘

제9장 결언

1. 북한은 핵전력을 제외한 통상전력으로도 한반도를 적화통일하겠다고 주장하고 있다.

우리 국방부의 「국방백서(2012년)」에 의하면(부록#6 참조) 북한은 2개의 기계화군단과 1개의 전차사단, 4개의 기계화보병사단 등의 많은 기계화 기동부대와 수적으로 한국군 전력의 2배나 되는 기동 및 화력 장비 등을 갖춘 지상군 102만여 명(한국 육군 50.6만여 명)이 배비하고 있다. 또한 수적으로 우세한 해·공군의 지원을 받고, 여기에 세계 최대인 20만 명의 비정규전부대와 세계3위의 생화학무기 보유(5,000톤) 또 지정학적으로 유리한 장거리포의 집중 배치로 서울과 수도권을 일시에 불바다로 만들 수 있다고 호언하면서, 공격태세를 갖추고 있다. 그리고 기습전, 배합전, 속전속결, 전후방 동시전장화의 군사전략으로 전쟁배비를 완료하고 있다고 우리 국방백서가 기술하고 있다.

여기에 대비하는 한국군은 첨단무기로 대응하고 있으나 배나 되는 북한의 병력(120만 대 64만)과 기동 및 화력장비는 비록 우리보다 구식이라 하더라도 과소평가할 전력은 아니다. 특히 비대칭전력은 전시 핵심 공격수단으로 사용할 때 우리에게는 심각한 위협이 되고 있다.

2. 북한의 핵·미사일 전력은 우리 단독으로는 억제할 수 없는 전력이다.

현재까지 확인된 북한의 핵무기는 플루토늄 핵무기와 우라늄 핵무기의 두 종류를 개발 보유하고 있다. 그리고 강화핵무기는 가까운 시일 내에 개발될 가능성이 지적되고 있고, 핵융합무기(수소탄)는 수소탄 보유국의 개발기간으로 볼 때 2020년까지는 개발될 것으로, 본 저자는 추정하고 있다.(제5장 참조)

현재(2013년 말) 북한이 보유한 핵무기의 재고량을 판단해 보면,

<표 9-1> 2013년 말 핵무기 보유량(추정)

Pu 핵무기		U 핵무기		계
Pu핵물질	20KT핵무기	HEU핵물질	20KT핵무기	Pu/U핵무기
52kg	10발	275kg	13발	23발

20KT 핵무기 총 23발을 만들 수 있는 핵물질을 보유하고 있다.

그리고 2014년 말 현재, 북한의 핵물질 생산시설(5MWe흑연감속로, 35MWe경수로, HEU 생산시설)들이 가동 및 가동준비 중에 있다. 이들 핵시설들이 가동됨으로 해서 북한의 핵무기 재고량은 매년 늘어나게 된다.

북한의 미래 핵무기 재고량을 추정 판단해 보면, 매년 증가되어 2020년 말에는 20KT 핵무기 100발 내외의 핵무기를 보유할 가능성을 배제할 수 없다.(제4장 6절 참조)

<표 9-2> 2017년, 2020년 말 핵무기 보유량

구분	Pu핵무기	U핵무기	계
2013년말 현재	10발	13발	23발
2017년말	23발	24발	47발
2020년말	49발	31발	80발

※ 이 자료는 현재 확장 중인 HEU 생산시설에서 생산될 HEU가 포함되지 않았다. 만일 포함시키면 총 100발 내외가 될 수 있다.

현재 북한 핵무기의 재고량(23발)만으로도 핵이 없는 우리로서는 단독으로 북한 핵 도발에 대해서는 속수무책이다. 그래서 현재까지 우리는 미국의 핵우산 아래, 한미연합전력으로 북한의 핵 도발을 억제하고 있다.

그러므로 우리는 미국을 위시한 국제사회와 공동으로 외교력을 발휘하여 북한의 매년 증가시키려는 핵계획을 차단해야 할 것이고, 이것이 사실상 불가능하다면 우리는 여기에 대비할 수 있는 계획 수립이 시급히 요구된다.

북한 탄도미사일 역시 우리에게 위협적인 전력이다.

탄도미사일은 비행속도가 어떤 무기체계보다 빠르고 고공 또는 우주공간으로 장거리 비행하기 때문에 요격하기에 무척 어렵다. 그래서 오늘날 핵무기 운반수단으로 가장 적합하다.

북한이 보유하고 있는 탄도미사일은 총 1,000기가 넘는다.(제6장 8절 참조) 이들 탄도미사일 중에는 시정거리 1,000km 이내의 단거리 탄도미사일이 800여 기로 가장 많이 보유하고 있는데, 모두 한국 내의 어느 곳이라도 타격이 가능하므로 유사시 한국을 목표로 운용될 것이다. 그리고 노동1호 탄도미사일과 대포동1호 탄도미사일은 주로 일본 전역과 오키나와까지 사정거리에 두고 있으므로 일본과 오키나와의 미군기지를 목표로 운용될 것이다. 그리고 무수단 탄도미사일은 괌도의 미 전략기지를 사정권 내에 두고 운용될 것이고 ICBM인 KN-08과 은하3호 발사체로는 미국의 하와이, 알래스카와 미 본토까지 사정거리가 닿고 있다. 이 ICBM으로는 미국의 전력이 한국을 지원하지 못하도록 전략적 위협을 가하는 데 주로 운용될 것으로 추정된다.

특히 북한의 미 본토까지 사정이 닿는 ICBM 보유 수량의 증가와 핵탄두 소형화는 미 본토에 대한 핵위협으로 한국에 제공될 미국의 핵우산 보장을 어렵게 만들 수 있는 전략적으로 아주 중요한 문제를 안고 있는 전략무기다.

그리고 각 탄도미사일의 탄두에는 핵탄두 또는 화학탄두, 재래식 고폭탄을 탑재 사용할 수 있다. 한국을 기습적으로 집중 공략할 수 있는 약 800기의 단거리 탄도미사일은 한국의 주요 도시 및 전략 표적 20개소에 재래식무기로 타격을 가한다고 가정하더라도 1개 표적에 평균 40발씩 할당될 수 있는 양이다. 여기에 일부 화학탄두까지 포함되면 그 표적은 공황을 일으키기에 충분한 양이 될 수 있다.

북한 탄도미사일의 또 하나의 위협은 10종의 탄도미사일 중 2종(대포동1호, 은하3호)을 제외한 8종의 미사일은 모두 차량에서 발사할 수 있는 이동형 수직발사체(TEL)에 탑재되어 있다. 약 200대가 배치 운용 중에 있는 TEL 차량은 수시로 위치를 변경시키므로 탐지가 쉽지 않다. 그러므로 북한의 도발 징후가 확실시될 때 선제타격으로 완전 무력화시키려는 우리 군의 작전(Kill Chain)에 차질이 생긴다면 이 또한 우리에게 큰 위협이 아닐 수 없다.

이렇게 북한의 탄도미사일의 보유수가 계속 늘어나고 그 성능이 개량되어 우리에게 위협이 더욱 커지기 전에 우리는 이 탄도미사일을 무력화시킬 수 있는 억제 방책을 찾아 대비해야만 한다.

3. 박정희 대통령과 핵후발국의 핵개발 교훈

북한 핵무기 수량의 증가 및 미사일의 정밀화, 장거리화로 우리가 북한의 핵위협을 느낄 때마다 박정희 대통령시대의 핵개발을 떠올리고 또 핵후발국들의 핵개발 배경에 관심이 쏠린다.

제2장과 제3장에서 검토해 본 결과, 박정희 대통령을 비롯한 핵후발국들(프랑스, 중국, 인도, 파키스탄, 이스라엘)은 하나같이 강력한 주변 적국의 핵전력이나 통상전력의 침공에 대비하여 스스로 나라를 방위할 수 있는 자주국방을 위한 대비책으로 핵무기를 개발했고, 핵무기 개발로 핵보유국이 된 이후 주변 적국으로부터 침공을 당한 적이 없었다.

미국 버클리대학(UC) Kenneth Waltz 교수가 말한 '핵 보유는 전쟁을 억제하는 효과를 갖게 된다'는 사실이 입증되고 있음이 확인되고 있는 셈이다.

박정희 대통령은 한국군이 북한의 침공을 억제할 전력 준비가 미비한 상황에서 주한미군과 한국 배치 전술핵무기를 모두 철수하겠다는 미국의 통보에 '만일 미국이 한국의 핵우산을 철거한다면, 우리는 자위를 위해 핵개발을 할 수밖에 없다'고 공개적으로 선언함에 따라 미국은 주한미군의 철수와 전술핵무기의 철거를 중단하고 대북 핵 경고와 핵우산의 보장, 한미연합사의 창설로 북한의 침공을 지금까지 억제해 오고 있다.

박정희 대통령이 당시 핵개발을 시작하지 않았고, 또 핵개발을 선언하지 않고 미국의 조치를 그대로 수용했었더라면 월남처럼 공산화되지 않앉다고 누가 단언할 수 있을까? 박정희 대통령이 몇 년 만 더 생존하여 우리가 핵보유국이 되었더라면 과연 2010년도 북한이 우리의 천안함을 격침시키고 연평도에 무차별 포격을 가할 수 있었을까? 서울을, 청와대를 핵공격하겠다고 위협할 수 있을까? 생각하면 핵을 보유하지 못한 것이 못내 아쉽다.

4. 북한의 핵무력적화통일전략과 미국시민 인질 핵전략

북한에 핵이 없었던 과거에는 한반도 통일전략으로 「노동당규」 전문에 명시되어 있는 바와 같이 '무력적화통일전략'이었다. 그러나 핵을 보유하게 된 북한의 한반도 통일전략은 '무력적화통일전략'에서 '핵무력적화통일전략'으로 바뀌었다. 김정일은 "우리는 핵개발에서 조국통일을 시작하고, 핵으로 조국통일을 총화하려고 한다"[10]라고 했을 정도로 핵으로 한반도 통일을 꿈꾸고 있었다.

그런데 북한으로서는 어렵게 핵을 개발 보유하게 되었으나 세계 최대 핵 강국인 미국의 전투병력이 한국에 와 있고, 또 미국의 핵우산이 한국을 지원한다는 공약을 하고 있으므로 북한은 핵이 있으되, 핵을 사용할 수 없는 '딜레마'에 빠졌다. 북한은 '핵무력적화통일'이라는 핵전략이 실행 불가능하게 된 것이다.

그래서 북한의 '핵무력적화통일전략' 실행을 위해서는 주한미군 철수와 핵우산 철거를 먼저 해결해야 할 선결문제로 파악하고 새로운 전략을 수립한 것으로 추정된다.

북한은 미국과 협상하여 평화협정 체결로 이 문제(핵우산과 주한미군 철수)를 해결하려 하는 한편, ICBM 개발로 미국 본토 시민을 직접 위협

---

10) 金大虎, 「私が見た 北朝鮮 核工場의 眞實」, 金燦 譯, 東京:德間書店, 2003, p.125

함으로써 이 문제를 해결하겠다는 양면 전략을 추구하고 있다.

지금까지 북한은 미·북 회담 때마다 평화협정 체결을 요구해 왔고, 또 ICBM 개발에 수 억 달러를 투자하여 KN-08 ICBM 개발을 완료하여 실전배치하고 있으며, 광명성3호를 지구궤도에 진입시킨 은하3호 발사체를 ICBM으로 전환할 것이 예상되고 있다.

북한은 작년부터 '미국의 백악관, 펜타곤, 미국 내 주요 도시들 그리고 해외 미 군사기지 들을 목표로 타격할 준비가 되어 있다'[11]고 공개적으로 미국을 협박하는 발언들을 쏟아내고 있다. 이 협박의 의도는 '우리(북한)는 핵무기 한 발이면 미국 시민 100만 명을 살상시킬 수 있는 핵·미사일로 무장되어 있고 미 본토를 타격할 수 있는 능력을 보유하고 있으니 주한미군과 핵우산을 철거하라'는 암시적 핵위협을 보내는 메시지로 해석할 수 있다.

북한이 세계 최대 핵 강국인 미국과 핵전쟁을 직접 벌이겠다는 것은 물론 아닐 것이다. 다만 한반도 유사시 미군의 개입과 핵우산이 작동되면 북한이 보유한 핵은 사용할 수가 없게 되므로 자신들이 보유한 핵·미사일 단 한 발이라도 미국 본토 대도시에 쏘고 죽을 수 있다는 '막가파식' 선택의 핵위협이다. 이것은 바로 '미국시민을 인질로 한 핵전략'이라 할 수 있다. 이 인질 핵전략으로 핵우산과 주한미군을 철수시켜 보자는 전략이다.

미국으로서는 북한의 막가파식 핵전략을 외면할 수만은 없다. 미국은 북한의 ICBM 핵·미사일에 대비하여 현재 알래스카 주 Fort Greely 기

---

11) 세계일보, 2014.4.5 ; 북한 군 총참모부 대변인 담화를 통해 "우리 혁명무력의 무자비한 작전이 최종적으로 검토·비준된 상태에 있음을 정식으로 백악관과 펜타곤(국방부)에 통고한다"고 밝혔다고 보도

지에 있는 26기의 GBI 요격체제에 10억$을 추가 투자하여 2017년까지 총 40기 체제를 갖추겠다고 미 국방성이 2013년 3월에 발표했다.(반덴 버그 공군기지의 GBI 4기를 합하면 총 44기 체제가 된다) 그리고 북한의 ICBM 발사를 조기에 탐지하기 위해 AN/TPY-Ⅱ Radar를 일본에 추가 배치하겠다고 발표했다. 이처럼 미국은 국방예산의 어려움(sequester)에도 불구하고 10억$을 추가 투입하여 북한의 막가파식 핵위협에 대비하고 있다.

과거 북한의 핵·미사일이 미 본토에 도달하지 못한 시기에 미 본토에는 위협이 되지 않았으므로 미국이 한국에 제공하겠다는 핵우산은 아주 안정적으로 제공될 수 있었다. 그러나 북한의 핵·미사일이 미 본토에 도달할 수 있고, 미국시민이 여기에 위협을 느끼게 되면, 미국은 국민의 여론에 따라 북한의 핵위협을 해소하기 위해 북한과의 협상에 나설 수밖에 없는 처지에 직면할 수도 있다.

만일 미·북 협상에서 한반도 평화협정이 체결되면, 평화가 왔으니 주한미군과 핵우산은 당연히 철수해야 한다는 논리가 인정되게 되어 미국의 핵우산은 불안정한 상태가 될 가능성을 배제할 수 없다.

지금으로서는 북한의 제한적인 핵 보유량과 ICBM의 현 보유량만으로는 미국의 다층적 미사일방어망을 뚫고 갈 가능성은 희박하고 미국의 미사일방어망은 날로 강화되고 있으므로 아직은 핵우산 제공은 안정적이라 할 수 있다. 그러나 앞으로 얼마나 더 안정적인 핵우산 제공이 지속될 것인지는 예단하기 힘들다.

핵이 없는 우리로서는 북한의 핵전략의 의도를 파악하고 여기에 대응할 대비책을 지금부터 마련하지 않으면 안 될 것이다.

5. 북한 핵위협에 대한 우리의 대비책 수립이 시급하다

앞 항에서 언급한 바와 같이, 북한은 통상전력만으로 한국을 침공할 태세를 갖추고 있고, 거기에 더하여 핵을 포함한 대량살상무기 보유로 남북 군사력 균형은 무너진 상태다. 그러나 한미연합전력과 핵우산으로 북한의 침공을 억제시키고 있는 것이 오늘날 한반도의 군사적 상황이라고 정리할 수 있다.

북한은 현 상황(주한미군과 핵우산)을 타개하기 위해 핵과 장거리(ICBM)미사일로 미국시민을 인질로 한 위협을 가할 준비를 진행시키고 있다. 북한의 이 전략(미국시민 인질전략)이 먹혀들어가면 미국의 핵우산과 주한미군의 억제력은 불안정하게 되고, 결국 한반도 상황은 남·북한만의 '핵국 대 비핵국'의 상황이 되어, 한국은 국가존립과 국민생존을 보장할 수 없는 최대의 위기에 직면할 수 있다.

우리로서는 이런 위기의 상황이 도래하지 않도록 하는 대비책을 강구해야 할 것이고 또 불가피하게 이런 상황이 도래되는 경우라 하더라도, 도래하기 이전에 어떤 대비책을 마련하지 않고서는 우리가 살아남을 수 없다.

북한의 핵위협에 대비할 수 있는 대비책에는 여러 가지가 있을 수 있으나, 크게 3가지로 요약할 수 있다.

제1대비책은, 현재의 한미연합 억제전략(한미연합전력＋핵우산)을 보강하는 방책(현상유지와 보강책)을 들 수 있고,

제2대비책은, 북한이 스스로 핵을 포기하도록 유도하는 방책이다.

제3대비책은, 한국의 독자적인 핵개발 준비를 갖추어 놓고, 필요시

최대한 빨리 핵을 보유하는 방책이다.

제1대비책은 현상유지 보강책으로, 현재 한국에 제공되는 핵우산과 한미연합전력으로 북한의 침공을 억제하고 있으나 북한의 ICBM 개발의 개량과 보유수의 증가 그리고 핵보유고의 강화는 미국으로 하여금 미사일방어망을 강화해도, 단 한 발의 핵이라도 미 본토에 도달하게 되는 경우를 우려한다. 다수 시민의 살상을 완전히 피하기 위해서는 현재의 대북 핵억제력으로는 불충분하다.

그러므로 북한으로 하여금 미국의 보복 핵전력에 대한 근접적이고도 가시적 핵위협을 강하게 느낄 수 있는 정도로 핵억제력을 보강해야 한다는 대비책이다.

이를 위해서 한반도 내에 전술핵무기의 재배치와 제주도 군항에 미국 핵잠수함의 배치 등은 북한의 도발에 대한 근접적이고 가시적인 핵억제력이 될 수 있을 뿐만 아니라 미 본토에 대한 위협도 포기케 할 수 있는 강력한 대비책이 될 수 있다.

미국의 전술핵을 한국에 재배치하는 것 자체만도 억제력이 되지만, 유럽국가에 배치된 미국의 핵을 사용 시는 배치국과 공동으로 사용한다는 협약이 있듯이 한·미 간에 공동으로 사용할 수 있게 되면 억제력을 더욱 높인다는 사실도 유념할 필요가 있다.

그리고 한국의 첨단무기 보유와 Kill Chain, KAMD 구축도 북한 도발의 억제력이 될 수 있다. 한국이 북한에 위협을 줄 수 있는 수준의 독자적인 첨단무기의 확보(예를 들어, 첨단 스텔스기와 PAC-3 등)와 북한의 핵과 미사일이 발사되기 전에 탐지하여 선제타격할 수 있는 'Kill Chain'의 구축이 완성되고 북한의 탄도미사일을 다층적으로 요격할 수 있는 한국형 요격미사일망을 구축하게 되면 북한의 핵 운반체인 탄도미사일을 무력화시키는 데 기여할 수 있기 때문이다.

제2대비책은 북한 스스로 핵을 포기케 하는 전략적 선택을 할 수 있도록 외교적 노력을 기울이는 대비책이다.

북한이 스스로 핵을 포기한다는 것은 극히 어려운 선택의 하나다. 그렇다고 이를 포기할 수도 없는 대비책이다. 미국을 위시한 강대국들과 국제사회가 공동으로 북한으로 하여금 핵 포기의 전략적 선택을 할 수 있도록 적극적으로 유도할 때 가능성 있는 대비책이 될 수 있다.

2012년 4월 13일에 개정된 「북한 사회주의 헌법」의 전문에서 '북한은 핵보유국'임을 명시하고 있고, 2013년 4월 1일에 제정된 「4·1 핵보유 법령」에 핵보유국으로서의 '핵정책'을 명시하고 있다. 또 2013년 8월 유일사상체계를 확립하는 「유일영도 10대원칙」의 서문에도 북한은 '핵무력국가'가 되었음을 명시하고 있다.

이처럼 북한은 그들의 헌법과 법령, 강령 등에 북한이 핵보유국임을 명시하여 어느 누구도 이를 부정할 수 없는 불변의 정책으로 각인시키고 있다.

실제 지난 십 수 년 간 북한의 핵 보유를 포기시키려는 미·북회담, 6자회담 등 미국과 국제사회의 노력이 있었으나 끝내 달성하지 못했다. '미·북 제네바합의(1994년)'와 '9·19 공동선언(2005년)' 등으로 핵 포기를 합의하고는 실리를 얻은 연후에 기만과 배신으로 북한에 시간만 벌어주고 우롱만 당한 것이 한두 번이 아니었다.

헌법과 법령 등에 '핵보유국'을 명시한 오늘날에는 핵 포기의 말조차 꺼내기 어려운 상황이 되어가고 있다. 2014년 9월 27일 북한 외무상(리수용)은 UN총회에서 "핵은 그 무엇과 바꿀 흥정물이 아니다"라고 강조한 바 있다. 더욱 해가 지날수록 북한의 핵보유고와 ICBM의 보유고가 늘어나면서, 또 강화핵폭탄의 개발, 나아가서는 핵융합무기까지 개발이 되는 날이 오면 북한의 핵 포기는 거의 불가능하게 될 것으로 전망된다.

앞으로 미국을 위시한 국제사회와 중국의 적극적인 동참으로 보다 강력한 UN의 제재가 이루어진다면 북한을 국제사회에서 고립시킬 수 있을 것이다. 그리고 미국의 미사일방어망이 보다 강화되면 북한의 ICBM은 도저히 미 본토를 타격할 가능성이 없어지고 추가적인 근접적이고 가시적인 핵 보복력의 배비가 이루어지고 또 한국의 각종 첨단무기 등의 전력증강이 이루어지면 북한은 미국 시민을 위협할 수 없게 된다. 이렇게 되면 북한은 '핵이 있으되 핵을 사용할 수 없는' 상황이 될 것이다.

또 북한의 핵·미사일 강화로 미국과의 힘겨루기(북한의 핵과 ICBM의 증강 대 미국의 미사일방어망 보강 경쟁)에서 재정적자의 누적과 국제적 고립으로 경제 파탄 등이 겹치면 북한 주민의 불만과 불평으로 북한 정권의 존립마저 위협을 느끼게 될 수 있다. 이런 상황이 되면 북한이 보유한 핵무기는 '애물단지'가 될 수 있다. 애물단지가 된 핵무기 보유로 북한 정권의 존립을 위협받는 것보다는 김정은 일당이 살 수 있는 북한 정권의 존립을 위해 핵 보유를 포기할 가능성을 배제할 수 없다.

북한 스스로 핵 포기 방책은 공산독재 정권인 김정은체제에서는 극히 어려운 선택일 수 있으나 국제적 상황과 북한 국내적 상황에서 오는 현상을 우리가 잘 활용하고 외교적 노력을 적극적으로 추진하면 북한의 핵 포기 선택도 가능한 방책일 수 있다.

제3대비책은 한국의 단계적 핵개발 방책이다.

핵 포기를 거부하면서 우리를 계속 위협하는 상황 하에서 가장 확실한 억제 방책은 독자적 핵 보유 방책이라 할 수 있다. 핵은 핵으로만이 억제가 가능하기 때문이다.

그러나 세계적 비핵확산정책(NPT)에 가입하고 있는 우리로서는 독자적 핵개발 선택은 대단히 어려운 선택임에는 틀림없다. 그렇다고 미국의 핵우산을 마냥 붙들고 북핵을 머리에 이고 살 수도 없지 않는가?

우리가 독자적인 핵개발을 시도할 때 국내외적으로 상당히 어려운 현안들이 닥칠 수 있다. 첫째로, 미국을 위시한 국제사회의 반대와 제재에 직면할 수 있고, 둘째는, 미·중을 위시한 국제사회와 교역 제한으로 한국경제가 침체의 늪에 빠질 수도 있다. 셋째는, 거기에 더하여 원자로의 연료공급 중단의 위협까지 받게 될 수 있다. 넷째로, 이로 인해 국민의 불평불만의 목소리가 높아질 것이고, 이를 틈타 북한의 사주를 받는 불순세력은 반대시위를 선동하는 등 사회적 혼란을 야기할 수도 있다.

이처럼 어려운 현안들이 닥칠 수도 있으나, 긍정적 측면도 많다. 우리가 핵개발을 선언하면 우선 미국이 NPT체제에 반하는 일이 되므로 강력히 반대할 것이다. 그러나 한국의 핵개발 주장은 미국의 전술핵을 한국에 재배치하고 미국의 핵잠수함을 한국에 배치하게 하는 가시적 조치를 미국에게 요구할 수 있게 된다.

그리고 중국의 반대에는 중국이 북한의 핵을 포기케 하면 한국은 즉각 핵개발을 중단할 수 있다는 주장을 펼 수 있게 된다. 그리고 미국으로 하여금 한국의 핵개발은 아시아지역에 핵도미노현상을 일으킬 것이므로 이를 막기 위해서는 북한이 먼저 핵을 포기하면 모두 해결 될 수 있다고 중국에 북한의 핵 포기에 협조를 하도록 압박을 가할 수도 있다.

우리로서는 결코 손해 볼 것이 없는, 우리의 안보를 튼튼히 할 수 있는 긍정적 측면도 있는 방책이 될 수도 있다.

이처럼 국가적으로 부정적 측면과 긍정적 측면이 있음을 미리 예견하고 우리 국민들에게 우리가 핵을 개발하지 않고는 북핵 위기를 벗어날 수 없다는 당위성을 국민들을 설득시켜 국민 합의를 도출해 내는 것도 중요하다.

오늘날 급변하는 국제상황과 주변국의 상황 등을 감안할 때 우리 스스로의 힘만이 우리를 지킬 수 있다는 자주국방사상으로 미국의 핵우산이 안정적이고 한·미 연합전력이 안정적일 때 우리의 독자적 핵개발을 준비하여야 한다.

우리의 독자적 핵개발을 위해서는, 먼저 핵개발을 할 수 있는 준비를 갖추어 놓고, 다음 단계로 필요 적절한 시기에 핵개발 선언을 할 수 있고, 마지막으로 최단기간에 핵개발을 완료하는 단계의 전략적 정책으로 진척시켜야 한다.

오늘날 일본은 핵개발 기간(NOLT)[12]을 약 6개월 내외로 판단하고 있듯이, 우리도 지금부터 준비를 갖춘 후 핵개발에 진입하면 NOLT를 6개월에서 1년 사이에 핵개발이 완료될 수 있도록 하는 것이 요망된다.

오늘날 우리나라는 세계 8대 핵개발 가능국으로 알려져 있듯이 핵개발 기술력도 있고 경제력도 있다. 다만 국제사회의 여건을 헤쳐 나갈 국가 의지와 국민의 합의를 이끌어 낼 리더십이 요구될 뿐이다.

이상 3가지 대비책에 대해서 검토해 보았다. 모두 장·단점이 있는 대비책이다.

6. 북한 핵위협에 대한 우리가 선택할 수 있는 대비책은 대한민국의 존립과 국민의 생존을 보장할 수 있는 대비책이 되어야 한다.

우리가 살아남기 위해서 선택할 수 있는 대비책은 앞에서 언급한 제1,

---

12) NOLT: Nuclear Option Lead Time

제2, 제3의 대비책을 모두 병행 실시하는 방책이라 할 수 있다.

이를 다시 한번 정리해 보면,

① 미국의 핵우산과 한·미 연합전력의 전쟁억제력에, 추가적인 한·미간 보강책을 강구해가면서 핵억제력을 계속 향상 유지시켜 나가는 가운데,

② 남북협상으로부터 다자회담에 이르기까지 북한과의 각종 회담과 UN의 협력을 통해 북한 핵 포기의 전략적 결단을 유도해 나가면서,

③ 우리는 북한의 핵 포기나 전쟁억제가 불가능하게 될 상황에 대비하여, 핵개발 시설을 미리 마련해 두는 등 독자적인 핵개발 준비를 지금부터 타 대비책(제1,2대비책)과 병행으로 지금 당장 시작해야 한다는 것이다.

이렇게 사전 준비가 되어있어야만, 필요시 핵개발이 최단기간에 가능해지기 때문이다. 그리고 우리의 독자적 핵개발 준비는 대북 핵억제력이 유지될 때 가능하므로 지금부터 당장 시작이 되지 않으면 안 된다.

이 3가지 대비책이 병행적으로 차질 없이 진행되면 어떤 경우에도 우리 국가의 존립과 국민의 생존을 보장할 수 있는 대비책이 될 것이라는 최종적 결론이다.

이 책을 마무리하면서,
우리는 우리 역사상 미증유의 북한 핵위협 하에 놓여 있다. 핵이 없는 우리로서는 우리가 감당할 수 없는 핵위협 위기의 난간에 서 있다.
그럼에도 대한민국의 존립과 국민의 생존은 아랑곳하지 않고 아무런 대비책도 없이 안보가 무엇인지, 북한 핵위협은 어떤 것인지, 강화핵

무기는 무엇인지, 핵융합무기는 어떤 것인지, 지금 전시작전통제권이 왜 필요한지도 모르는 사람들의 소리만 요란하게 들린다.

400여년 전 이순신 장군은 「이 일을 어찌할꼬(奈何奈何)13)」라고 나라 걱정으로 밤잠을 설쳤는데, 오늘날에는 왜 이런 우국(憂國)의 소리는 울리지 않는가?

하루 빨리 북핵 대비책을 마련하지 않으면 우리 국민의 생존을 보장할 수 없다는 절박한 울림이 자유민주국가의 존립과 국민의 생존을 먼저 생각하는 사람들로부터 우렁차게 울려퍼져 나오길 소망한다. 그래야만 정부의 핵 대비책 마련 입지도 강화될 것이다.

---

13) 이순신 장군은 갑오년(1594년) 9월 3일자와 정유년(1597년) 8월 12일자 「난중일기」에서 '奈(어찌 내)'와 '何(어찌 하)'를 반복하며 당시 어지러운 국가 상황을 걱정스럽게 한탄했다.

부 록

〈부록# 1〉

1983년 10월 1일 핵개발 완성의 전망도

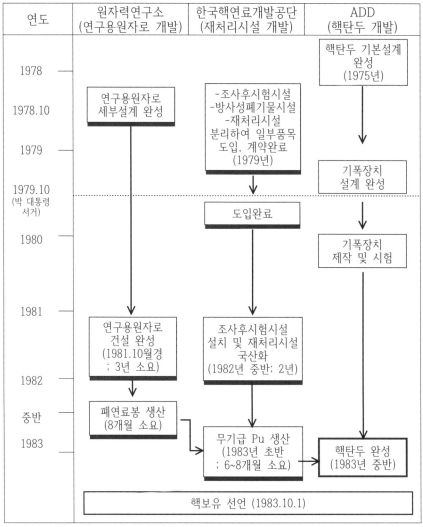

연도	원자력연구소 (연구용원자로 개발)	한국핵연료개발공단 (재처리시설 개발)	ADD (핵탄두 개발)
1978			핵탄두 기본설계 완성 (1975년)
1978.10	연구용원자로 세부설계 완성	-조사후시험시설 -방사성폐기물시설 -재처리시설 분리하여 일부품목 도입, 계약완료 (1979년)	
1979			기폭장치 설계 완성
1979.10 (박 대통령 서거)		도입완료	
1980			기폭장치 제작 및 시험
1981	연구용원자로 건설 완성 (1981.10월경 ; 3년 소요)	조사후시험시설 설치 및 재처리시설 국산화 (1982년 중반; 2년)	
1982			
중반	폐연료봉 생산 (8개월 소요)	무기급 Pu 생산 (1983년 초반 ; 6~8개월 소요)	핵탄두 완성 (1983년 중반)
1983			
	핵보유 선언 (1983.10.1)		

※ 1979년 이후의 도표는 박 대통령 생존 시, 예상되는 진행사항에 맞춰 가정한 것임.

〈부록# 2〉

북한이 IAEA에 신고한 최초보고서 (핵시설 일람표)

순번	시 설 명	수량	위 치	비 고
1	IRT-2000연구용원자로	1기	영변	·
2	5MWe실험원자로	1기	"	·
3	50MWe원자력발전소	1기	"	'85 착공-공사중단
4	방사화학실험실	1개소	"	·
5	핵연료가공공장	1개소	"	·
6	핵연료저장시설	1개소	"	·
7	임계시설	1기	"	·
8	준임계시설	1기	평양	김일성대학내
9	우라늄정련공장	2개소	황북 평산	·
10			황북 박천	
11	우라늄광산	2개소	황북 평산	·
12			평남 순천	
13	200MWe원자력발전소	1기	평북 태천	'89 착공-공사중단
14	원자력발전소(635MWe)	3기	함남 신포	계획단계
15				
16				

〈부록# 3〉

Resolution 1718 (2006)

Adopted by the Security Council at its 5551st meeting, on 14 October 2006

The Security Council,

Recalling its previous relevant resolutions, including resolution 825 (1993), resolution 1540 (2004) and, in particular, resolution 1695 (2006), as well as the statement of its President of 6 October 2006 (S/PRST/2006/41),

Reaffirming that proliferation of nuclear, chemical and biological weapons, as well as their means of delivery, constitutes a threat to international peace and security,

Expressing the gravest concern at the claim by the Democratic People's Republic of Korea (DPRK) that it has conducted a test of a nuclear weapon on 9 October 2006, and at the challenge such a test constitutes to the Treaty on the Non-Proliferation of Nuclear Weapons and to international efforts aimed at strengthening the global regime of non-proliferation of nuclear weapons, and the danger it poses to peace and stability in the region and beyond,

Expressing its firm conviction that the international regime on the non-proliferation of nuclear weapons should be maintained and recalling that the DPRK cannot have the status of a nuclear-weapon state in accordance with the Treaty on the Non-Proliferation of Nuclear Weapons,

Deploring the DPRK's announcement of withdrawal from the Treaty on the Non-Proliferation of Nuclear Weapons and its pursuit of nuclear weapons,

Deploring further that the DPRK has refused to return to the Six-Party talks without precondition,

Endorsing the Joint Statement issued on 19 September 2005 by China, the DPRK, Japan, the Republic of Korea, the Russian Federation and the United States,

Underlining the importance that the DPRK respond to other security and humanitarian concerns of the international community,

Expressing profound concern that the test claimed by the DPRK has generated increased tension in the region and beyond, and *determining* therefore that there is a clear threat to international peace and security,

Acting under Chapter VII of the Charter of the United Nations, and taking measures under its Article 41,

1. *Condemns* the nuclear test proclaimed by the DPRK on 9 October 2006 in flagrant disregard of its relevant resolutions, in particular resolution 1695 (2006), as well as of the statement of its President of 6 October 2006 (S/PRST/2006/41), including that such a test would bring universal condemnation of the international community and would represent a clear threat to international peace and security;

2. *Demands* that the DPRK not conduct any further nuclear test or launch of a ballistic missile;

3. *Demands* that the DPRK immediately retract its announcement of withdrawal from the Treaty on the Non-Proliferation of Nuclear Weapons;

4. *Demands* further that the DPRK return to the Treaty on the Non-Proliferation of Nuclear Weapons and International Atomic Energy Agency

(IAEA) safeguards, and *underlines* the need for all States Parties to the Treaty on the Non-Proliferation of Nuclear Weapons to continue to comply with their Treaty obligations;

5. *Decides* that the DPRK shall suspend all activities related to its ballistic missile programme and in this context re-establish its pre-existing commitments to a moratorium on missile launching;

6. *Decides* that the DPRK shall abandon all nuclear weapons and existing nuclear programmes in a complete, verifiable and irreversible manner, shall act strictly in accordance with the obligations applicable to parties under the Treaty on the Non-Proliferation of Nuclear Weapons and the terms and conditions of its International Atomic Energy Agency (IAEA) Safeguards Agreement (IAEA INFCIRC/403) and shall provide the IAEA transparency measures extending beyond these requirements, including such access to individuals, documentation, equipments and facilities as may be required and deemed necessary by the IAEA;

7. *Decides* also that the DPRK shall abandon all other existing weapons of mass destruction and ballistic missile programme in a complete, verifiable and irreversible manner;

8. *Decides* that:

(a) All Member States shall prevent the direct or indirect supply, sale or transfer to the DPRK, through their territories or by their nationals, or using their flag vessels or aircraft, and whether or not originating in their territories, of:

(i) Any battle tanks, armoured combat vehicles, large calibre artillery systems, combat aircraft, attack helicopters, warships, missiles or missile systems as defined for the purpose of the United Nations Register on Conventional Arms, or related materiel including spare parts, or items as determined by the Security Council or the Committee established by paragraph 12 below (the Committee);

(ii) All items, materials, equipment, goods and technology as set out in the lists in documents S/2006/814 and S/2006/815, unless within 14 days of adoption of this resolution the Committee has amended or completed their provisions also taking into account the list in document S/2006/816, as well as other items, materials, equipment, goods and technology, determined by the Security Council or the Committee, which could contribute to DPRK's nuclear-related, ballistic missile-related or other weapons of mass destruction-related programmes;

(iii) Luxury goods;

(b) The DPRK shall cease the export of all items covered in subparagraphs (a) (i) and (a) (ii) above and that all Member States shall prohibit the procurement of such items from the DPRK by their nationals, or using their flagged vessels or aircraft, and whether or not originating in the territory of the DPRK;

(c) All Member States shall prevent any transfers to the DPRK by their nationals or from their territories, or from the DPRK by its nationals or from its territory, of technical training, advice, services or assistance related to the provision, manufacture, maintenance or use of the items in subparagraphs (a) (i) and (a) (ii) above;

(d) All Member States shall, in accordance with their respective legal processes, freeze immediately the funds, other financial assets and economic resources which are on their territories at the date of the adoption of this resolution or at any time thereafter, that are owned or controlled, directly or indirectly, by the persons or entities designated by the Committee or by the Security Council as being engaged in or providing support for, including through other illicit means, DPRK's nuclear-related, other weapons of mass destruction-related and ballistic missile-related programmes, or by persons or entities acting on their behalf or at their direction, and ensure that any funds, financial assets or economic resources are prevented from being made available by their nationals or by any persons or entities within their territories, to or for the benefit of such persons or entities;

(e) All Member States shall take the necessary steps to prevent the entry into or transit through their territories of the persons designated by the Committee or by the Security Council as being responsible for, including through supporting or promoting, DPRK policies in relation to the DPRK's nuclear-related, ballistic missile-related and other weapons of mass destruction-related programmes, together with their family members, provided that nothing in this paragraph shall oblige a state to refuse its own nationals entry into its territory;

(f) In order to ensure compliance with the requirements of this paragraph, and thereby preventing illicit trafficking in nuclear, chemical or biological weapons, their means of delivery and related materials, all Member States are called upon to take, in accordance with their national authorities and legislation, and consistent with international law, cooperative action including through inspection of cargo to and from the DPRK, as necessary;

9. *Decides* that the provisions of paragraph 8 (d) above do not apply to financial or other assets or resources that have been determined by relevant States:

(a) To be necessary for basic expenses, including payment for foodstuffs, rent or mortgage, medicines and medical treatment, taxes, insurance premiums, and public utility charges, or exclusively for payment of reasonable professional fees and reimbursement of incurred expenses associated with the provision of legal services, or fees or service charges, in accordance with national laws, for routine holding or maintenance of frozen funds, other financial assets and economic resources, after notification by the relevant States to the Committee of the intention to authorize, where appropriate, access to such funds, other financial assets and economic resources and in the absence of a negative decision by the Committee within five working days of such notification;

(b)   To be necessary for extraordinary expenses, provided that such determination has been notified by the relevant States to the Committee and has been approved by the Committee; or

(c) To be subject of a judicial, administrative or arbitral lien or judgement, in which case the funds, other financial assets and economic resources may be used to satisfy that lien or judgement provided that the lien or judgement was entered prior to the date of the present resolution, is not for the benefit of a person referred to in paragraph 8 (d) above or an individual or entity identified by the Security Council or the Committee, and has been notified by the relevant States to the Committee;

10. *Decides* that the measures imposed by paragraph 8 (e) above shall not apply where the Committee determines on a case-by-case basis that such travel is justified on the grounds of humanitarian need, including religious obligations, or where the Committee concludes that an exemption would otherwise further the objectives of the present resolution;

11. *Calls upon* all Member States to report to the Security Council within thirty days of the adoption of this resolution on the steps they have taken with a view to implementing effectively the provisions of paragraph 8 above;

12. *Decides* to establish, in accordance with rule 28 of its provisional

rules of procedure, a Committee of the Security Council consisting of all the members of the Council, to undertake the following tasks:

(a) To seek from all States, in particular those producing or possessing the items, materials, equipment, goods and technology referred to in paragraph 8 (a) above, information regarding the actions taken by them to implement effectively the measures imposed by paragraph 8 above of this resolution and whatever further information it may consider useful in this regard;

(b) To examine and take appropriate action on information regarding alleged violations of measures imposed by paragraph 8 of this resolution;

(c) To consider and decide upon requests for exemptions set out in paragraphs 9 and 10 above;

(d) To determine additional items, materials, equipment, goods and technology to be specified for the purpose of paragraphs 8 (a) (i) and 8 (a) (ii) above;

(e) To designate additional individuals and entities subject to the measures imposed by paragraphs 8 (d) and 8 (e) above;

(f) To promulgate guidelines as may be necessary to facilitate the implementation of the measures imposed by this resolution;

(g) To report at least every 90 days to the Security Council on its work, with its observations and recommendations, in particular on ways to strengthen the effectiveness of the measures imposed by paragraph 8 above;

13. *Welcomes and encourages further* the efforts by all States concerned to intensify their diplomatic efforts, to refrain from any actions that might aggravate tension and to facilitate the early resumption of the Six-Party Talks, with a view to the expeditious implementation of the Joint Statement

issued on 19 September 2005 by China, the DPRK, Japan, the Republic of Korea, the Russian Federation and the United States, to achieve the verifiable denuclearization of the Korean Peninsula and to maintain peace and stability on the Korean Peninsula and in north-east Asia;

14. *Calls upon* the DPRK to return immediately to the Six-Party Talks without precondition and to work towards the expeditious implementation of the Joint Statement issued on 19 September 2005 by China, the DPRK, Japan, the Republic of Korea, the Russian Federation and the United States;

15. *Affirms* that it shall keep DPRK's actions under continuous review and that it shall be prepared to review the appropriateness of the measures contained in paragraph 8 above, including the strengthening, modification, suspension or lifting of the measures, as may be needed at that time in light of the DPRK's compliance with the provisions of the resolution;

16. *Underlines* that further decisions will be required, should additional measures be necessary;

17. *Decides* to remain actively seized of the matter.

〈부록# 4〉

Resolution 1874 (2009)

Adopted by the Security Council at its 6141st meeting, on 12 June 2009

The Security Council,

Recalling its previous relevant resolutions, including resolution 825 (1993), resolution 1540 (2004), resolution 1695 (2006), and, in particular, resolution 1718 (2006), as well as the statements of its President of 6 October 2006 (S/PRST/2006/41) and 13 April 2009 (S/PRST/2009/7),

Reaffirming that proliferation of nuclear, chemical and biological weapons, as well as their means of delivery, constitutes a threat to international peace and security,

Expressing the gravest concern at the nuclear test conducted by the Democratic People's Republic of Korea ("the DPRK") on 25 May 2009 (local time) in violation of resolution 1718 (2006), and at the challenge such a test constitutes to the Treaty on Non-Proliferation of Nuclear Weapons ("the NPT") and to international efforts aimed at strengthening the global regime of non-proliferation of nuclear weapons towards the 2010 NPT Review Conference, and the danger it poses to peace and stability in the region and beyond,

Stressing its collective support for the NPT and commitment to strengthen the Treaty in all its aspects, and global efforts towards nuclear non-proliferation and nuclear disarmament, and recalling that the DPRK cannot have the status of a nuclear-weapon state in accordance with the NPT in any case,

Deploring the DPRK's announcement of withdrawal from the NPT and its pursuit of nuclear weapons,

Underlining once again the importance that the DPRK respond to other security and humanitarian concerns of the international community,

Underlining also that measures imposed by this resolution are not intended to have adverse humanitarian consequences for the civilian population of the DPRK,

Expressing its gravest concern that the nuclear test and missile activities carried out by the DPRK have further generated increased tension in the region and beyond, and *determining* that there continues to exist a clear threat to international peace and security,

Reaffirming the importance that all Member States uphold the purposes and principles of the Charter of the United Nations,

Acting under Chapter VII of the Charter of the United Nations, and taking measures under its Article 41,

1. *Condemns* in the strongest terms the nuclear test conducted by the DPRK on 25 May 2009 (local time) in violation and flagrant disregard of its relevant resolutions, in particular resolutions 1695 (2006) and 1718 (2006), and the statement of its President of 13 April 2009 (S/PRST/2009/7);

2. *Demands* that the DPRK not conduct any further nuclear test or any launch using ballistic missile technology;

3. *Decides* that the DPRK shall suspend all activities related to its ballistic missile programme and in this context re-establish its pre-existing commitments to a moratorium on missile launches;

4. *Demands* that the DPRK immediately comply fully with its obligations under relevant Security Council resolutions, in particular resolution 1718 (2006);

5. *Demands* that the DPRK immediately retract its announcement of withdrawal from the NPT;

6. *Demands* further that the DPRK return at an early date to the NPT and International Atomic Energy Agency (IAEA) safeguards, bearing in mind the rights and obligations of States Parties to the NPT, and *underlines* the need for all States Parties to the NPT to continue to comply with their Treaty obligations;

7. *Calls upon* all Member States to implement their obligations pursuant to resolution 1718 (2006), including with respect to designations made by the Committee established pursuant to resolution 1718 (2006) ("the Committee") pursuant to the statement of its President of 13 April 2009 (S/PRST/2009/7);

8. *Decides* that the DPRK shall abandon all nuclear weapons and existing nuclear programs in a complete, verifiable and irreversible manner and immediately cease all related activities, shall act strictly in accordance with the obligations applicable to parties under the NPT and the terms and conditions of the IAEA Safeguards Agreement (IAEA INFCIRC/403) and shall provide the IAEA transparency measures extending beyond these requirements, including such access to individuals, documentation, equipment and facilities as may be required and deemed necessary by the IAEA;

9. *Decides* that the measures in paragraph 8 (b) of resolution 1718 (2006) shall also apply to all arms and related materiel, as well as to financial transactions, technical training, advice, services or assistance related to the provision, manufacture, maintenance or use of such arms or materiel;

10. *Decides* that the measures in paragraph 8 (a) of resolution 1718 (2006) shall also apply to all arms and related materiel, as well as to financial transactions, technical training, advice, services or assistance related to the provision, manufacture, maintenance or use of such arms, except for small arms and light weapons and their related materiel, and *calls upon* States to exercise vigilance over the direct or indirect supply, sale or transfer to the DPRK of small arms or light weapons, and further *decides* that States shall notify the Committee at least five days prior to selling, supplying or transferring small arms or light weapons to the DPRK;

11. *Calls upon* all States to inspect, in accordance with their national authorities and legislation, and consistent with international law, all cargo to and from the DPRK, in their territory, including seaports and airports, if the State concerned has information that provides reasonable grounds to believe the cargo contains items the supply, sale, transfer, or export of which is prohibited by paragraph 8 (a), 8 (b), or 8 (c) of resolution 1718 or by paragraph 9 or 10 of this resolution, for the purpose of ensuring strict implementation of those provisions;

12. *Calls upon* all Member States to inspect vessels, with the consent of the flag State, on the high seas, if they have information that provides reasonable grounds to believe that the cargo of such vessels contains items the supply, sale, transfer, or export of which is prohibited by paragraph 8 (a), 8 (b), or 8 (c) of resolution 1718 (2006) or by paragraph 9 or 10 of this resolution, for the purpose of ensuring strict implementation of those provisions;

13. *Calls upon* all States to cooperate with inspections pursuant to paragraphs 11 and 12, and, if the flag State does not consent to inspection on the high seas, *decides* that the flag State shall direct the vessel to proceed

to an appropriate and convenient port for the required inspection by the local authorities pursuant to paragraph 11;

14.   *Decides* to authorize all Member States to, and that all Member States shall, seize and dispose of items the supply, sale, transfer, or export of which is prohibited by paragraph 8 (a), 8 (b), or 8 (c) of resolution 1718 or by paragraph 9 or 10 of this resolution that are identified in inspections pursuant to paragraph 11, 12, or 13 in a manner that is not inconsistent with their obligations under applicable Security Council resolutions, including resolution 1540 (2004), as well as any obligations of parties to the NPT, the Convention on the Prohibition of the Development, Production, Stockpiling and Use of Chemical Weapons and on Their Destruction of 29 April 1997, and the Convention on the Prohibition of the Development, Production and Stockpiling of Bacteriological (Biological) and Toxin Weapons and on Their Destruction of 10 April 1972, and decides further that all States shall cooperate in such efforts;

15. *Requires* any Member State, when it undertakes an inspection pursuant to paragraph 11, 12, or 13, or seizes and disposes of cargo pursuant to paragraph 14, to submit promptly reports containing relevant details to the Committee on the inspection, seizure and disposal;

16. *Requires* any Member State, when it does not receive the cooperation of a flag State pursuant to paragraph 12 or 13 to submit promptly to the Committee a report containing relevant details;

17. *Decides* that Member States shall prohibit the provision by their nationals or from their territory of bunkering services, such as provision of fuel or supplies, or other servicing of vessels, to DPRK vessels if they have information that provides reasonable grounds to believe they are carry-

ing items the supply, sale, transfer, or export of which is prohibited by paragraph 8 (a), 8 (b), or 8 (c) of resolution 1718 (2006) or by paragraph 9 or 10 of this resolution, unless provision of such services is necessary for humanitarian purposes or until such time as the cargo has been inspected, and seized and disposed of if necessary, and *underlines* that this paragraph is not intended to affect legal economic activities;

18. *Calls upon* Member States, in addition to implementing their obligations pursuant to paragraphs 8 (d) and (e) of resolution 1718 (2006), to prevent the provision of financial services or the transfer to, through, or from their territory, or to or by their nationals or entities organized under their laws (including branches abroad), or persons or financial institutions in their territory, of any financial or other assets or resources that could contribute to the DPRK's nuclear-related, ballistic missile-related, or other weapons of mass destruction-related programs or activities, including by freezing any financial or other assets or resources on their territories or that hereafter come within their territories, or that are subject to their jurisdiction or that hereafter become subject to their jurisdiction, that are associated with such programs or activities and applying enhanced monitoring to prevent all such transactions in accordance with their national authorities and legislation;

19. *Calls upon* all Member States and international financial and credit institutions not to enter into new commitments for grants, financial assistance, or concessional loans to the DPRK, except for humanitarian and developmental purposes directly addressing the needs of the civilian population, or the promotion of denuclearization, and also *calls upon* States to exercise enhanced vigilance with a view to reducing current commitments;

20. *Calls upon* all Member States not to provide public financial support for trade with the DPRK (including the granting of export credits, guarantees or insurance to their nationals or entities involved in such trade) where such financial support could contribute to the DPRK's nuclear-related or ballistic missile-related or other WMD-related programs or activities;

21. *Emphasizes* that all Member States should comply with the provisions of paragraphs 8 (a) (iii) and 8 (d) of resolution 1718 (2006) without prejudice to the activities of the diplomatic missions in the DPRK pursuant to the Vienna Convention on Diplomatic Relations;

22. *Calls upon* all Member States to report to the Security Council within forty-five days of the adoption of this resolution and thereafter upon request by the Committee on concrete measures they have taken in order to implement effectively the provisions of paragraph 8 of resolution 1718 (2006) as well as paragraphs 9 and 10 of this resolution, as well as financial measures set out in paragraphs 18, 19 and 20 of this resolution;

23. *Decides* that the measures set out at paragraphs 8 (a), 8 (b) and 8 (c) of resolution 1718 (2006) shall also apply to the items listed in INFCIRC/254/Rev.9/Part 1a and INFCIRC/254/Rev.7/Part 2a;

24. *Decides* to adjust the measures imposed by paragraph 8 of resolution 1718 (2006) and this resolution, including through the designation of entities, goods, and individuals, and directs the Committee to undertake its tasks to this effect and to report to the Security Council within thirty days of adoption of this resolution, and further *decides* that, if the Committee has not acted, then the Security Council will complete action to adjust the measures within seven days of receiving that report;

25. *Decides* that the Committee shall intensify its efforts to promote the full implementation of resolution 1718 (2006), the statement of its

President of 13 April 2009 (S/PRST/2009/7) and this resolution, through a work programme covering compliance, investigations, outreach, dialogue, assistance and cooperation, to be submitted to the Council by 15 July 2009, and that it shall also receive and consider reports from Member States pursuant to paragraphs 10, 15, 16 and 22 of this resolution;

26. *Requests* the Secretary-General to create for an initial period of one year, in consultation with the Committee, a group of up to seven experts ("Panel of Experts"), acting under the direction of the Committee to carry out the following tasks: (a) assist the Committee in carrying out its mandate as specified in resolution 1718 (2006) and the functions specified in paragraph 25 of this resolution; (b) gather, examine and analyze information from States, relevant United Nations bodies and other interested parties regarding the implementation of the measures imposed in resolution 1718 (2006) and in this resolution, in particular incidents of non-compliance; (c) make recommendations on actions the Council, or the Committee or Member States, may consider to improve implementation of the measures imposed in resolution 1718 (2006) and in this resolution; and (d) provide an interim report on its work to the Council no later than 90 days after adoption of this resolution, and a final report to the Council no later than 30 days prior to termination of its mandate with its findings and recommendations;

27. *Urges* all States, relevant United Nations bodies and other interested parties, to cooperate fully with the Committee and the Panel of Experts, in particular by supplying any information at their disposal on the implementation of the measures imposed by resolution 1718 (2006) and this resolution;

28. *Calls upon* all Member States to exercise vigilance and prevent

specialized teaching or training of DPRK nationals within their territories or by their nationals, of disciplines which could contribute to the DPRK's proliferation sensitive nuclear activities and the development of nuclear weapon delivery systems;

29. *Calls upon* the DPRK to join the Comprehensive Nuclear-Test-Ban Treaty at the earliest date;

30. *Supports* peaceful dialogue, calls upon the DPRK to return immediately to the Six Party Talks without precondition, and urges all the participants to intensify their efforts on the full and expeditious implementation of the Joint Statement issued on 19 September 2005 and the joint documents of 13 February 2007 and 3 October 2007, by China, the DPRK, Japan, the Republic of Korea, the Russian Federation and the United States, with a view to achieving the verifiable denuclearization of the Korean Peninsula and to maintain peace and stability on the Korean Peninsula and in northeast Asia;

31. *Expresses* its commitment to a peaceful, diplomatic and political solution to the situation and welcomes efforts by Council members as well as other Member States to facilitate a peaceful and comprehensive solution through dialogue and to refrain from any actions that might aggravate tensions;

32. *Affirms* that it shall keep the DPRK's actions under continuous review and that it shall be prepared to review the appropriateness of the measures contained in paragraph 8 of resolution 1718 (2006) and relevant paragraphs of this resolution, including the strengthening, modification, suspension or lifting of the measures, as may be needed at that time in light of the DPRK's compliance with relevant provisions of resolution 1718 (2006) and this resolution;

33. *Underlines* that further decisions will be required, should additional measures be necessary;

34. *Decides* to remain actively seized of the matter.

〈부록# 5〉

Resolution 2094 (2013)

Adopted by the Security Council at its 6932nd meeting, on 7 March 2013

The Security Council,

Recalling its previous relevant resolutions, including resolution 825 (1993), resolution 1540 (2004), resolution 1695 (2006), resolution 1718 (2006), resolution 1874 (2009), resolution 1887 (2009) and resolution 2087 (2013), as well as the statements of its President of 6 October 2006 (S/PRST/2006/41), 13 April 2009 (S/PRST/2009/7) and 16 April 2012 (S/PRST/2012/13),

Reaffirming that proliferation of nuclear, chemical and biological weapons, as well as their means of delivery, constitutes a threat to international peace and security,

Underlining once again the importance that the DPRK respond to other security and humanitarian concerns of the international community,

Expressing the gravest concern at the nuclear test conducted by the Democratic People's Republic of Korea ("the DPRK") on 12 February 2013 (local time) in violation of resolutions 1718 (2006), 1874 (2009) and resolution 2087 (2013), and at the challenge such a test constitutes to the Treaty on Non-Proliferation of Nuclear Weapons ("the NPT") and to international efforts aimed at strengthening the global regime of non-proliferation of nuclear weapons, and the danger it poses to peace and stability in the region and beyond,

Concerned that the DPRK is abusing the privileges and immunities accorded under the Vienna Convention on Diplomatic and Consular Relations,

Welcoming the Financial Action Task Force's (FATF) new Recommendation 7 on targeted financial sanctions related to proliferation, and *urging* Member States to apply FATF's Interpretative Note to Recommendation 7 and related guidance papers for effective implementation of targeted financial sanctions related to proliferation,

Expressing its gravest concern that the DPRK's ongoing nuclear and ballistic missile-related activities have further generated increased tension in the region and beyond, and *determining* that there continues to exist a clear threat to international peace and security,

Acting under Chapter VII of the Charter of the United Nations, and taking measures under its Article 41,

1. *Condemns* in the strongest terms the nuclear test conducted by the DPRK on 12 February 2013 (local time) in violation and flagrant disregard of the Council's relevant resolutions;

2. *Decides* that the DPRK shall not conduct any further launches that use ballistic missile technology, nuclear tests or any other provocation;

3. *Demands* that the DPRK immediately retract its announcement of withdrawal from the NPT;

4. *Demands further* that the DPRK return at an early date to the NPT and International Atomic Energy Agency (IAEA) safeguards, bearing in mind the rights and obligations of States parties to the NPT, and underlines the need for all States parties to the NPT to continue to comply with their Treaty obligations;

5. *Condemns* all the DPRK's ongoing nuclear activities, including

its uranium enrichment, notes that all such activities are in violation of resolutions 1718 (2006), 1874 (2009) and 2087 (2013), *reaffirms* its decision that the DPRK shall abandon all nuclear weapons and existing nuclear programmes, in a complete, verifiable and irreversible manner and immediately cease all related activities and shall act strictly in accordance with the obligations applicable to parties under the NPT and the terms and conditions of the IAEA Safeguards Agreement (IAEA INFCIRC/403);

6. *Reaffirms* its decision that the DPRK shall abandon all other existing weapons of mass destruction and ballistic missile programmes in a complete, verifiable and irreversible manner;

7. *Reaffirms* that the measures imposed in paragraph 8 (c) of resolution 1718 (2006) apply to items prohibited by paragraphs 8 (a) (i), 8 (a) (ii) of resolution 1718 (2006) and paragraphs 9 and 10 of resolution 1874 (2009), *decides* that the measures imposed in paragraph 8 (c) of resolution 1718 (2006) also apply to paragraphs 20 and 22 of this resolution, and *notes* that these measures apply also to brokering or other intermediary services, including when arranging for the provision, maintenance or use of prohibited items in other States or the supply, sale or transfer to or exports from other States;

8. *Decides further* that measures specified in paragraph 8 (d) of resolution 1718 (2006) shall apply also to the individuals and entities listed in annexes I and II of this resolution and to any individuals or entities acting on their behalf or at their direction, and to entities owned or controlled by them, including through illicit means, and *decides further* that the measures specified in paragraph 8 (d) of resolution 1718 (2006) shall apply to any individuals or entities acting on the behalf or at the direction of the individuals and entities that have already been designated, to entities

owned or controlled by them, including through illicit means;

9. *Decides* that the measures specified in paragraph 8 (e) of resolution 1718 (2006) shall also apply to the individuals listed in annex I of this resolution and to individuals acting on their behalf or at their direction;

10. *Decides* that the measures specified in paragraph 8 (e) of resolution 1718 (2006) and the exemptions set forth in paragraph 10 of resolution 1718 (2006) shall also apply to any individual whom a State determines is working on behalf or at the direction of a designated individual or entity or individuals assisting the evasion of sanctions or violating the provisions of resolutions 1718 (2006), 1874 (2009), 2087 (2013), and this resolution, and further decides that, if such an individual is a DPRK national, then States shall expel the individual from their territories for the purpose of repatriation to the DPRK consistent with applicable national and international law, unless the presence of an individual is required for fulfilment of a judicial process or exclusively for medical, safety or other humanitarian purposes, provided that nothing in this paragraph shall impede the transit of representatives of the Government of the DPRK to the United Nations Headquarters to conduct United Nations business;

11. *Decides* that Member States shall, in addition to implementing their obligations pursuant to paragraphs 8 (d) and (e) of resolution 1718 (2006), prevent the provision of financial services or the transfer to, through, or from their territory, or to or by their nationals or entities organized under their laws (including branches abroad), or persons or financial institutions in their territory, of any financial or other assets or resources, including bulk cash, that could contribute to the DPRK's nuclear or ballistic missile programmes, or other activities prohibited by resolutions 1718 (2006), 1874 (2009), 2087 (2013), or this resolution, or to the evasion

of measures imposed by resolutions 1718 (2006), 1874 (2009), 2087 (2013), or this resolution, including by freezing any financial or other assets or resources on their territories or that hereafter come within their territories, or that are subject to their jurisdiction or that hereafter become subject to their jurisdiction, that are associated with such programmes or activities and applying enhanced monitoring to prevent all such transactions in accordance with their national authorities and legislation;

12. *Calls upon* States to take appropriate measures to prohibit in their territories the opening of new branches, subsidiaries, or representative offices of DPRK banks, and also calls upon States to prohibit DPRK banks from establishing new joint ventures and from taking an ownership interest in or establishing or maintaining correspondent relationships with banks in their jurisdiction to prevent the provision of financial services if they have information that provides reasonable grounds to believe that these activities could contribute to the DPRK's nuclear or ballistic missile programmes, or other activities prohibited by resolutions 1718 (2006), 1874 (2009), 2087 (2013), and this resolution, or to the evasion of measures imposed by resolutions 1718 (2006), 1874 (2009), 2087 (2013), or this resolution;

13. *Calls upon* States to take appropriate measures to prohibit financial institutions within their territories or under their jurisdiction from opening representative offices or subsidiaries or banking accounts in the DPRK if they have information that provides reasonable grounds to believe that such financial services could contribute to the DPRK's nuclear or ballistic missile programmes, and other activities prohibited by resolutions 1718 (2006), 1874 (2009), 2087 (2013), and this resolution;

14. *Expresses* concern that transfers to the DPRK of bulk cash may

be used to evade the measures imposed in resolutions 1718 (2006), 1874 (2009), 2087 (2013), and this resolution, and *clarifies* that all States shall apply the measures set forth in paragraph 11 of this resolution to the transfers of cash, including through cash couriers, transiting to and from the DPRK so as to ensure such transfers of bulk cash do not contribute to the DPRK's nuclear or ballistic missile programmes, or other activities prohibited by resolutions 1718 (2006), 1874 (2009), 2087 (2013), or this resolution, or to the evasion of measures imposed by resolutions 1718 (2006), 1874 (2009), 2087 (2013), or this resolution;

15. *Decides* that all Member States shall not provide public financial support for trade with the DPRK (including the granting of export credits, guarantees or insurance to their nationals or entities involved in such trade) where such financial support could contribute to the DPRK's nuclear or ballistic missile programmes, or other activities prohibited by resolutions 1718 (2006), 1874 (2009), 2087 (2013), or this resolution, or to the evasion of measures imposed by resolutions 1718 (2006), 1874 (2009), 2087 (2013), or this resolution;

16. *Decides* that all States shall inspect all cargo within or transiting through their territory that has originated in the DPRK, or that is destined for the DPRK, or has been brokered or facilitated by the DPRK or its nationals, or by individuals or entities acting on their behalf, if the State concerned has credible information that provides reasonable grounds to believe the cargo contains items the supply, sale, transfer, or export of which is prohibited by resolutions 1718 (2006), 1874 (2009), 2087 (2013), or this resolution, for the purpose of ensuring strict implementation of those provisions;

17. *Decides* that, if any vessel has refused to allow an inspection

after such an inspection has been authorized by the vessel's flag State, or if any DPRK-flagged vessel has refused to be inspected pursuant to paragraph 12 of resolution 1874 (2009), all States shall deny such a vessel entry to their ports, unless entry is required for the purpose of an inspection, in the case of emergency or in the case of return to its port of origination, and *decides* further that any State that has been refused by a vessel to allow an inspection shall promptly report the incident to the Committee;

18. *Calls upon* States to deny permission to any aircraft to take off from, land in or overfly their territory, if they have information that provides reasonable grounds to believe that the aircraft contains items the supply, sale, transfer or export of which is prohibited by resolutions 1718 (2006), 1874 (2009), 2087 (2013), or this resolution, except in the case of an emergency landing;

19. *Requests* all States to communicate to the Committee any information available on transfers of DPRK aircraft or vessels to other companies that may have been undertaken in order to evade the sanctions or in violating the provisions of resolution 1718 (2006), 1874 (2009), 2087 (2013), or this resolution, including renaming or re-registering of aircraft, vessels or ships, and requests the Committee to make that information widely available;

20. *Decides* that the measures imposed in paragraphs 8 (a) and 8 (b) of resolution 1718 (2006) shall also apply to the items, materials, equipment, goods and technology listed in annex III of this resolution;

21. *Directs* the Committee to review and update the items contained in the lists specified in paragraph 5 (b) of resolution 2087 (2013) no later than twelve months from the adoption of this resolution and on an annual basis thereafter, and *decides* that, if the Committee has not acted to update

this information by then, the Security Council will complete action to update within an additional thirty days;

22. *Calls upon* and allows all States to prevent the direct or indirect supply, sale or transfer to or from the DPRK or its nationals, through their territories or by their nationals, or using their flag vessels or aircraft, and whether or not originating in their territories of any item if the State determines that such item could contribute to the DPRK's nuclear or ballistic missile programmes, activities prohibited by resolutions 1718 (2006), 1874 (2009), 2087 (2013), or this resolution, or to the evasion of measures imposed by resolutions 1718 (2006), 1874 (2009), 2087 (2013), or this resolution, and *directs* the Committee to issue an Implementation Assistance Notice regarding the proper implementation of this provision;

23. *Reaffirms* the measures imposed in paragraph 8 (a) (iii) of resolution 1718 (2006) regarding luxury goods, and *clarifies* that the term "luxury goods" includes, but is not limited to, the items specified in annex IV of this resolution;

24. *Calls upon* States to exercise enhanced vigilance over DPRK diplomatic personnel so as to prevent such individuals from contributing to the DPRK's nuclear or ballistic missile programmes, or other activities prohibited by resolutions 1718 (2006), 1874 (2009), 2087 (2013), and this resolution, or to the evasion of measures imposed by resolutions 1718 (2006), 1874 (2009), 2087 (2013), or this resolution;

25. *Calls upon* all States to report to the Security Council within ninety days of the adoption of this resolution, and thereafter upon request by the Committee, on concrete measures they have taken in order to implement effectively the provisions of this resolution, and *requests* the Panel of Experts established pursuant to resolution 1874 (2009), in cooperation

with other UN sanctions monitoring groups, to continue its efforts to assist States in preparing and submitting such reports in a timely manner;

26. *Calls upon* all States to supply information at their disposal regarding non-compliance with the measures imposed in resolutions 1718 (2006), 1874 (2009), 2087 (2013), or this resolution;

27. *Directs* the Committee to respond effectively to violations of the measures decided in resolutions 1718 (2006), 1874 (2009), 2087 (2013), and this resolution, *directs* the Committee to designate additional individuals and entities to be subject to the measures imposed in resolutions 1718 (2006), 1874 (2009), 2087 (2013), and this resolution, and *decides* that the Committee may designate any individuals for measures under paragraphs 8 (d) and 8 (e) of resolution 1718 (2006) and entities for measures under paragraph 8 (d) of resolution 1718 (2006) that have contributed to the DPRK's nuclear or ballistic missile programmes, or other activities prohibited by resolutions 1718 (2006), 1874 (2009), 2087 (2013), or this resolution, or to the evasion of measures imposed by resolutions 1718 (2006), 1874 (2009), 2087 (2013), or this resolution;

28. *Decides* that the mandate of the Committee, as set out in paragraph 12 of resolution 1718 (2006), shall apply with respect to the measures imposed in resolution 1874 (2009) and this resolution;

29. *Recalls* the creation, pursuant to paragraph 26 of resolution 1874 (2009), of a Panel of Experts, under the direction of the Committee, to carry out the tasks provided for by that paragraph, *decides* to extend until 7 April 2014 the Panel's mandate, as renewed by resolution 2050 (2012), *decides further* that this mandate shall apply with respect to the measures imposed in this resolution, *expresses its intent* to review the mandate and take appropriate action regarding further extension no later than twelve

months from the adoption of this resolution, *requests* the Secretary-General to create a group of up to eight experts and to take the necessary administrative measures to this effect, and *requests* the Committee, in consultation with the Panel, to adjust the Panel's schedule of reporting;

30. *Emphasizes* the importance of all States, including the DPRK, taking the necessary measures to ensure that no claim shall lie at the instance of the DPRK, or of any person or entity in the DPRK, or of persons or entities designated for measures set forth in resolutions 1718 (2006), 1874 (2009), 2087 (2013), or this resolution, or any person claiming through or for the benefit of any such person or entity, in connection with any contract or other transaction where its performance was prevented by reason of the measures imposed by this resolution or previous resolutions;

31. *Underlines* that measures imposed by resolutions 1718 (2006), 1874 (2009), 2087 (2013) and this resolution are not intended to have adverse humanitarian consequences for the civilian population of the DPRK;

32. *Emphasizes* that all Member States should comply with the provisions of paragraphs 8 (a) (iii) and 8 (d) of resolution 1718 (2006) without prejudice to the activities of diplomatic missions in the DPRK pursuant to the Vienna Convention on Diplomatic Relations;

33. *Expresses* its commitment to a peaceful, diplomatic and political solution to the situation and welcomes efforts by Council members as well as other States to facilitate a peaceful and comprehensive solution through dialogue and to refrain from any actions that might aggravate tensions;

34. *Reaffirms* its support to the Six-Party Talks, calls for their resumption, urges all the participants to intensify their efforts on the full and expeditious implementation of the 19 September 2005 Joint Statement issued by China, the DPRK, Japan, the Republic of Korea, the Russian

Federation and the United States, with a view to achieving the verifiable denuclearization of the Korean Peninsula in a peaceful manner and to maintaining peace and stability on the Korean Peninsula and in north-east Asia;

35. *Reiterates* the importance of maintaining peace and stability on the Korean Peninsula and in north-east Asia at large;

36. *Affirms* that it shall keep the DPRK's actions under continuous review and is prepared to strengthen, modify, suspend or lift the measures as may be needed in light of the DPRK's compliance, and, in this regard, *expresses its determination* to take further significant measures in the event of a further DPRK launch or nuclear test;

37. *Decides* to remain seized of the matter.

Annex I

Travel ban/asset freeze

1. YO'N CHO'NG NAM

   (a) Description: Chief Representative for the Korea Mining Development Trading Corporation (KOMID). The KOMID was designated by the Committee in April 2009 and is the DPRK's primary arms dealer and main exporter of goods and equipment related to ballistic missiles and conventional weapons.

2. KO CH'O'L-CHAE

   (a) Description: Deputy Chief Representative for the Korea Mining Development Trading Corporation (KOMID). The KOMID was designated by the Committee in April 2009 and is the DPRK's primary arms dealer and main exporter of goods and equipment related to ballistic missiles and conventional weapons.

3. MUN CHO'NG-CH'O'L

   (a) Description: Mun Cho'ng-Ch'o'l is a TCB official. In this capacity he has facilitated transactions for TCB. Tanchon was designated by the Committee in April 2009 and is the main DPRK financial entity for sales of conventional arms, ballistic missiles, and goods related to the assembly and manufacture of such weapons.

Annex II

Asset freeze

1. SECOND ACADEMY OF NATURAL SCIENCES

  (a) Description: The Second Academy of Natural Sciences is a national-level organization responsible for research and development of the DPRK's advanced weapons systems, including missiles and probably nuclear weapons. The Second Academy of Natural Sciences uses a number of subordinate organizations to obtain technology, equipment, and information from overseas, including Tangun Trading Corporation, for use in the DPRK's missile and probably nuclear weapons programmes. Tangun Trading Corporation was designated by the Committee in July 2009 and is primarily responsible for the procurement of commodities and technologies to support DPRK's defence research and development programmes, including, but not limited to, weapons of mass destruction and delivery system programmes and procurement, including materials that are controlled or prohibited under relevant multilateral control regimes.

  (b) AKA: 2ND ACADEMY OF NATURAL SCIENCES; CHE 2 CHAYON KWAHAKWON; ACADEMY OF NATURAL SCIENCES; CHAYON KWAHAK-WON; NATIONAL DEFENSE ACADEMY; KUKPANG KWAHAK-WON; SECOND ACADEMY OF NATURAL SCIENCES RESEARCH INSTITUTE; SANSRI

  (c) Location: Pyongyang, DPRK

2. KOREA COMPLEX EQUIPMENT IMPORT CORPORATION

(a) Description: Korea Ryonbong General Corporation is the parent company of Korea Complex Equipment Import Corporation. Korea Ryonbong General Corporation was designated by the Committee in April 2009 and is a defence conglomerate specializing in acquisition for DPRK defence industries and support to that country's military-related sales.

(b) Location: Rakwon-dong, Pothonggang District, Pyongyang, DPRK

Annex III

Items, materials, equipment, goods and technology

Nuclear items

1. Perfluorinated Lubricants

   • They can be used for lubricating vacuum pump and compressor bearings. They have a low vapour pressure, are resistant to uranium hexafluoride (UF6), the gaseous uranium compound used in the gas centrifuge process, and are used for pumping fluorine.

2. UF6 Corrosion Resistant Bellow-sealed Valves

   • They can be used in uranium enrichment facilities (such as gas centrifuge and gaseous diffusion plants), in facilities that produce uranium hexafluoride (UF6), the gaseous uranium compound used in the gas centrifuge process, in fuel fabrication facilities and in facilities handling tritium.

Missile items

1. Special corrosion resistant steels — limited to steels resistant to Inhibited Red Fuming Nitric Acid (IRFNA) or nitric acid, such as nitrogen stabilized duplex stainless steel (N-DSS).

2. Ultra high-temperature ceramic composite materials in solid form (i.e. blocks, cylinders, tubes or ingots) in any of the following form factors:

   (a) Cylinders having a diameter of 120 mm or greater and a length of 50 mm or greater;

   (b) Tubes having an inner diameter of 65 mm or greater and a wall thickness of 25 mm or greater and a length of 50 mm or greater; or

(c) Blocks having a size of 120 mm x 120 mm x 50 mm or greater.

3. Pyrotechnically Actuated Valves.

4. Measurement and control equipment usable for wind tunnels (balance, thermal stream measurement, flow control).

5. Sodium Perchlorate.

Chemical weapons list

1. Vacuum pumps with a manufacturer's specified maximum flow-rate greater than 1 m3/h (under standard temperature and pressure conditions), casings (pump bodies), preformed casing-liners, impellers, rotors, and jet pump nozzles designed for such pumps, in which all surfaces that come into direct contact with the chemicals being processed are made from controlled materials.

Annex IV

Luxury goods

1. Jewelry:

(a) Jewelry with pearls;

(b) Gems;

(c) Precious and semi-precious stones (including diamonds, sapphires, rubies, and emeralds);

(d) Jewelry of precious metal or of metal clad with precious metal.

2. Transportation items, as follows:

(a) Yachts;

(b) Luxury automobiles (and motor vehicles): automobiles and other motor vehicles to transport people (other than public transport), including station wagons;

(c) Racing cars.

〈부록# 6〉

남북 군사력 비교

「2012 국방백서」 2012년 1월 기준

구 분			한 국	북 한
병력 (평시)	육 군		50.6만여 명	102만여 명
	해 군		6.8만여 명 (해병대 2.8만여 명 포함)	6만여 명
	공 군		6.5만여 명	11만여 명
	계		63.9만여 명	119만여 명
주 요 전 력	육 군	부 대 군단(급)	12(특전사 포함)	15
		사단	46(해병대 포함)	88
		기동여단	14(해병대 포함)	72 (교도여단 미포함)
		전차	2,400여 대 (해병대 포함)	4,200여 대
		장갑차	2,700여 대 (해병대 포함)	2,200여 대
		장 비 야포	5,300여 문 (해병대 포함)	8,600여 문
		다련장/방사포	200여 문	4,800여 문
		지대지 유도무기	30여 기(발사대)	100여 기(발사대)
	해	수 상 전투함정	120여 척	420여 척

군	함정	상륙함정	10여 척	260여 척
		기뢰전함정	10여 척	30여 척
		지원함정	20여 척	30여 척
	잠수함정		10여 척	70여 척
공군	전투임무기		460여 대	820여 대
	감시통제기		50여 대 (해군 항공기 포함)	30여 대
	공중기동기		40여 대	330여 대
	훈련기		190여 대	170여 대
헬기(육해공군)			680여 대	300여 대
예비병력			320만여 명 (사관후보생, 전시근로소집, 전환/대체 복무 인원 등 포함)	770만여 명 (교도대, 노농적위대, 붉은청년근위대 포함)

* 남북 군사력 비교를 위해 육군 부대·장비 항목에 해병대 부대·장비도 포함하여 산출함

* 북한군 야포문수는 보병 연대급 화포인 76.2㎜를 제외하고 산출함

* 질적 평가 표현이 제한되므로 공개할 수 있는 수준으로 양적 평가를 실시한 결과임

참고문헌

▶ 외국 서적

Edited Byung-Kook Kim & Ezra F. Vogel, 「The park Chung Hee Era: The Transformation of South Korea」, London:Harvard University Press, 2011

Lambert M. Surhone, Mariam T. Tennoe, Susan F. Henssonow (ed), 「Teller-Ulam Design」, TN USA:VDM Publising House Ltd., 2010」

Pervez Musharraf, 「IN THE LINE OF FIRE」, NY:Simon & Schuster, Inc., 2006

Richard Rhodes, 「DARK SUN: THE MAKING OF THE HYDROGEN BOMB」, NY:Simon & Schuster Paperbacks, 1995

Thomas C. Reed & Danny B. Stillman, 「THE NUCLEAR EXPRESS」 MN USA:Zenith Press, 2010

W.G. Van Dorn, 「IVY-Mike: the first HYDROGEN BOMB」, TN USA:Xlibris 2008

스톡홀름 국제평화연구소(SIPRI: Stockholm International Peace Research Institute), 「SIPRI Yearbook 2013」, 2013

「Jane's Intelligence Review」(SR No 9), IHS Global Ltd., Printed in the UK, 1996.10

宮崎正弘. 「金正日の 核彈頭」, 東京:德間書店, 1998

金大虎. 「私が見た 北朝鮮 核工場의 眞實」, 金燦 譯, 東京:德間書店, 2003.

防衛廳 編. 「防衛白書」; , 東京:防衛廳, 平成12年(2000)~平成14年(2002)

防衛廳 編. 「日本の防衛: 防衛白書」; , 東京:防衛廳,

　　　平成15年(2003)~平成18年(2006)
防衛省 編.「日本の防衛; 防衛白書」, 東京:防衛省,
　　　平成19年(2007)~平成22年(2010)
防衛省・自衛隊 編.「日本の防衛; 防衛白書」, 東京:防衛省,
　　　平成23年(2011)~平成25年(2013)
小都元.「核武裝する 北朝鮮」, 東京:新紀元社, 2003
松本太.「ミサイル 不擴散」, 東京:文春新書, 2006
鈴木眞奈美.「核大國化スル日本」, 東京:平凡社, 2006
李忠國.「金正日の 核と 軍隊」, 東京:講談社, 1994
田岡俊次.「北朝鮮・中國ハドレダヶ恐イカ」, 東京:朝日新聞社, 2007.4
佐藤勝巳.「北朝鮮 恨の 核戰略」, 東京:(株)光文社, 1993.
惠谷治.「金正日 大圖鑑」, 東京:小學館, 2000.
檜山良昭.「金日成の 核 ミサィル」, 東京:光文社, 1994
「原子力讀本」, 東研出版, 1990.3.20
「日・米イージス艦とミサイル防衛」, (軍事研究 2006년 6월 別冊),
　　　東京:ジヤパン・ミリタリ・レビュー
「제2次 朝鮮戰爭」(軍事研究 1994년 9월 別冊), 東京:ジヤパン.ミリタリ.レ
　　　ビュー, 1994
「朝鮮戰爭」新・歷史群像シリーズ⑧, 東京:學習研究社, 2007.7
「朝鮮戰爭」(제1~10券), 陸戰史研究普及會 編, 東京:原書房,
　　　1966~1973
「軍事研究」, 東京:ジヤパン.ミリタリ.レビュー, 1995.10, 1994.9, 2002.7,
　　　2002.8, 2007.11, 2013.4, 2014.6, 2014.11
小學館 編,「SAPIO」, 1993.10.14, 1998.9.23

▶ 국내 서적

박준복.「한국 미사일 40년의 신화」, 서울:일조각, 2011
심융택.「백곰, 하늘로 솟아오르다」, 서울:기파랑, 2013
오원철.「박정희는 어떻게 경제강국 만들었나」, 서울:동서문화사, 2010
유용원 외.「북한군 시크릿 리포트」, 서울:플래닛미디어, 2013
이춘근.「북한 핵의 문제」, 서울:세종연구소, 1995
정규수.「ICBM 그리고 한반도」, 서울:지성사, 2012
정영목・이순희 역.「빌 클린턴의 마이 라이프」, 서울:도서출판 물푸레,
　　　2004

조갑제. 「우리는 왜 핵폭탄을 가져야 하는가?」, 서울:조갑제닷컴, 2011

지식활동가그룹21. 「핵무기스캔들」, 서울:문화발전, 2013

「國防論集」1992年 봄(제17号), 한국국방연구원 編, 1992

「국방백서」, 국방부 編, 1999, 2000, 2012

「전략연구」(통권 제9호), 한국전략문제연구소 編, 1997.3

「참여정부의 2003년 국방정책」, 국방부 編, 2003.7

「2012 정책연구과제2」, 외교연구원 編, 외교안보연구소, 2006.7

Cao, Van Vien. 「베트남 최후의 붕괴」, 전사편찬위원회 역,
　　　서울: 국방부, 1985

Don Oberdorfer. 「北한국과 南조선 두 개의 코리아, The Two Koreas;
　　　A Contemporary History」, 뉴스위크 한국판 뉴스팀 역,
　　　중앙일보, 1998.6.

Michael J. Mawarr. 「북한 핵 뛰어넘기(North Korea and the Bomb)」, 김
　　　태규 역, 서울:홍림출판사, 1996.

김윤암. "英・佛 兩國의 核戰略理論과 韓國의 核開發에 관한 小考",
　　　「韓國과 國際政治 (통권 제1호)」, 경남대 극동문제연구소, 1985

김인광・오동룡. "박정희의 원자폭탄 개발 비밀 계획서 原文 발굴",
　　　「월간조선」, 2003.8월호

김인광・오동룡. "북핵 특집: 김정일은 자살의 방아쇠를 당겼다."
　　　「월간조선」, 2006.11월호

김태우・김민석. "세계대량살상무기 현황과 한반도 안보",
　　　「한반도 군비통제(제6집)」, 서울:국방부, 1991.12

송승호. "北韓 최고인민회의 대의원 韓國에 망명, 核개발에 대한 중대 증언",
　　　「월간조선」, 2005년 8월호

안성규・정수진. "박정희, 69년 핵 구상; 72년 말부터 핵무기 설계했다",「중
　　　앙선데이」제238호, 2011.11

이경수. "박정희・노무현 정부의 '자주국방' 정책 비교연구",
　　　성균관대학교 대학원 박사학위논문, 2007

임채홍. "남아공과 이스라엘 핵정책 고찰을 통한 교훈 도출 및 대북한 핵 문제
　　　적용방안 연구",「한반도 군비통제(제27집)」, 서울:국방부, 2000.7

Joseph S. Bermudez Jr., "북한군의 미사일 개발",「북한군의 특수무기 능력
　　　과　개발전망」, 국방대학원안보문제연구소　안보학술토론회　자료집,
　　　1994.9.1

황준호·곽재훈, "박정희, 1978년까지 핵무기 개발 추진했다", 프레시안, 2011.9.26,

조갑제, "주한 미8군 사령부(상)-⑴주한미군 핵무기",
　　「월간조선」 1988.8월호,
　　http://www.chogabje.com/board/

조갑제, "이승만과 박정희의 핵개발", 뉴데일리, 2011.3.24
　　국방일보, 연재물 '그때 그 이야기' "제1話 溫故知新〈85〉 朴대통령 독일 방문과 율곡사업" 2013.10.7.
　　http://kookbang.dema.mil.kr/kookbangWeb/view.do?ntt_writ_date=20031007&parent_no=1&bbs_id=BBSMSTR_000000000228

웹, 네이버 블로그 「무개념세무사」, "10.26사건/박 정권의 핵무기 개발" 2004.12.18 등록,
　　http://blog.naver.com/kymeh21/100008628565

웹, 네이버 블로그「유용원의 군사세계」, '무기토론방 中, "한국 미사일 개발의 산 증인 구상회 박사 회고(2)", 2006.8.6 등록,
http://bemil.chosun.com/nbrd/bbs/view.html?b_bbs_id=10040&pn=0&num=31713

웹, 「위키백과」 "핵연료" 항목
　　http://ko.wikipedia.org/wiki/%ED%95%B5%EC%97%B0%EB%A3%8C

웹, 프레시안 키워드가이드, "박정희의 암살 배경(5)", 2009.10.2 등록
　　http://keyword.pressian.com/articleK.asp?guide_idx=4760

웹, 프레시안 키워드가이드, "박정희 암살배경(6)", 2009.10.2 등록
　　http://keyword.pressian.com/articleK.asp?guide_idx=4761

웹, [네이버 지식백과] '북한과 파키스탄의 군사협력 관계'(파키스탄 개황, 2011, 외교부)
　　http://terms.naver.com/list.nhn?cid=43819&categoryId=43820

웹, [네이버지 지식백과] 시사상식사전, "백지계획" 항목,
　　http://terms.naver.com/entry.nhn?docId=68442&cid=43667&categoryId=43667웹, 네이버 까페, 「밀리터리 군사무기 까페」 "근현대 군사무기; 미사일 잡는 미사일 패트리어트 방공미사일 시스템";
　　http://cafe.naver.com/nuke928/261148

○ 主要 略歷 :
- 1935. 5   경북 포항 출생
- 1958. 6   육군사관학교 졸업
- 1962. 6   미 특수전학교 졸업
- 1966.11   파월 맹호사단 소총중대장
- 1980. 6   육군사관학교 생도대장
- 1982. 4   육군 제30사단장
- 1985.12   육군 제5군단장
- 1987. 6   육군사관학교 교장
- 1988.11   미 하와이대학 연구원
- 1991. 2   한양대학교 행정대학원 석사
- 1992. 5   제14대 국회의원
- 2004. 2   경기대학교 정치전문대학원 정치학 박사

○ 賞 勳 :
- 충무무공훈장 / 월남 은성무공훈장 / 자유중국 황색 대수운휘장
- 미국 근무공로훈장 / 보국훈장 (삼일장, 천수장, 국선장)

○ 著 書 :
- 북한인민군대사 / 북한 핵·미사일 전쟁 / 북핵을 알아야 우리가 산다
- 북한 핵위협 대비책
○ 論 文 :
- 북한의 핵무기와 탄도미사일 연구 외 다수

북한 핵위협 대비책   22,000원

초판 인쇄 / 2014년 12월 31일
초판 발행 / 2015년 1월 5일
지은이 / 장 준 익
펴낸이 / 최 석 로
펴낸곳 / 서 문 당
주소 / 경기도 고양시 일산서구 가좌동 630
전화 / 031-923-8258 팩스 / 031-923-8259
창립일자 1968년 12월 24일
창업등록 / 1968.12.26 No.가2367
출판등록 제 406-313-2001-000005호
ISBN 978-89-7243-669-0